Renovieren

Renovieren

Preiswert und umweltschonend

verbraucherzentrale Nordrhein-Westfalen

STIFTUNG WARENTEST

Armin Radünz
Andreas Lohse

1. Auflage 2006

Verbraucherzentrale Nordrhein-Westfalen
ISBN-10: 3-938174-38-2
ISBN-13: 978-3-938174-38-8

Stiftung Warentest
ISBN-10: 3-937880-24-0
ISBN-13: 978-3-937880-24-2

Zu diesem Buch

Dieser Ratgeber geht auf Fragen ein, die bei der Renovierung der eigenen vier Wände auftauchen. Dabei ist die Devise: Praxis geht vor Theorie. Wer vor dem Problem steht, dass seine Fenster dringend einer Überholung bedürfen, der möchte schnell und ohne Umschweife wissen, wie er vorgehen soll, was er dafür braucht, wo er es bekommt und wie viel es ungefähr kostet. Deshalb wurde eine Struktur gewählt, die sich an der jeweiligen Fragestellung orientiert. Die Darstellungen und Anleitungen sind auf den handwerklich durchschnittlich begabten Menschen ausgerichtet. Er soll in die Lage versetzt werden, gewisse Renovierungsarbeiten gesundheits- und umweltverträglich selbst zu machen, dabei Geld zu sparen und möglichst viel Freude daran zu haben. Voraussetzung ist lediglich, dass Sie sich die Arbeiten zutrauen und ähnliche Tätigkeiten schon einmal gemacht haben, zumindest jedoch mit den erforderlichen Werkzeugen und Materialien vertraut sind. Bei Aufgaben, die vermutlich zu knifflig oder zu aufwändig sind, werden Sie an Fachleute verwiesen. An die sollten Sie sich auch dann wenden, wenn Sie sich selbst nicht sicher genug fühlen und Ihnen das finanzielle Risiko im Falle eines Fehlschlags zu hoch erscheint. Zwar wurde bei den Anleitungen nach bestem Wissen und Gewissen verfahren, eine Garantie für das Gelingen kann dennoch nicht übernommen werden.

Damit Sie für Ihren individuellen Bedarf auch eine passende Lösung finden, wurde an den Anfang einiger Kapitel ein **Entscheidungsraster** gestellt. Sie starten auf der linken Seite, indem Sie die Ihrer Situation entsprechende Variante heraussuchen, und folgen dann den für Sie zutreffenden Pfeilen nach rechts. Dort finden Sie schließlich die passenden Lösungen. Dabei gibt es manchmal nicht nur *eine* richtige Methode: Wollen Sie möglichst Kosten sparend arbeiten? Soll das Ergebnis möglichst lange halten? Möchten Sie sich möglichst wenig Mühe machen? Wo immer es möglich ist, können Sie sich zwischen zwei oder mehreren Alternativen entscheiden.

Zur besseren Orientierung sind die Lösungen oft mit einem oder gelegentlich mehreren der folgenden Begriffe bezeichnet:

- preisgünstig
- leicht zu verwirklichen
- strapazierfähig
- dauerhaft
- behaglich
- durch Fachbetrieb

Von hier aus werden Sie jeweils auf die entsprechende Seite im Ratgeber verwiesen. Dort finden Sie neben allen notwendigen Informationen auch eine genaue Beschreibung des Ablaufs. Ähnlich dem Aufbau eines

Kochrezepts führt eine **Materialliste** zunächst die benötigten Werkzeuge und Verbrauchsmaterialien auf. Anschließend werden die einzelnen **Arbeitsschritte** geschildert, ergänzt um passende Querverweise und nützliche Tipps – da sollte eigentlich nichts mehr schief gehen können.

Der eigentliche Clou an der Sache ist aber, dass alle dargestellten Verfahren möglichst gesundheitsverträglich und umweltschonend sind. Methoden, die wir diesbezüglich für wenig geeignet halten, werden gar nicht empfohlen oder nur mit Einschränkung, wenn besondere Umstände dies erforderlich machen.

Bei den **Produktvergleichen** haben wir auch Alternativen aufgeführt, die aus Umweltsicht nicht optimal sind. Zweck sind hier die bessere Übersicht und Beurteilung des Marktangebots. Naturgemäß kann es sich dabei nur um eine grobe Darstellung der Eigenschaften von Produktgruppen handeln. Wenn Sie Informationen über bestimmte einzelne Produkte benötigen, zum Beispiel wenn eine Kaufentscheidung ansteht, sollten Sie die diesbezüglich aussagekräftigeren Tests der Stiftung Warentest heranziehen. Wo möglich, wird im Text auf die Existenz eines solchen Tests hingewiesen. Über die Produktvergleiche hinaus helfen Ihnen in diesem Ratgeber Übersichten sowie Kästen mit Hintergrundinformationen bei allen Renovierungsfragen, die für Sie optimale Entscheidung zu treffen.

Und weil beim Renovieren auch Altlasten zu Tage treten können – etwa alter Parkettkleber, der mit Giften belastet ist, oder ein Schimmelbefall an der Wand – verweisen wir in den Kapiteln und auf einer Serviceseite am Schluss auf die Umweltanalysen der Stiftung Warentest. Die Analysen helfen, verborgene Belastungen aufzuspüren.

Damit Sie als Mieter oder Wohnungseigentümer keine unangenehmen Überraschungen erleben, haben wir in einem Kapitel für Sie zusammengestellt, was Sie jeweils in eigener Entscheidung machen dürfen, wofür Sie die Erlaubnis des Vermieters brauchen bzw. was Sie als Mitglied einer Eigentümergemeinschaft beachten müssen.

Im Schlussteil des Ratgebers geht es um die Frage, was **Ökolabel** über Produkte aussagen. Außerdem erfahren Sie dort, wo Sie weiter gehende Informationen erhalten können.

Wenn Sie Wert darauf legen, dass bei Ihrer nächsten Wohnungsrenovierung möglichst gesundheitsverträgliche Materialien zum Einsatz kommen, dann finden Sie in diesem Buch die dazu notwendigen Informationen, Handlungsanleitungen und Hinweise.

Inhalt

Preiswert und umweltschonend renovieren – unsere Kriterien

Im Bereich des Wohnens und der Renovierungsmaterialien gehen die Meinungen dazu, was als „ökologisch" oder gesundheitsverträglich gelten soll, weit auseinander. Statt die Auswahl jedes Produkts oder jeden Arbeitsschritt zu begründen, folgen wir Leitlinien ökologisch orientierten Bauens, wie sie zum Beispiel das Umweltbundesamt definiert*:

„Ökologisch orientiertes Bauen strebt in allen Phasen des Lebenszyklus von Gebäuden – von der Erstellung über die Nutzung und Erneuerung bis zur Beseitigung – eine Minimierung des Verbrauchs von Energie und Ressourcen sowie eine Minimierung der Belastung des Naturhaushalts an. Im Einzelnen lässt sich ökologisch orientiertes Bauen durch folgende Handlungsgrundsätze charakterisieren: (...)

- *den Ressourcenverbrauch bei der Erstellung, der Nutzung und der Beseitigung eines Gebäudes minimieren,*
- *Verunreinigungen von Luft, Boden und Wasser sowie Abwärme, Abfälle und Lärmentwicklung vermeiden oder gering halten, (...)*
- *sparsam und rationell mit Energie und Wasser umgehen, umweltfreundliche, gesundheitlich unbedenkliche Baustoffe einsetzen,*
- *die Tier- und Pflanzenwelt erhalten (...)."*

* Umweltbundesamt: „Leitfaden zum ökologisch orientierten Bauen", 3. Auflage, Heidelberg 1997

Unsere Kriterien

Energie

Aufgrund der Begrenztheit der Energiereserven der Erde und der schwer wiegenden Problematik des Treibhauseffekts kommt dem **Energieverbrauch** besondere Bedeutung zu. Dabei können die unterschiedlichsten Stationen im Lebensweg eines Produkts bedeutend sein. Während bei einem Produkt die Rohstoffbeschaffung besonders energieintensiv ist, kann es bei einem anderen die Herstellung von Zwischenprodukten, deren Verarbeitung oder auch der Transport sein. Das Dritte wiederum verbraucht besonders viel Energie während seiner Nutzungsphase oder trägt zu einem hohen Verbrauch bei – ein Aspekt, der beispielsweise bei Fenstern besonders wichtig ist. Gleichgültig, ob Elektrizität, Wärme oder Licht – wichtig ist, dass das Produkt „unter dem Strich" möglichst wenig Energie verbraucht.

Rohstoffe

Ein zweites wichtiges Kriterium ist der **Ressourcenverbrauch**. Ein Produkt, dessen Rohstoff aus „Abfall" besteht – also ein Recyclingprodukt – sollte diesbezüglich besser bewertet werden als eines, das nachwachsende Rohstoffe verbraucht. Besonders nachteilig ist, wenn ein Produkt aus nicht nachwachsenden Rohstoffen hergestellt wird. Das ist besonders dann der Fall, wenn diese außerdem noch knapp sind. In engem Zusammenhang mit dem Ressourcenverbrauch steht die Zerstörung der Tier- und Pflanzenwelt oder der Landschaft. In diesem Licht ist die übliche Gewinnung von Tropenholz zu sehen. Sie zerstört im Allgemeinen unwiederbringlich Lebensräume und damit ganze Tier- und Pflanzengemeinschaften. Die besseren Alternativen dazu heißen: einheimisches Holz oder Produkte mit dem FSC-Siegel für sozial und ökologisch verantwortungsvoll gewonnenes Tropenholz (→ Seite 178).

Schadstoffe

Über den gesamten Lebensweg eines Produkts, von der Rohstoffgewinnung über die Verarbeitung, Transporte, Lagerung und Nutzung bis hin zu seinem vorläufigen Ende als Abfall, sollten möglichst wenig Schadstoffe in die Umwelt freigesetzt werden.

Entsorgung

Am Ende seines Lebenszyklus sollte die Beseitigung eines Produkts möglichst umweltgerecht erfolgen können, das heißt, die Abfallmenge sollte möglichst klein und vor allen Dingen wenig schadstoffbelastet sein. Auch sollten bei der Entsorgung keine problematischen Folge-Schadstoffe entstehen.

Haltbarkeit/Reparierbarkeit

Alle Vergleiche zwischen verschiedenen Produkten brauchen eine faire Basis. Dazu gehört die Berücksichtigung der **Lebensdauer**. Für die Umwelt ist nichts gewonnen, wenn ein bestimmtes Produkt die Umwelt nur halb so viel belastet wie ein anderes, seine tatsächliche Lebensdauer aber nur ein Drittel beträgt und es entsprechend früher erneuert werden muss.

Wie lange ein Produkt hält, ist in vielen Fällen nicht endgültig durch das Material festgelegt. Die gesamte Konstruktion, der richtige Einbau bzw. die richtige Verarbeitung, die Pflege und nicht zuletzt die Reparierbarkeit des Produkts haben oft einen entscheidenden Einfluss auf seine Lebensdauer.

Gesundheit

Bei der Auswahl von Produkten und Verfahren ist in erster Linie entscheidend, dass sie sowohl die Gesundheit derjenigen möglichst wenig beeinträchtigen, die damit umgehen, als auch derjenigen, die damit leben.

Die Auswahl wurde unideologisch getroffen. Weder sind wir der Auffassung, dass so genannte Naturstoffe immer das Non-Plus-Ultra sind, noch glauben wir, dass synthetische Materialien allein der Königsweg sind. Ein Beispiel: Organische Lösemittel sind grundsätzlich problematisch für die Gesundheit und die Umwelt, und zwar unabhängig davon, ob sie natürlichen oder synthetischen Ursprungs sind. Selbstverständlich gibt es Unterschiede in der Gefährlichkeit von Lösemitteln; sie orientiert sich jedoch nicht entlang einer Grenze „natürlich – synthetisch“. Viele lösemittelhaltige Produkte von Naturfarbenherstellern enthalten zum Beispiel Terpene. Besonders kritische Vertreter sind die Zitrusterpene und das Δ3-Caren. Dabei handelt es sich um bekanntermaßen allergieauslösende Substanzen. Die – derzeit gesundheitlich bessere – Lösung lautet: lösemittelarme oder noch besser lösemittelfreie Produkte. Die Tatsache, dass diese häufig mehr schwer flüchtige Verbindungen enthalten, deren gesundheitliche Auswirkungen noch weitgehend ungeklärt sind, sollte nicht dazu führen, zu den „alten“ lösemittelreichen Produkten zurückzukehren. Die Entwicklung muss vielmehr in die Richtung „emissionsfreier“ Produkte gehen, wie es sie in der Gruppe der Wandfarben bereits schon jetzt gibt.

Arbeitsmethode

Oft entscheidet sich die Frage „umweltschonend oder nicht?“ bereits durch die **Wahl der Arbeitsmethode**. Zum Beispiel wird heute eine riesige Zahl an chemischen Produkten angeboten, die das Renovieren erleichtern sollen. Nicht alles davon ist zu verdammen, der jeweilige Nutzen muss jedoch vor dem Hintergrund möglicher Gesundheits- und Umweltbelastungen kritisch hinterfragt werden. Außerdem kosten solche Produkte oft nicht wenig. Die hier beschriebenen Methoden sind auf den sparsamen Einsatz von Produkten ausgerichtet. Dazu gehören Möglichkeiten des Ausbesserns und Reparierens statt einer kompletten Maßnahme und die Vorteile einer geeigneten Pflege nach erfolgreicher Renovierung. Deshalb wird auch weitgehend auf chemische Helfer verzichtet. Stattdessen werden entweder Hausmittel oder aber der mühsamere Weg empfohlen, der da „Handarbeit" heißt. Eine kleine Entschädigung für solche Zumutungen mögen immerhin die **Tipps** sein, die oft der Arbeitserleichterung dienen, sowie die Genugtuung, Geld gespart zu haben.

Kosten

Gemeinhin wird angenommen, umwelt- und gesundheitsschonende Materialien seien grundsätzlich **teurer** als andere. Das ist durchaus nicht immer der Fall. Zum Beispiel Tapeten: Alternativen aus umweltverträglichem Papier sind bei gleicher Oberflächenanmutung wesentlich preisgünstiger als Kunststoffe oder Glasfaser. Oder Bodenbeläge: Ökologisch vorteilhafte Böden wie Linoleum oder massive Holzböden

Geräte leihen

Selbstverständlich käme niemand auf die Idee, eine Parkettschleifmaschine zu kaufen, nur weil einmal in zehn Jahren der Fußboden renoviert werden muss. Aber auch bei anderen Arbeitsgeräten können Leihen oder Mieten eine Menge Geld (und Platz) sparen helfen.

Das Vermieten von Geräten ist für die Baumärkte zu einer Einnahmequelle und dazu ein Instrument zur Kundenbindung geworden. Nahezu jeder Händler bietet mittlerweile einen solchen Service an. Wer ihn in Anspruch nehmen will, der sollte allerdings zuvor einen Preisvergleich vornehmen und dabei auch die Angebote spezieller Verleihfirmen, wie sie in den Gelben Seiten zu finden sind, mit einbeziehen.

Das Leihen muss sich nicht nur auf „exotische" oder besonders teure Geräte beschränken. Innerhalb einer funktionierenden Nachbarschaft ist es sicher möglich, beispielsweise einmal eine Bohrmaschine, einen Schwingschleifer oder einen Akkuschrauber zu leihen bzw. zu verleihen. Eine weitere Alternative ist, Geräte gemeinsam zu kaufen, wenn sich über deren Anschaffung Nachbarn einig sind. Um Streit vorzubeugen, lassen sich über Besitz- und Nutzungsfragen schriftliche Vereinbarungen treffen.

Aber zurück zu den professionellen Verleihern; folgende Hinweise sollten Sie bei der Miete eines Geräts beachten:

- Denken Sie daran, den Transport insbesondere größerer Maschinen sicher zu stellen – ggf. durch Leihen eines Anhängers.
- In der Regel wird der Vermieter sich zu seiner Sicherheit den Personalausweis zeigen lassen. Nehmen Sie also Ihre Papiere mit.
- Lassen Sie sich die erforderliche Kaution für das Gerät quittieren.
- Lassen Sie sich die Funktion des Geräts erklären.
- Testen Sie die Funktion noch beim Verleiher und übernehmen Sie nur ein einwandfreies Gerät.
- Machen Sie auch Preisvergleiche für das Verbrauchsmaterial. Eventuell können Sie es woanders billiger bekommen.
- Decken Sie sich ausreichend mit Verbrauchsmaterial ein und lassen Sie sich die Rücknahme nicht gebrauchten Materials bestätigen.
- Achten Sie darauf, ob Geräteabnutzung und Kosten für Verschleißteile im Mietpreis enthalten sind und klären Sie ggf. diese Punkte vorab.
- Erfragen Sie Preise für Ersatzteile, zum Beispiel Sägeblätter einer Nass-Schneidemaschine für Fliesen oder Steine.

kosten zwar mehr als ihre synthetische Konkurrenz, dafür ist ihre Haltbarkeit bzw. Reparierbarkeit erheblich größer. Auch die Tests der Stiftung Warentest zeigen immer wieder, dass umweltschonende Alternativen nicht unbedingt teuer sind. Im Oktober 2004 wurden Wandfarben einem Test unterzogen. Dabei stellte sich heraus: Produkte, die „sehr gute" Umwelt- und Gesundheitseigenschaften aufweisen, finden sich sowohl unter den teuersten als auch unter den billigsten des Testfelds.

Überhaupt lohnt sich ein Blick auf die Tests der Zeitschrift „test", wenn eine Renovierungsarbeit ansteht. Die entsprechenden Produkte werden immer auch auf ihre Gesundheits- und Umweltverträglichkeit geprüft.

Hinweise auf Angebote der Stiftung Warentest sowie weiterführende Informationen finden Sie an den entsprechenden Stellen in den Kapiteln.

Beratung beim Einkauf

Ein wichtiger Punkt, der jedoch häufig unter den Tisch fällt, ist die Beratung. Je ungeübter der Heimwerker und je größer bzw. teurer das Projekt, desto wichtiger wird sie. Leider steht es damit in deutschen Baumärkten nicht zum Besten. Die Stiftung Warentest hat im Juni 2004 eine Reihe von Baumärkten hinsichtlich der Beratungsqualität getestet und kam zu unbefriedigenden Ergebnissen. Dennoch sollten Sie nicht auf eine gute Beratung verzichten und möglichst einen Händler aufsuchen, der sie Ihnen bieten kann. Das wird zwar meist nicht der billigste sein, denn gut ausgebildetes Personal kostet Geld. Aber eine fundierte Beratung kann Sie vor Frust und teuren Fehlkäufen schützen. Oft geben Baumärkte auch Broschüren ab, in denen die Verarbeitung ihrer Produkte beschrieben wird, oder sie stellen ein entsprechendes Angebot ins Internet ein. Wenn möglich, sollten Sie solche Quellen zusätzlich nutzen.

Allgemeine Sicherheitsregeln

Renovieren und Heimwerken bergen in jedem Fall gewisse Risiken, und kein Produkt ist frei von **Gefahren für die Gesundheit**! Um diese möglichst gering zu halten, sollten Sie einige wichtige allgemein gültige Regeln beachten.

Gefahrensymbole

Produkte mit Inhaltsstoffen, die für die Sicherheit, Gesundheit oder die Umwelt besonders problematisch sind, müssen mit Gefahrensymbolen gekennzeichnet werden. Nachfolgend die für Heimwerker wichtigsten Symbole, ihre Bedeutung und die zu ergreifenden Sicherheitsmaßnahmen:

Kontakt mit Haut und Augen vermeiden, Schutzbrille und Schutzhandschuhe tragen.

Von offenen Flammen und Wärmequellen fernhalten, Behälter stets verschließen.

Nicht einatmen oder verschlucken, Hautkontakt vermeiden, bei Vergiftungen einen Arzt aufsuchen.

Nicht mit brennbaren Stoffen mischen, Reibung vermeiden, sauber aufbewahren.

Nicht einatmen oder verschlucken, Hautkontakt vermeiden, bei Vergiftungen einen Arzt aufsuchen.

Nicht einatmen, Hautkontakt vermeiden, Kontakt mit den Augen vermeiden.

Reste als Sonderabfall entsorgen, nicht in die Umwelt gelangen lassen.

Vor der Arbeit

- Wählen Sie die Produkte im Hinblick auf ihre Eignung sorgfältig aus.
- Achten Sie auf die Inhaltsstoffe und eventuelle Warnhinweise.
- Kaufen Sie nicht mehr, als Sie voraussichtlich benötigen bzw. lassen Sie sich eine Rücknahme zum Beispiel unangebrochener Gebinde zusichern.

Während der Arbeit

- Lesen Sie die Gebrauchs- bzw. Herstelleranweisungen für jedes Produkt genau durch und verhalten Sie sich entsprechend.
- Beachten Sie ggf. die Sicherheits- und Gefahrenhinweise zu den Produkten.
- Essen, trinken und rauchen Sie nicht während der Arbeit.

- Halten Sie kleine Kinder von chemischen Produkten und anderen gefährlichen Materialien und Werkzeugen fern; auch während Arbeitspausen!
- Tragen Sie Arbeitskleidung oder – falls erforderlich – Schutzbekleidung und wechseln Sie die Kleidung nach Abschluss der Arbeiten.
- Tragen Sie bei bestimmten Tätigkeiten Körperschutz, das heißt: ein(e) **Atemschutzmaske bzw. -filter** beim Schleifen, Fräsen oder Ähnlichem.
- Eine **Schutzbrille** bei Tätigkeiten mit spritzenden Materialien, zum Beispiel beim Schleifen oder Sprühen.
- **Arbeitshandschuhe** bei Tätigkeiten mit Verletzungsgefahr für die Hände und geeignete **Schutzhandschuhe** beim Umgang mit ätzenden und reizenden Stoffen oder gefährlichen Flüssigkeiten (wie Zement bzw. Lösemitteln).
- Arbeiten Sie mit lösemittelhaltigen Produkten oder bei staubenden Tätigkeiten nach Möglichkeit im Freien oder achten Sie zumindest auf eine gute Durchlüftung des Raums.

Nach der Arbeit

- Lüften Sie die renovierten Räume vor ihrer Nutzung gut und lange durch. Das gilt insbesondere nach Arbeiten mit lösemittelhaltigen oder geruchsintensiven Materialien.
- Reinigen Sie ggf. die Arbeitsmaterialien und bewahren Sie flüssige Produkte in den gut verschlossenen Originalbehältern nach Herstelleranweisung und kindersicher auf. Einige Gemeinden bieten Tauschbörsen an, auf denen Sie Produktreste weitergeben können.
- Sammeln Sie lösemittel- oder schadstoffhaltige Abfälle und geben Sie sie in ihren Originalbehältern oder in gut verschlossenen und beschrifteten Behältnissen bei der Schadstoffsammlung ab.

Die „Augen des Hauses“ – Fenster

Entscheidungsraster zur Fensterrenovierung

Ist der Rahmen beschädigt?		**Erneuern des Anstrichs** (dauerhaft) → Seite 27
		Rahmenhölzer reparieren lassen (durch Fachbetrieb) → Seite 30
	sehr	**Flügel austauschen lassen** (durch Fachbetrieb) → Seite 30
Ist der Fensterkitt/das Silikon beschädigt?		**Erneuern des Anstrichs** (dauerhaft) → Seite 27
Ist eine Scheibe zerbrochen?		**Wärmesschutzverglasung einbauen lassen** (durch Fachbetrieb) → Seite 36
Ist der Anstrich beschädigt?		**Auffrischen des Anstrichs** (preisgünstig/leicht zu verwirklichen) → Seite 24
	sehr	**Erneuern des Anstrichs** (dauerhaft) → Seite 27
Klemmen die Fensterflügel?		**Bedienungsmängel beheben** (dauerhaft) → Seite 31
Sind die Flügel in sich verdreht?		**Bedienungsmängel beheben** (dauerhaft) → Seite 31
Zieht es durch die Fensterritzen?		**Abdichten mit Schaumstoffdichtungsband** (preisgünstig/leicht zu verwirklichen) → Seite 33
		Abdichten mit Profildichtungen (dauerhaft/leicht zu verwirklichen) → Seite 33
		Abdichten mit Profilen zum Einnuten (dauerhaft/strapazierfähig) → Seite 34
Gibt es Undichtigkeiten zwischen Rahmen und Wand?		**Anschluss Rahmen – Wand** → Seite 35

Entscheidungsraster zur Fensterrenovierung Fortsetzung

Soll gegen Wärmeverluste gedämmt werden? →	**Dämmen mit einem Aufsatzflügel** (dauerhaft/leicht zu verwirklichen) → Seite 36
	Dämmen durch Umbau zum Verbundfenster (dauerhaft/durch Fachbetrieb) → Seite 37
	Wärmeschutzverglasung einbauen lassen (dauerhaft/durch Fachbetrieb) → Seite 36
Soll zusätzlich gegen Schall gedämmt werden? →	**Dämmen durch Einbau eines Zusatzfensters** oder **Umbau zu einem Kastendoppelfenster** (dauerhaft/durch Fachbetrieb) → Seite 38

Weitere Aspekte

Energieeinsparverordnung	→ Seite 37
Richtig lüften	→ Seite 34
Schalldämmung	→ Seite 41
Luftbelastung durch Lösemittel	→ Seite 23
Farbentfernung	→ Seite 29
Wärmedämmung	→ Seite 38
Kunststoffrahmen streichen	→ Seite 26

Fenster erfüllen für die Bewohner eines Hauses wesentliche Funktionen. Sie sorgen für „Durchblick“ nach draußen und natürliche Beleuchtung, sie regulieren die Luftqualität und -feuchtigkeit und lassen an kalten Tagen wärmende Sonnenstrahlen herein. Nicht zuletzt prägen sie wesentlich das äußere Erscheinungsbild eines Hauses. Fenster sind aber auch Schwachstellen in der Gebäudehülle.

Es spricht einiges dafür, ein vorhandenes Fenster möglichst zu erhalten, zumal die Instandhaltung – oft sogar die Instandsetzung – billiger ist als eine Neuanschaffung. Deshalb machen wir Ihnen vorrangig Vorschläge zur Renovierung. Dabei konzentrieren wir uns auf Fenster mit Holzrahmen, da Aluminium- und Kunststoffrahmen dem Heimwerker wenig Renovierungsmöglichkeiten bieten. Letztgenannte können aber durchaus gestrichen werden (→ „Kunststoffrahmen streichen“, Seite 26).

Um Heizenergie einzusparen, ist es wichtig, dass Fenster möglichst wenig Wärme durchlassen. Trotzdem müssen alte Fenster nicht gleich deshalb auf den Müll wandern, nur weil sie in dieser Beziehung nicht optimal sind. Oft lassen sie sich zu einem geringeren Preis nachrüsten, als ein neues kosten würde. Wie teuer das im Einzelnen wird, hängt unter anderem davon ab, wie viel Sie dabei selbst machen können.

Wir zeigen Ihnen in diesem Kapitel, welche Möglichkeiten Sie haben, die Wärmedämmung eines alten Fensters zu verbessern (→ „Gegen Zugluft abdichten“, Seite 32, und „Gegen Wärmeverluste dämmen“, Seite 36).

Je besser die Pflege, desto größer die Lebenserwartung eines Fensters. Dabei spielt die Qualität des Anstrichs die entscheidende Rolle. Wir wollen Ihnen helfen, mit umweltverträglichen Mitteln die Lebensdauer Ihrer Holzfenster zu verlängern (→ „Renovieren des Anstrichs“, Seite 22).

Oft können auch alte „Schätzchen“ repariert werden, die scheinbar ihre besten Zeiten schon hinter sich haben. Bevor Sie sich also zu einer Neuanschaffung entschließen, sollten Sie von einem Fachbetrieb (Schreinerei, Glaserei, Fensterbauer) prüfen lassen, ob und zu welchem Preis eine Reparatur möglich ist. Wenn es sich dann noch um ein Gebäude einer früheren Bauepoche handelt, dessen Stil bewahrt werden soll, dann sind für Reparaturen vielleicht sogar Mehrkosten gegenüber dem Einbau neuer Fenster gerechtfertigt. Das gilt insbesondere, wenn es sich um Kasten- oder Doppelfenster handelt. Schon von ihrem Konstruktionsprinzip her dämmen sie Wärme und vor allen Dingen Schall sehr gut und sollten auch daher möglichst erhalten bleiben. Wir zeigen Ihnen, wie Sie dabei vorgehen können (→ „Fensterflügel austauschen

Vergleich von Fensterverglasungen

	Ausführung	**Energieeinsparung**	**Schallschutz**	**Anmerkungen**
Einfachfenster	2-Scheiben-Isolierglas/Verbundglas	gering (U_g = 3,0 bzw. 2,8) (nicht gemäß EnEV)*	gering	
	2-Scheiben-Wärmeschutzglas	mittel (U_g = 1,3 bis 1,1)	gering	besonders gutes Preis-Leistungs-Verhältnis (wenn gemäß EnEV)
	3-Scheiben-Wärmeschutzglas	hoch (U_g = 0,7)	gering	empfehlenswert bei normalen Schallschutzanforderungen
	2-Scheiben-Schallschutzglas (einfach)	gering (i. A. nicht gemäß EnEV)	mittel	
	2-Scheiben-Schallschutzglas mit Gießharzverbindung	gering (i. A. nicht gemäß EnEV)	hoch	
	2-Scheiben-Schall- und Wärmeschutzglas	hoch	mittel	empfehlenswert bei zusätzlich gewünschtem Schallschutz
Verbundfenster	mit Wärmeschutzglas	hoch	hoch	empfehlenswert
Kastenfenster	mit 1-fach und 2-Scheibenverglasung	hoch	hoch	empfehlenswert

* EnEV = Energieeinsparverordnung; U_g = Wärmedurchgangskoeffizient für die Verglasung, → Seite 37

Ökologischer Vergleich von Rahmenmaterialien für Fenster

	Heimisches Holz *	Tropenholz **	PVC	Aluminium/ Heimisches Holz	Aluminium
Energieverbrauch	gering	hoch	mittel	mittel	hoch
Ressourcen-verbrauch	gering	hoch/mittel (mit FSC-Siegel)	gering	mittel	hoch
Schadstoffe	mittel	mittel	hoch	mittel–hoch	hoch
Haltbarkeit/ Reparierbarkeit	gut/sehr gut	sehr gut/gut	sehr gut/ sehr schlecht	sehr gut/ schlecht	sehr gut/ sehr schlecht
Entsorgung	mittel	gut	schlecht	mittel–schlecht	gut

* aus nachhaltiger Waldbewirtschaftung besonders empfehlenswert (FSC-, Naturland-, PEFC-Siegel)
** mit FSC-Siegel empfehlenswert

lassen", Seite 30, „Wärmeschutzverglasung einbauen lassen", Seite 36, „Bedienungsmängel beheben", Seite 31).

Allerdings wird es nicht immer möglich sein, das alte Fenster zu retten. Wenn Schäden nicht bzw. nur mit erheblichen Mehrkosten zu beseitigen sind oder sich keine befriedigenden Dämmeigenschaften herstellen lassen, dann ist eine Neuanschaffung unvermeidlich. Wenn Sie Ihre Auswahl auch unter ökologischen Gesichtspunkten treffen wollen, können wir Ihnen eine Hilfestellung anbieten (→ Übersicht „Ökologischer Vergleich von Rahmenmaterialien für Fenster").

Sollten alle Bestrebungen zum Erhalt des Fensters zum Scheitern verurteilt sein, dann bleibt nur der Neukauf. Dabei sollte besonders auf die Eigenschaften von Rahmen und Verglasung geachtet werden. Gängige Rahmenmaterialien sind gegenwärtig PVC, Holz und Aluminium.

Was die Preise angeht, so sind Fenster mit einem Kombinationsprofil aus Holz und Aluminium wegen ihrer aufwendigen Konstruktion mit Abstand die teuersten. Es folgen die reinen Aluminiumrahmen. Demgegenüber günstig sind Holzfenster. Am preisgünstigsten sind Kunststofffenster zu haben.

Insgesamt ist unter Umweltgesichtspunkten Fenstern aus einheimischen Hölzern vor den anderen Rahmenmaterialien der Vorzug zu geben, besonders dann, wenn sie aus nachhaltiger Waldwirtschaft stammen. Dem FSC-Siegel für Holz liegen hohe Naturschutzstandards zugrunde, es wird weltweit verwendet. Bei der Vergabe dieses Siegels werden die Interessen der Holzwirtschaft, aber in hohem Maß auch die von Umwelt- und Sozialverbänden berücksichtigt. Das PEFC-Siegel – ins Leben gerufen durch Initiative der europäischen Holzwirtschaft – verlangt von den zertifizierten Forstbetrieben ebenfalls eine nachhaltige Waldbewirtschaftung. In Deutschland gibt es zudem das Naturland-Siegel für Holz, das ebenfalls hohe Standards ansetzt. Die Siegel sind im Schlusskapitel näher beschrieben (→ Seite 173).

In der Summe seiner Umwelteigenschaften hat Holz das ausgewogenste Profil und bringt keine extrem schädlichen Auswirkungen mit sich. Lärche oder Douglasie sind technisch besonders gut geeignet. Aluminium dagegen ist mit einem sehr hohen Energieverbrauch und schlechten Dämmwerten, PVC mit seinen problematischen Zusätzen und einer ungelösten Entsorgungsproblematik belastet.

Was die Verglasung eines neuen Fensters betrifft, so sollte man sich nicht mit Scheiben zufrieden geben, die nicht dem Standard der Energieeinsparverordnung entsprechen (→ „Energieeinsparverordnung", Seite 37, und Übersicht „Vergleich von Fensterverglasungen", Seite 20).

Renovieren des Anstrichs

Der Anstrich eines Fensterrahmens ist weit mehr als nur Dekoration. Er soll ihn vor verschiedensten Belastungen schützen. Dazu gehören Schlagregen und Sonneneinstrahlung von außen, aber auch Feuchtigkeit durch Wasserdampf von innen. Unter allen Bedingungen muss das Holz maßhaltig bleiben, es darf sich also nicht ausdehnen, schrumpfen oder verziehen. Die Folge wären Spalten, durch die Zugluft oder sogar Wasser eindringen kann. Selbstverständlich darf ein Holzfenster auch nicht faulen.

Um ein Fenster zu schützen, muss der Anstrich wasserdicht sein, er darf also keine Beschädigungen aufweisen. Das gilt nicht nur für die Außenseite. Auch von innen kann Luftfeuchtigkeit in den Rahmen eindringen und durch das Holz hindurch bis nach außen wandern. Dort wird das Wasser durch den Anstrich am Entweichen gehindert, es kann Blasen bilden und das Abplatzen der Farbe verursachen. Deshalb sollte der Anstrich auf der Innenseite mindestens genauso dampfdicht sein wie auf der Außenseite. Wenn Sie also das Fenster außen mit einem Lack gestrichen haben, dürfen Sie es nicht innen mit einer diffusionsoffenen Lasur behandeln; und wenn Sie den Anstrich außen auffrischen, sollten Sie dies auch innen tun, um die Farbschichtstärke anzugleichen. Überhaupt sollte der Anstrich auf der gesamten Oberfläche möglichst gleichmäßig dick sein.

Natürlich darf sich der Farbton außen und innen unterscheiden. Um das Vergrauen des Holzes und seine langfristige Zerstörung durch UV-Strahlung zu verhindern, sollten Sie jedoch für die Außenseite auf jeden Fall einen pigmentierten Anstrich wählen, also weder Klarlack noch eine farblose Lasur. Damit das Holz sich nicht zu stark aufheizt, sollte der Anstrich außerdem einen möglichst hellen Ton haben. Sonst kann die Oberfläche bei direkter Sonneneinstrahlung bis zu 80 °C heiß werden. Darunter leidet auf Dauer nicht nur die Beschichtung. Noch schlimmer ist es, wenn sich der Rahmen unter dieser Beanspruchung verzieht.

Luftbelastung durch Lösemittel

Lösemittel in der Raumluft beeinträchtigen die Gesundheit und das Wohlbefinden. Sie werden bei der Verarbeitung einer großen Zahl von Heimwerkerprodukten frei. Als wesentliche Bestandteile sind sie in – lösemittelhaltigen – Lacken und Lasuren sowie in vielen Klebstoffen enthalten. Auch Naturfarbenprodukte bilden keine Ausnahme. Sie enthalten als Lösemittel häufig allergieerzeugende Terpene oder Zitrusschalenöle. Abhängig von der Konzentration reichen die Symptome einer Lösemittelbelastung von der geruchlichen Belästigung über Kopfschmerzen, Müdigkeit, Unwohlsein, Konzentrationsschwäche, Haut- und Schleimhautreizungen bis zu Sehstörungen und Schwindel. Auch ist es in extremen Fällen zu Vergiftungen gekommen.

Eine unmittelbare Gefahr durch leicht flüchtige Lösemittel besteht in erster Linie für den Anwender der Produkte. Seine Nase befindet sich notwendigerweise direkt am Ort des Geschehens. Abhängig vom verarbeiteten Produkt, dem Untergrund, der Temperatur und der Lüftung können die schädlichen Dämpfe jedoch durchaus noch einige Tage nach der Renovierung ausdünsten. Wer die Möglichkeit hat, sollte nach einer Renovierung daher etwas Zeit verstreichen lassen, bevor er die Räume wieder bewohnt. Das gilt insbesondere für Schlaf- und Kinderzimmer. Kinder sind ohnehin wegen ihres geringeren Körpergewichts und der höheren Atemfrequenz besonders gefährdet. Schon aus diesem Grund sollten sie bei Arbeiten mit lösemittelhaltigen Materialien nicht im Raum sein.

Wenn Sie im einen oder anderen Fall nicht auf lösemittelhaltige Produkte verzichten können, sollten Sie die Sicherheits- und anderen Hinweise auf den Gebinden oder Packungsbeilagen der Produkte besonders aufmerksam lesen.

Analyse Lösemittel

Die Stiftung Warentest bietet eine Luftanalyse auf Lösemittel an. Sie erfasst bedenkliche, leicht flüchtige Substanzen, die zum Beispiel aus Lacken, Lasuren oder auch Abbeizmitteln ausgasen.
Die Teilnehmer erhalten ein Proberöhrchen, das sie in ihren Räumen aufstellen und später zur Analyse einsenden. Infos zum Mitmachen auf Seite 188.

Ökologischer Vergleich von Anstrichstoffen für Holz

	Blaue Engel-Lacke/ Lasuren	Wasserlacke/ -lasuren (Acryl)	Konventionelle Lacke/ Lasuren (Alkydharz)*	Naturharzlacke/-lasuren (lösemittelhaltig)	Naturharzlacke/-lasuren (lösemittelfrei)	Leinölfirnis **
Energieverbrauch	mittel	mittel	hoch	hoch	mittel	gering
Ressourcenverbrauch	mittel	mittel	hoch	gering	gering	gering
Umweltbelastung durch Schadstoffe	gering–mittel	mittel–hoch	hoch	gering–mittel	gering	gering
Haltbarkeit/Ausbesserungsfähigkeit	mittel/gut	mittel/gut	hoch/sehr gut	mittel/mittel–gut	gering–mittel/gut	gering/sehr gut
Entsorgung	mittel	mittel–schlecht	sehr schlecht	gut (CO_2-neutral)	gut (CO_2-neutral)	gut
Gesundheit	gut	gut–mittel	schlecht	schlecht	gut–mittel	gut

* lösemittelhaltig ** nicht für Fenster und Außentüren

Auf jeden Fall ist es wichtig, die Fenster jedes Jahr zu kontrollieren und den Anstrich rechtzeitig aufzufrischen oder zu erneuern. Das wird spätestens dann fällig, wenn das Holz auch nur an der einen oder anderen Stelle zum Vorschein kommt.

Für diese Arbeiten sollte die Außentemperatur nicht unter 5 °C liegen, damit der Anstrich noch gut trocknen kann. Am besten streichen Sie die Rahmen zwischen Mai und September – schließlich müssen die Fenster während der Arbeit und zum Trocknen längere Zeit offen stehen! (Alles, was in den folgenden Abschnitten über die Behandlung von Rahmen bzw. Flügeln gesagt wird, gilt gleichermaßen für eventuell vorhandene Schlagläden.)

Auffrischen des Anstrichs

preisgünstig
leicht zu verwirklichen

Werkzeuge

- Schleifklotz
- Schleifschwamm
- Pinsel (mit Kunststoffborsten) oder Lackierrolle
- ggf. Schwing-, Delta- oder Exzenterschleifer (evtl. ausleihen)
- ggf. Staubsauger

Verbrauchsmaterialien

- Schleifpapier (P 180 bis P 220) bzw. entsprechende Schleifblätter oder -scheiben
- Staubmaske für Feinstaub (Filter P2)
- Klebeband (in Pinselbreite)
- Acryllack oder Dickschichtlasur mit dem Blauen Engel
- ggf. Haftvermittler (für Kunststofffensterrahmen)
- Zeitungspapier
- Spülmittel

Sofern das Rahmenholz keinerlei Beschädigungen aufweist, wie Risse oder Fäulnis, genügt ein Auffrischen des Anstrichs. Ein leichter Befall durch den Bläuepilz kann toleriert werden. Er beeinträchtigt nicht die Funktion. Sie erkennen ihn an einer dunklen Verfärbung des Holzes bei ansonsten intakter Holzstruktur. Bei starken oder sogar sehr starken Schäden sollten Sie den Rahmen reparieren oder – falls notwendig – Teile oder ganze Flügel austauschen lassen (→ „Rahmenhölzer reparieren lassen“, „Fensterflügel austauschen lassen“, Seite 30).

Bei lasierten Fensterrahmen können Sie übrigens leicht prüfen, ob ein Überholungsanstrich nötig ist: Legen Sie für eine bis zwei Minuten ein feuchtes Tuch auf das Holz. Bleibt danach ein deutlicher Fleck, so reicht der vorhandene Anstrich nicht mehr aus.

Überprüfen Sie zunächst, ob sich der alte Anstrich mit dem neuen verträgt. Ein Acryllack lässt sich nicht mit einem Alkydharzlack überstreichen. Umgekehrt ist das allerdings möglich. Wenn Sie also einen Acryllack oder eine Dickschichtlasur (mit dem Blauen Engel) verwenden, dann erübrigt sich ein Ausprobieren der Verträglichkeit.

Beim Anschleifen kommt die preisgünstigste Variante mit reiner Muskelkraft aus. Sollten Sie allerdings über einen Exzenter- oder Schwingschleifer oder idealerweise über einen Deltaschleifer verfügen, so können Sie sich die Arbeit erleichtern. Sie können diese Geräte auch bei einer Maschinenvermietung oder einem Baumarkt ausleihen. Ihre Anschaffung lohnt sich dagegen meist nicht, da sie nur gelegentlich gebraucht werden (→ „Geräte leihen“, Seite 13).

Bei den im Folgenden beschriebenen Tätigkeiten können die Flügel im Rahmen bleiben.

So wird 's gemacht

Altanstrich von Hand anschleifen

Das Schleifen sorgt lediglich dafür, dass die neue Farbe auf der alten hält. Bevor Sie damit beginnen, sollten Sie den Fensterrahmen gründlich mit warmem Wasser und Spülmittel reinigen, da vorhandener Schmutz sonst in den Lack eingearbeitet wird.

Schleifen Sie dann die Oberfläche mit einem feinkörnigen Schleifpapier an (Körnung: P 180 bis P 220).

Um kleinere Stücke aus einem Bogen zu erhalten, reißen Sie ihn über eine scharfe Kante oder entlang eines flach aufgelegten Sägeblatts. Die Stücke werden dann straff und faltenfrei um einen Schleifklotz gespannt.

Das Schleifen erfolgt in langen Zügen mit gleich bleibendem Druck. Um Kanten und Profile zu schleifen, verwenden Sie am besten einen Schleifschwamm, der sich den Formen anpasst. 1

Während der Arbeit sollten das Papier bzw. der Schwamm immer wieder leicht angefeuchtet werden. Bevor Sie mit dem Streichen beginnen, wischen Sie die Schleifstaubreste mit einem feuchten (nicht nassen) Tuch ab.

Altanstrich mit der Maschine anschleifen

Für das Anschleifen ebener Flächen eignen sich Schwingschleifer besonders gut. Einige Geräte lassen sich auch zu Ecken- oder Zungenschleifern umrüsten, sodass Sie sich bei Ecken und Kanten die andernfalls notwendige Handarbeit sparen können. Exzenterschleifer müssen wegen des größeren Materialabtrags vorsichtiger gehandhabt werden. Sie sind jedoch insgesamt vielseitiger. Bei modernen Schleifgeräten ist eine integrierte Staubabsaugung üblich. Einen sehr effektiven Staubschutz können Sie erreichen, wenn Sie einen Staubsauger an den Schleifer anschließen. Verzichten Sie dennoch nicht auf das Tragen einer Staubmaske.

Wie beim Schleifen von Hand sollten Sie auch hier den Fensterrahmen zuvor gründlich mit warmem Wasser und Spülmittel reinigen.

Um zu vermeiden, dass die Oberfläche zu stark geschliffen wird und eventuell sogar sichtbare Schleifspuren entstehen, benutzen Sie nur sehr feine Schleifblätter bzw. -scheiben der Körnung P 180 bis P 220. Achten Sie auf möglichst gleichmäßigen Schliff.

Stellen, die Sie mit dem Schleifgerät nicht erreichen, müssen Sie von Hand anschleifen. Für diese Arbeit gelten die Hinweise des vorhergehenden Abschnitts.

Holzrahmen streichen

Achten Sie darauf, dass Sie für Arbeiten mit wasserverdünnbaren Lacken nur Pinsel mit rostfreier Zwinge und Kunststoffborsten benutzen. Die Farbteilchen der Dispersionsfarben setzen sich unter die Schuppen von Naturborsten und lassen sich auch durch Auswaschen nicht mehr entfernen. Deshalb eignen sich Pinsel mit Naturborsten ausschließlich für lösemittelhaltige Lacke! Im Handel sind die Pinsel entsprechend gekennzeichnet. Wenn Sie auch später noch sicher wissen wollen, wo-

1

Sicherheitstipp

Da alte Anstriche häufig giftige Schwermetalle (Blei, Kobalt) enthalten, sollten Sie bei Schleifarbeiten jeder Art unbedingt eine Staubmaske tragen und Kinder fernhalten.

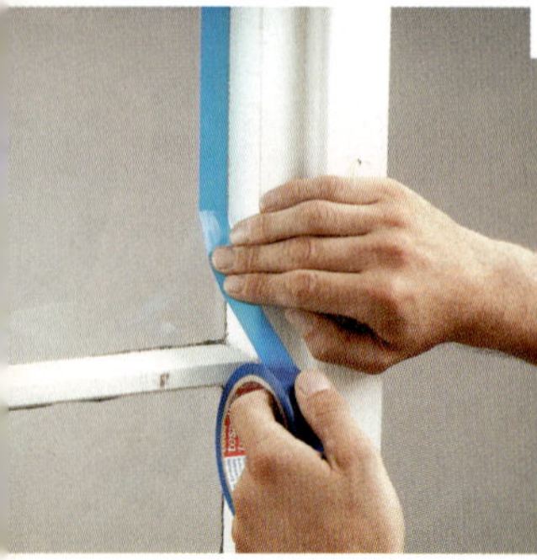
2

3

Tipp

Zum Schutz der Scheiben brauchen Sie das Zeitungspapier noch nicht einmal mit Klebeband zu befestigen. Mit Wasser angefeuchtet, haftet es von alleine.

für der Pinsel taugt, kennzeichnen Sie ihn ggf. selbst, zum Beispiel mit farbigem Klebeband.

Eine gute Alternative, mit der sehr glatte Oberflächen gelingen, ist die Lackrolle. Hier gibt es spezielle Formen für Fensterrahmen, die mit einem Seitenblech als Schutz gegen Übermalen ausgerüstet sind.

Zunächst kleben Sie mit dem Klebeband diejenigen Bereiche des Fensters ab, die nicht gestrichen werden, wie etwa Beschläge und Griffe. Den Rand der Scheiben kleben Sie ebenfalls bündig mit dem Rahmen ab. 2

Nach dem Streichen 3 wird der Klebestreifen wieder entfernt, wenn die Farbe angezogen hat. Nicht warten, bis die Farbe durchgetrocknet ist, sie kann dann einreißen oder am Klebeband hängenbleiben.

Auch wenn Sie die Scheiben insgesamt mit Zeitungspapier abkleben, sollten Sie einen feuchten Lappen bereitlegen, mit dem Sie Spritzer oder Ausrutscher vor dem Antrocknen entfernen können. Wenn doch einmal etwas auf die Scheiben geht und eintrocknet, nehmen Sie zum Entfernen auf keinen Fall Metallgegenstände! Sie verkratzen damit das Glas. Sie können stattdessen einen sauberen Kunststoffspachtel oder Eisschaber für Autoscheiben verwenden.

Wenn die Scheibe mit Glaserkitt befestigt wurde (nur bei Einfachverglasungen), dann sollten Sie diesen bis auf das Glas mitstreichen. Damit ist gewährleistet, dass keine Feuchtigkeit eindringen kann. Auf der schon seit Jahren üblichen Silikonmasse hält der Anstrich dagegen nicht. Achten Sie auch darauf, dass die Ausfräsung an der Tropfkante des Wasserschenkels auf der Innenseite des Fensterflügels, die so genannte Hohlkehle, nicht mit Farbe zugeschmiert wird. Kondenswasser kann sich sonst nicht dort sammeln und abtropfen, sondern führt an anderen Stellen des Fensters zu Durchfeuchtungen.

Die Fenster dürfen nicht geschlossen werden, bevor die Farbe mindestens grifffest ist. Acryllack und Dickschichtlasuren sind nach etwa zwei bis drei Stunden grifffest und trocknen über Nacht durch.

Kunststoffrahmen streichen

Die neueste Generation von Acryllacken kann auch auf Kunststoffen angewendet werden. Damit wird es auch Heimwerkern möglich, unansehnlich gewordene Kunststofffensterrahmen aufzufrischen. Achten Sie beim Kauf des Lacks unbedingt auf die entsprechende Eignung!

Die Arbeitsabläufe bei der Behandlung sind denen beim Auffrischen von Holzrahmen sehr ähnlich. Allerdings ist nach dem Anschleifen ein Vorstrich mit einem Haftvermittler erforderlich. Nach dem Trocknen des Haftvermittlers (Anleitung beachten!) wird der Lack in Längsrichtung der Rahmenteile aufgetragen. Auch hier muss der Lack bis zur Grifffestigkeit durchtrocknen, bevor die Fenster geschlossen werden dürfen.

Reinigung und Entsorgung

Schleifstaub und andere Lackabfälle sollten Sie wegen der möglicherweise enthaltenen Schwermetallverbindungen bei einer Sammelstelle für Sondermüll abgeben.

Pinsel oder Lackrollen streichen Sie am besten gut aus und reinigen sie gründlich mit Wasser. Wenn Sie das gleich im Anschluss an Ihre Arbeit tun, brauchen Sie dafür noch nicht einmal Pinselreiniger.

Farbreste für Ausbesserungen bewahren Sie am besten für Kinder unzugänglich in den gut verschlossenen Originaldosen auf. Um den Inhalt unter Luftabschluss zu halten, werden sie auf den Kopf gestellt.

Kleine Restmengen wasserverdünnbarer Lacke können Sie eintrocknen lassen und zum normalen Hausmüll geben. Mit stark lösemittelhaltigen Produkten oder sonstigen Lösemitteln sollten Sie das allerdings nicht tun. Sie gehören im gut verschlossenen Originalgefäß zur Schadstoffsammlung.

Tipp

Tränken Sie bei Arbeitsunterbrechungen Pinsel oder Lackrolle gut mit Farbe, um sie in einer Plastiktüte oder mit Frischhaltefolie luftdicht einzupacken.

Erneuern des Anstrichs

Wenn der Anstrich stärkere Beschädigungen aufweist, ist es mit dem Auffrischen nicht getan. Bei Löchern, Rissen oder wenn das Holz bereits an mehreren und größeren Stellen sichtbar ist, wird ein kompletter Neuanstrich fällig. Falls das Holz bereits stark in Mitleidenschaft gezogen ist, müssen eventuell Teile repariert oder ersetzt werden (→ „Rahmenhölzer reparieren lassen", „Fensterflügel austauschen lassen", Seite 30). Einfachverglasungen sollten Sie gegen eine wärmedämmende Mehrfachverglasung austauschen lassen (→ „Wärmeschutzverglasung einbauen lassen", Seite 36).

So wird 's gemacht

Altanstrich entfernen

Es empfiehlt sich, die Fensterflügel aus dem Rahmen herauszunehmen und für die Dauer der Arbeiten auf Böcken oder auf einer Werkbank zu lagern.

Auf ebenen Flächen ist das Entfernen des Altanstrichs mit einer Abziehklinge nicht nur die gesundheitsverträglichste, sondern auch die preiswerteste Methode. Das Werkzeug wird mit etwas Kraft so auf das Holz aufgesetzt, dass es die Lackschicht durchstößt. Dann wird die Klinge mit gerade so viel Druck in Faserrichtung über das Holz gezogen, dass der Lack möglichst als Schicht abgehoben wird. Bereits nach kurzer Zeit bekommt man Übung darin. Dennoch ist die Methode sehr kraftaufwendig. Außerdem muss die Klinge öfter nachgeschliffen werden. Mithilfe eines Schwing- oder Exzenterschleifers können Sie sich die Arbeit erleichtern. Hinweise dazu finden Sie unter „Auffrischen des Anstrichs" (→ Seite 24). Stellen, die Sie nicht mit der Abziehklinge bzw. der Schleifmaschine erreichen können, müssen von Hand mit dem groben Schleifpapier oder einem Schleifschwamm abgeschliffen werden.

Denken Sie daran, dass Sie bei Arbeiten, bei denen Schleifstäube aus alten Anstrichen freigesetzt werden, wegen des möglichen Schwermetallgehalts eine Staubmaske tragen und Kinder fernhalten. Ein weiterer Grund für diese Vorsichtsmaßnahme: Holzstäube stehen unter Krebsverdacht, manche sind bekanntermaßen krebs-

dauerhaft

Werkzeuge

- Böcke oder Werkbank
- Abziehklinge
- Schleifklotz
- ggf. Schwing- oder Exzenterschleifer
- Staubsauger
- Cuttermesser
- Stechbeitel
- Pinsel
- ggf. Lackierrolle
- Kartuschendrücker

Verbrauchsmaterialien

- Schleifpapier (P 80 bis P 120 und P 180 bis P 220)
- Schleifschwamm
- Staubmaske für Feinstaub (Filter P2)
- ggf. Schleifblätter oder -scheiben (P 80 bis P 120 und P 180 bis P 220)
- Lösemittelfreie Holzspachtelmasse
- Klebeband (in Pinselbreite)
- Holzgrundierung mit dem Blauen Engel
- Acryllack oder Dickschichtlasur mit dem Blauen Engel
- Silikondichtmasse
- Zeitungspapier

Abbeizmittel Dichlormethan – Vorsicht, Lebensgefahr!

Noch immer bieten vereinzelte Händler dichlormethanhaltige Abbeizmittel an, ohne über die Gefahren aufzuklären. Und auch in manchem Hobbykeller steht noch eine alte Dose. Diese Mittel sollte niemand mehr verwenden. Dichlormethan steht nicht nur im Verdacht, Krebs zu erzeugen – es schädigt das zentrale Nervensystem und wirkt in höherer Dosis tödlich. Luftgrenzwerte werden beim Verarbeiten dieser Mittel immer überschritten – auch im Freien! Normale Filtermasken bieten keinen Schutz, es wird ein Atemschutzgerät mit eigener Luftversorgung benötigt.

1

2

3

erzeugend! Am besten saugen Sie den entstehenden Staub direkt am Gerät mit einem Staubsauger ab.

Zwischenschliff

Wenn Sie die alte Lackschicht entfernt haben, ist vor dem Neuanstrich mindestens noch ein Schliff erforderlich: Am besten wässern Sie das Holz gründlich, lassen es trocknen und schleifen die nun aufgerichteten Holzfasern nochmals mit feinem Schleifpapier ab. Alternativ dazu können Sie auch mit Acryllack, den Sie mit Wasser verdünnt haben, oder mit einer leichten Lasur einen Vorstrich aufbringen und nach dem Trocknen glatt schleifen. Wie Sie bei einem Feinschliff am besten vorgehen, finden sie im Abschnitt „Auffrischen des Anstrichs“ (→ Seite 24).

Auf keinen Fall dürfen vor dem Anstreichen noch scharfe Kanten vorhanden sein. Der Anstrich wird sonst an diesen Stellen durchbrochen. Mit Schleifklotz und -papier können Unebenheiten leicht abgerundet werden. 1

Dichtungen entfernen

Mit einem Kartonmesser trennen Sie die alten Silikondichtungen vom Holz ab und ziehen sie dann heraus. Vorsicht – verkratzen Sie dabei nicht die Fensterscheibe!

Risse und Löcher verschließen

Entfernen Sie lose Holzteilchen und angefaulte Stellen vollständig mit einem Stechbeitel und verschließen Sie die Löcher und Risse mit lösemittelfreier Spachtelmasse. 2 Sorgfältiges Arbeiten verhindert, dass später Feuchtigkeit in das Holz eindringt. Nach dem Trocknen des Kitts werden die Stellen ebenso glatt geschliffen wie das umgebende Holz.

Neuanstrich aufbringen

Bevor Sie mit dem Streichen beginnen, entfernen Sie den Schleifstaub möglichst vollständig mit einem angefeuchteten Lappen. Danach kleben Sie die Scheiben ab, wie unter „Auffrischen des Anstrichs“ beschrieben (→ Seite 24). Sie schieben jedoch das Klebeband in die Fuge zwischen Scheibe und Rahmen. Vor der Lackierung muss der Rahmen noch mit einer Grundierung behandelt und nach deren Trocknen einmal zwischengeschliffen werden. 3

Eine besonders dichte und glatte Oberfläche erhalten Sie, wenn Sie einen ersten Lackanstrich trocknen lassen, mit sehr feinem Schleifpapier zwischenschleifen und danach den endgültigen Anstrich

Tipp

Holzspachtel können Sie selbst herstellen: Mischen Sie feines Sägemehl mit der gleichen Menge Schlämmkreide und verkneten Sie das Ganze mit Leinölfirnis. Schlämmkreide und Leinölfirnis erhalten Sie im Fachhandel oder im ökologischen Baumarkt. Das Sägemehl müssen Sie selbst beisteuern.

aufbringen. Mit dem Pinsel streichen Sie stets in Richtung der Holzmaserung. So erhalten Sie eine gleichmäßige Oberfläche. Achten Sie darauf, dass auch die Kanten gleichmäßig gestrichen sind, um ein Eindringen von Wasser in das Holz auch an diesen Stellen wirksam zu vermeiden.

Dichtungen erneuern

Lösen Sie zunächst die Klebebänder, die während des Streichens zum Schutz der Scheiben gedient haben, aus den Fugen und setzen sie etwas nach innen. Dadurch verhindern Sie, dass Sie später mit dem Band auch die Dichtmasse abziehen.

Der früher gebräuchliche Ölkitt ist aus der Mode gekommen, und das nicht von ungefähr, denn das darin enthaltene Leinöl greift die Kunststoffversiegelungen von Thermoscheiben an. Außer bei einfach verglasten Fenstern, die grundsätzlich wegen ihrer mangelhaften Wärmedämmung problematisch sind, oder Kastenfenstern mit Einfachverglasung kann deshalb kein Ölkitt verwendet werden.

Bei Silikondichtmassen gibt es solche Probleme nicht. Sie werden in verschiedenen Farben und auch transparent angeboten. Man spritzt sie mithilfe eines Kartuschendrückers in die Fugen zwischen Glas und Rahmen ein. Mit einem in Seifenlösung angefeuchteten Finger können Sie anschließend die Dichtmasse glätten. 4

Reinigung/Entsorgung

Für die Reinigung der Arbeitsmaterialien und die Entsorgung gilt das unter „Auffrischen des Anstrichs" Gesagte (→ Seite 24).

4

Farbentfernung – alle Methoden im Vergleich

Die Stiftung Warentest hat chemische Abbeizmittel, Heißluftpistolen und exemplarisch eine Lackfräse getestet (test 7/2005) und alle Methoden zum Entfernen von Lack miteinander verglichen. Hier Einschätzungen aus dem Test-Bericht:

Abbeizer: Wirksame Abbeizer enthalten oft problematische Lösemittel (Atemschutz: Aktivkohlefilter A1), wenn auch nicht alle gefährlich sind. Alkalische Mittel sind gesundheitlich weniger bedenklich, oft aber weniger wirksam. Manche Mittel haften schlecht an senkrechten Flächen, andere müssen mühsam angerührt werden.

Heißluft: Die Farbentfernung mit Heißluft ist eine chemiefreie Alternative zum Abbeizen. Trotzdem ist die Methode gesundheitlich bedenklich, da Schadstoffe beim Erhitzen des Lacks entstehen können. Beim Arbeiten sollte deshalb immer ein Atemschutz getragen werden.

Lackfräse: Die Lackfräse ist bei ebenen Flächen und vielen Lackschichten am effizientesten, aber für sensible Oberflächen ungeeignet. Es entsteht viel Staub, der gesundheitsschädlich sein kann (Atemschutz: Partikelfilter P2), und die Geräte sind sehr laut (Gehörschutz).

Schleifgeräte: Alternative zur Lackfräse. Schleifgeräte sind preiswerter in der Anschaffung, arbeiten aber auch nicht so effizient. Dafür lassen sich durch die Wahl eines feinkörnigen Schleifpapiers auch sensible Oberflächen relativ holzschonend bearbeiten. Schleifen dauert allerdings deutlich länger als Fräsen. Das Schleifpapier verklebt schnell und muss oft gewechselt werden. Es entsteht auch viel Staub, der gesundheitsschädlich sein kann (Atemschutz: Partikelfilter P2), und die Geräte sind sehr laut (Gehörschutz).

Abziehklinge: Für Gesundheit und Umwelt ist die Abziehklinge die beste Methode. Sie ist völlig schadstofffrei. Es entstehen weder Schleifstäube noch Lösemitteldämpfe oder andere Gase. Auch müssen keine Abbeizschlämme als Sondermüll entsorgt werden. Allerdings erfordert die Arbeit viel Mühe und ist von allen Verfahren das körperlich anstrengendste.

Reparaturen am Fenster

durch Fachbetrieb

Rahmenhölzer reparieren lassen

Selbst bei stark beschädigten Rahmen ist es nicht immer sinnvoll, das Fenster auszutauschen. Auswitterungen, die wenige Millimeter tief in das Holz hineingehen, kann ein Schreiner abarbeiten und mit neuem Holz verstärken. Selbst tiefer gehende Schäden durch Fäulnis können oft beseitigt werden, sofern das Fenster nicht großflächig betroffen ist. Ein Schreiner kann Stücke aus dem Rahmen entfernen und neue ansetzen. Bevor Sie ein Fenster austauschen, sollten Sie deshalb einen Fachbetrieb zurate ziehen und sich gegebenenfalls einen Kostenvoranschlag über eine mögliche Reparatur machen lassen. Dabei sollten Sie auch berücksichtigen, dass nicht nur die unmittelbar entstehenden Kosten eine Rolle spielen, sondern auch die Frage, ob die bestehende Konstruktion aus bestimmten Gründen erhalten bleiben sollte (zum Beispiel Kastenfenster, Baustil).

Nach der Reparatur müssen Sie selbstverständlich den Anstrich erneuern. Wie Sie dabei vorgehen müssen, erfahren Sie unter „Erneuern des Anstrichs“ (→ Seite 27).

durch Fachbetrieb

Fensterflügel austauschen lassen

Ist ein Fensterflügel so stark geschädigt, dass sich eine Reparatur nicht mehr lohnt, so muss er ausgetauscht werden. Der Rahmen bleibt dabei unverändert. Der Austausch ist nicht einfach zu bewerkstelligen und sollte einem Fachbetrieb überlassen bleiben. Ist auch der Rahmen stark geschädigt, so bleibt Ihnen nur der Austausch des kompletten Fensters (→ „Vergleich von Fensterverglasungen“, Seite 20).

Bedienungsmängel beheben

dauerhaft

Wenn die Fensterflügel sich nur noch schwer öffnen oder schließen lassen, dann kann das seine Ursache in zu vielen bzw. dicken Farbschichten haben. In diesem Fall sollten Sie den alten Anstrich vollständig entfernen und das Fenster neu streichen. Wie man das macht, erfahren Sie unter „Erneuern des Anstrichs“ (→ Seite 27).

So wird ’s gemacht

Defekte Beschläge

Möglicherweise sind defekte Beschläge der Grund für ein klemmendes Fenster. Besonders Kunststoffrahmen oder breite Fensterflügel neigen nach einigen Jahren zum Hängen. Manchmal genügt es schon, die Beschläge mit einem Schraubendreher wieder festzuziehen oder neu zu justieren. 1

Besonders die modernen Fensterbeschläge bieten sehr viele Justagemöglichkeiten. In den Bedienungsanleitungen für Ihre Fenster sollte alles genau beschrieben sein. Sind diese nicht (mehr) vorhanden, fragen Sie einen Fachbetrieb. Mit etwas handwerklichem Geschick können Sie auch herumprobieren. Passen Sie nur auf, dass Sie nicht ungewollt das Fenster abschrauben! 2

Sollte das Justieren nicht zum gewünschten Erfolg führen, so müssen die Beschläge vielleicht repariert oder ausgewechselt werden. Wenn das der Fall ist, sollten Sie darüber nachdenken, abschließbare Griffe, Aufhebelsicherungen oder Ähnliches als Einbruchschutz anzubringen. Die sind ab 35 Euro erhältlich. 3

Weiter gehende Informationen zu diesem Thema finden Sie in dem Ratgeber „Sicherheit für Haus und Wohnung“ der Verbraucherzentralen (→ Seite 190).

Verdrehte Fensterflügel

Eine weitere Ursache für klemmende Holzfenster können in sich verdrehte Fensterflügel sein. In diesem Fall kann ein Schreiner die Flügel auseinander nehmen, die Eckverbindungen abschleifen und sie neu zusammensetzen. Lediglich bei vollständig verzogenen Fenstern muss ein Flügelteil oder sogar ein ganzer Flügel ausgetauscht werden.

1

2

3

Gegen Zugluft abdichten

Wärmeverluste können bei Fenstern entweder als Strahlung durch die Scheibe (→ „Energieeinsparverordnung“, Seite 37) oder durch Austausch mit kalter Außenluft entstehen (→ „Gegen Wärmeverluste dämmen“, Seite 36). Im zweiten Fall sind Ritzen und Fugen zwischen Flügeln und Rahmen oder zwischen Rahmen und Wand die Ursachen. Auch ungedämmte Rollladenkästen tragen zu Wärmeverlusten bei (weitere Informationen finden Sie in dem Ratgeber „Gebäude modernisieren – Energie sparen“ der Verbraucherzentralen, → Seite 190).

Bevor Sie darangehen, Ihre Fenster abzudichten, sollten Sie zunächst überprüfen, ob die Abschlüsse zwischen Fensterrahmen und Wand dicht sind. Mängel an diesen Stellen können – neben den unmittelbaren Energieverlusten – Durchfeuchtungen der Wand und damit schwerwiegendere, länger anhaltende und teurere Schäden nach sich ziehen und sollten deshalb gleich mitbehoben werden (→ „Anschluss Rahmen – Wand“, Seite 35).

Alle Maßnahmen zur Abdichtung von Fensterritzen behindern notwendigerweise den unkontrollierten Luftaustausch zwischen Innen und Außen. Es ist deshalb nach der Abdichtung besonders wichtig, dass regelmäßig und ausreichend gelüftet wird (→ „Richtig lüften“, Seite 34). Die Dichtungsmaßnahmen sollten möglichst vor Beginn der Heizperiode erfolgen. Die Verarbeitungstemperatur von Klebebändern darf nicht unter 5 °C liegen.

Ein angenehmer Nebeneffekt der Abdichtung von Fensterspalten – wenigstens bei größeren Fugen – ist der damit zugleich verbesserte Schallschutz.

Tipp

Ob bzw. an welchen Stellen Zugluft auftritt, können Sie am besten mit einer brennenden Kerze feststellen.

Anschluss Fensterflügel – Rahmen

Zu dünnes Dichtmaterial lässt weiterhin Zugluft durch, zu dickes verhindert möglicherweise das Schließen des Fensters.

Um bei Dichtungsmaßnahmen das richtige Material auswählen zu können, ermitteln Sie die Breite der Spalte. Quetschen Sie einfach etwas Knetmasse an verschiedenen Stellen zwischen Fensterrahmen und Flügel ein und messen Sie sie dann mit einer Schieblehre aus.

Abdichten mit Schaumstoffdichtungsband

preisgünstig
leicht zu verwirklichen

Werkzeug

- Schere

Verbrauchsmaterialien

- Dichtungsband
- Spiritus

Die preisgünstigste Methode zum Abdichten von Fensterspalten ist die Verwendung von selbstklebendem Schaumstoffdichtungsband. Die Anbringung stellt keinerlei Ansprüche an handwerkliches Geschick. Allerdings ist diese Lösung nicht sehr dauerhaft, denn das Dichtungsband hält je nach Beanspruchung nur etwa ein bis zwei Jahre, bevor es erneuert werden muss. Auch ist es nur für kleine und mittlere Spaltenbreiten erhältlich (3 bis 5 mm). Bei größeren Spalten müssen Sie auf andere Lösungen zurückgreifen (→ unten, „Abdichten mit Profildichtungen", bzw. „Abdichten mit Profilen zum Einnuten", Seite 34).

So wird 's gemacht

Nach einem Neuanstrich sollten Sie sicherstellen, dass die Farbe wirklich gut durchgetrocknet ist. Am besten warten Sie einige Tage mit dem Anbringen des Dichtungsbandes. Ansonsten besteht die Gefahr, dass Sie beim späteren Entfernen einen Teil der Farbe mit abreißen.

Damit es hält, sollte das Dichtungsband nicht auf lose Farbsplitter geklebt werden.

Auch müssen die betreffenden Rahmenflächen zuvor mit Spiritus von Schmutz und Fett gereinigt werden. Verkleben Sie die Bänder so, dass in den Ecken keine Ritzen bleiben.

Abdichten mit Profildichtungen

dauerhaft
leicht zu verwirklichen

Werkzeug

- Schere

Verbrauchsmaterialien

- Profildichtungsband
- Spiritus
- Grafit (zur Pflege)

So wird 's gemacht

Das Anbringen von Profildichtungen ist ebenso einfach wie das von Schaumstoffdichtungsbändern und wird genauso gemacht. Zwar sind sie teurer in der Anschaffung, dafür halten sie auch meist ein paar Jahre und es gibt sie auch für sehr breite Spalten (bis 6 mm). 1

Zur Pflege sollten Sie die Dichtungen beim Fensterputzen mit reinigen und auf Beschädigungen prüfen. Um ihr Verspröden zu verhindern, empfiehlt sich das gelegentliche Einreiben mit Grafit. 2

1

2

dauerhaft
strapazierfähig

Werkzeug

- Schere

Verbrauchsmaterialien

- Profile zum Einnuten
- Spiritus

1

Abdichten mit Profilen zum Einnuten

So wird 's gemacht

Die aufwendigste und teuerste, dafür aber auch dauerhafteste Lösung ist das Anbringen von Lippendichtungen zum Einnuten. Dazu ist es notwendig, von einem Schreiner eine Nut in den Fensterrahmen einfräsen zu lassen, in die Sie die Dichtung leicht einsetzen können. 1

Alte, spröde gewordene Dichtungen können Sie dann selbst austauschen. Achten Sie beim Kauf auf die richtige Größe der Dichtung. Vor einem Austausch muss die Nut gründlich gereinigt werden! 2

2

Richtig lüften

Damit das Klima in einem Raum als angenehm empfunden wird und Feuchtigkeitsschäden oder Schimmelbildung vermieden werden, soll die Luftfeuchtigkeit zwischen 40 und 55 % bei etwa 20 °C in Wohnräumen betragen (in Bad und Wohnzimmer etwas mehr, im Schlafzimmer etwas weniger). Zu ihrer Regulierung und um Schad- sowie Geruchsstoffe zu entfernen, soll mehrmals am Tag zwischen 5 und 10 Minuten lang kräftig gelüftet werden (am besten mit Durchzug). Außerhalb der Heizperiode können Sie natürlich auch länger und öfter lüften. Auf keinen Fall sollte während der Heizperiode dauernd gelüftet werden, etwa durch ein gekipptes Fenster. Die Fensterstürze kühlen sich stark ab, sodass sich dort umso leichter Tauwasser bilden kann. Schimmel ist eine mögliche Folge. Außerdem wird unnötig Heizenergie verbraucht.

Besonders wichtig sind das intensive Lüften nach Tätigkeiten, die viel Wasserdampf freisetzen, zum Beispiel Duschen oder Kochen, und das regelmäßige Lüften von Räumen, die mit offenem Feuer – also Gas-, Öl- oder Kohleöfen – beheizt werden. Diese Heizungen verbrauchen viel Sauerstoff und setzen Wasserdampf frei.

Werden Fenster in Altbauten ohne begleitende Maßnahmen saniert, so hat dies mitunter negative Folgen: Durch das Verschließen von Fugen wird der Luftaustausch mit der Außenluft unterbunden. Außerdem kann es passieren, dass nun nicht mehr die Fenster, sondern die Außenwände die kältesten Oberflächen des Raumes sind. Im ersten Fall kann es bei offenen Flammen (Gasherd, Heizung) zu einer Anreicherung von schädlichen Verbrennungsgasen und im Extremfall sogar zu gefährlichem Sauerstoffmangel kommen. Im zweiten Fall kondensiert die Raumluftfeuchte nicht mehr auf der Fensterscheibe, sondern auf den Wänden, was zu Durchfeuchtungen und Schimmel führen kann (→ auch „Wärmedämmung – Winterkälte ade“, Seite 38).

Weitere Informationen zu diesem Thema finden Sie in dem Ratgeber „Feuchtigkeit und Schimmelbildung in Wohnräumen“ der Verbraucherzentralen und im Ratgeber „Wohnen ohne Gift“ der Stiftung Warentest (→ Seite Seite 190). Die Stiftung Warentest bietet außerdem Infodokumente zu Schimmel und richtigem Lüften und Dämmen im Internet zum Download an (www.test.de).

Anschluss Rahmen – Wand

Die Verbindung zwischen Wand und Fenster- bzw. Türrahmen ist hinsichtlich der Dichtigkeit oft ein Schwachpunkt. Hier dürfen weder kalte Luft noch Feuchtigkeit hindurchdringen. Das ist häufig bei Altbauten, leider aber gelegentlich auch bei neuen Häusern der Fall.

Abdichten mit flexiblem Material

Damit die Fenster einen gewissen Spielraum haben, um sich bei Temperaturschwankungen ausdehnen zu können oder um Erschütterungen aufzufangen, muss eine Dehnungsfuge vorhanden sein. Sie wird mit einem flexiblen Material abgedichtet. Wenn dies fehlt oder fehlerhaft ausgeführt ist, können Zugerscheinungen, Feuchteschäden und Risse im Putz die Folge sein. Durchfeuchtete Wände leiten Wärme nach außen ab und sind ein idealer Nährboden für Schimmel (→ „Wärmedämmung – Winterkälte ade", Seite 38). Besonders problematisch ist der Anschluss zwischen Fensterrahmen und -bank bzw. Fensterbank und Mauerwerk. Undichtigkeiten in diesem Bereich sind an Zugerscheinungen oder auch an Tauwasserbildung auf der inneren Fensterbank zu erkennen.

dauerhaft

Werkzeug

- Kartuschendrücker

Verbrauchsmaterialien

- Silikon-Anschlussfugendichter
- Klebeband
- Spülmittel
- ggf. Dichtschnur aus Polyethylenschaumstoff, Dichtwatte oder Dekompressionsband

So wird 's gemacht

Sind die Fugen nicht breiter als etwa vier Millimeter, so benutzen Sie einen speziellen Silikon-Anschlussfugendichter aus der Kartusche. Er wird einfach in die Fuge eingespritzt und mit einem in Spülmittellösung angefeuchteten Finger geglättet.

Um saubere Übergänge zu erhalten, sollten Sie zuvor den Rahmen und gegebenenfalls die Wand mit Klebeband abkleben.

Wichtig: Treten die Fugen innen und außen auf, müssen sie auch auf beiden Seiten abgedichtet werden. 1

Sind die Fugen breiter, müssen Sie sie vorher ausfüllen. Die auf dem Markt erhältlichen Polyurethanschäume sollten Sie dafür wegen allergieträchtiger Inhaltsstoffe möglichst nicht verwenden. Alternativen können Jutewatte oder in Leinöl getränkte Schnur zum Ausstopfen der größeren Fugen sein. Beides erhalten Sie bei Händlern von ökologischen Baumaterialien.

Eine andere Lösung ist ein so genanntes Dekompressionsband. Es kann sich bis zum Fünffachen seines Ursprungsvolumens ausdehnen. 2

Nach dem Ausstopfen muss die Fuge mit dem bereits erwähnten Anschlussfugendichter verschlossen werden.

Bedenken Sie, dass solche Abdichtmaßnahmen eine bisherige „Zwangslüftung" unterbinden. Sie sollten deshalb unbedingt darauf achten, die Räume regelmäßig kontrolliert zu lüften, um Luftfeuchtigkeit und Schadstoffe zu entfernen (→ „Richtig lüften", Seite 34).

1

2

Gegen Wärmeverluste dämmen

Die so genannte thermische Behaglichkeit eines Raumes wird nicht nur durch die Temperatur der Raumluft bestimmt, sondern auch durch die Oberflächentemperaturen seiner Begrenzungsflächen (das sind die Innen- und Außenwände, Boden und Decke). Wärmeisolierte Fenster kühlen auf der Innenseite weniger aus und ermöglichen so eine Absenkung der Raumtemperatur. Jedes Grad spart dabei etwa 5 % der Heizkosten ein.

durch Fachbetrieb

Wärmeschutzverglasung einbauen lassen

Wenn auch selten, so kommt es doch hin und wieder einmal vor, dass eine Fensterscheibe zu Bruch geht oder sich Kondenswasser zwischen den Scheiben der Doppelverglasung bildet.

Bei einer Mehrfachverglasung bleibt Ihnen nichts anderes übrig, als den Glaser zu bestellen. Achten Sie auf jeden Fall auf eine Ihren Anforderungen entsprechende Verglasung (→ „Vergleich von Fensterverglasungen“, Seite 20). Selbst wenn es sich zuvor um eine einfache Verglasung gehandelt hat, lohnt es sich, einen Glaser zu befragen, ob der vorhandene Rahmen und der Beschlag genügend Tragfähigkeit für eine modernere Wärmeschutzverglasung aufbringen. Dazu muss der Glaser nur die Einfassung der Scheibe durch Ausfräsen entsprechend anpassen (→ „Energieeinsparverordnung“, Seite 37, und „Vergleich von Fensterverglasungen“, Seite 20).

dauerhaft
leicht zu verwirklichen

Werkzeuge

- Bohrmaschine
- Schraubendreher

Verbrauchsmaterialien

- Aufsatzflügel mit Vorsatzscheibe
- Scharniere oder Magnetklebeband

Dämmen mit einem Aufsatzflügel

So wird 's gemacht

Diese Lösung entspricht nicht den Anforderungen der Energieeinsparverordnung (→ Seite 37). Sie ist aber noch preiswert und leicht selbst durchzuführen. Achten Sie darauf, dass die Beschläge des Fensters die zusätzliche Belastung aufnehmen können! Es sollte sich dabei nicht um augenscheinlich schwächliche Exemplare handeln.

An der Innenseite des Fensterflügels wird ein von der Größe her passender Aufsatzflügel mit Scharnieren aufgeschraubt oder mit einem selbstklebenden Magnet-Befestigungsband fixiert. Zum Reinigen des Fensters kann er später aufgeklappt bzw. abgenommen werden. Die Scheiben solcher Aufsatzflügel sind entweder aus Glas oder aus transparentem Kunststoff. Bei Kunststoff besteht das Risiko, dass der Blick nach draußen verzerrt wird. Achten Sie auch darauf, dass zwischen den Scheiben kondensierende Feuchtigkeit nicht auf dem Rahmen stehen bleibt. Auf die Dauer fault sonst das Holz. 1

1

Kosten

- Ca. 30 % der Kosten eines neuen Fensters mit Wärmeschutzverglasung

Dämmen durch den Umbau zum Verbundfenster

dauerhaft
durch Fachbetrieb

Kosten

- Ca. 80 % der Kosten eines neuen Fensters mit Wärmeschutzverglasung

Vorausgesetzt, der bestehende Fensterflügel und der Beschlag können das zusätzliche Gewicht aufnehmen, ist es möglich, einen zweiten Holzflügel darauf anzubringen. Beide werden über Spezialbeschläge miteinander verbunden, die zum Reinigen voneinander gelöst werden können. Diese Lösung ist technisch und ästhetisch anspruchsvoller als das Anbringen einer Vorsatzscheibe. Sie ist aber auch teurer, weil sie durch einen Fachbetrieb durchgeführt werden muss.

Tipp

Wenn Sie zusätzlich eine verbesserte Schalldämmung erreichen wollen, sollten Sie darauf achten, dass die Scheibe des neuen Flügels eine andere Dicke als die des alten besitzt.

Energieeinsparverordnung

Die Energieeinsparverordnung (EnEV) gilt seit dem 2. Februar 2002 unter anderem für den Neubau von Wohngebäuden und die Erneuerung von Fenstern. Sie schreibt bei beheizten Räumen für komplette Fenster, die erstmalig eingebaut oder ersetzt werden, einen Wärmedurchgangskoeffizienten* U_W von höchstens 1,7 Watt pro Quadratmeter Fensterfläche und Grad Temperaturdifferenz vor (nur relevant bei einer Änderung von mehr als 20 Prozent der Fensterfläche gleicher Orientierung). Wird lediglich die Verglasung erneuert, so darf deren Wärmedurchgangskoeffizient U_g maximal 1,5 – bei Sonderverglasungen (zum Beispiel Schallschutz oder Durchbruchhemmung) – maximal 1,6 Watt pro Quadratmeter und Grad betragen.

Diese Werte werden meist weder von Zwei- noch von Drei-Scheiben-Standardisolierglas erreicht. Dazu bedarf es mindestens einer Wärmeschutzverglasung, bestehend aus zwei oder drei Scheiben mit einer speziellen Gasfüllung und einer Metallbeschichtung.

Bei Kastenfenstern liegt der Fall anders. Hier kann der vorgeschriebene Wert oft schon durch die Kombination von Zwei-Scheiben-Standardisolierglas und einer metallbedampften Einfachverglasung erreicht werden. Weitere Informationen zu diesem Thema finden Sie in dem Ratgeber „Gebäude modernisieren – Energie sparen“ der Verbraucherzentralen (→ Seite 190).

* Wärmedurchgangskoeffizient, k-Wert/seit kurzem U-Wert, ist ein Maß für den Wärmeverlust, der durch ein Bauteil stattfindet. Je geringer der U-Wert/k-Wert ist, desto kleiner sind die Wärmeverluste. Er wird angegeben in Wärmeenergie pro Fläche und Grad Temperaturdifferenz ($W/m^2 \times K$). U_W bezieht sich auf das komplette Fenster, U_g nur auf die Verglasung.

dauerhaft
durch Fachbetrieb

Kosten

- Ca. 120 % eines neuen Fensters mit Wärmeschutzverglasung

Einbau eines Zusatzfensters oder Umbau zu einem Kastendoppelfenster

Besonders bei Altbauten bietet es sich oft an, das bereits vorhandene Fenster durch den Einbau eines zweiten, zusätzlichen Fensters oder besser durch Umbau zu einem Kastenfenster zu erhalten. So wird das Gebäude den modernen Wärmeschutzbestimmungen angepasst und bewahrt trotzdem seinen Charakter. Wegen des größeren Scheibenabstands als bei der Zweifach-Isolierverglasung wird eine bessere Schalldämmung erreicht. Wenn das äußere der beiden Fenster zusätzlich mit einer Isolierverglasung ausgestattet wird, können der Wärme- wie auch der Schallschutz nochmals verbessert werden. Ein solcher Umbau kann von einem erfahrenen Fensterbaubetrieb durchgeführt werden. Eine optimale Schalldämmung erreichen Sie durch Verkleidung der Fensterstürze zwischen beiden Fenstern mit schallschluckendem Material (zum Beispiel Weichfaserplatten).

Bei Wärmeschutzmaßnahmen an Fenstern von Altbauten und Dachgeschossen sollten Sie immer prüfen, ob zugleich eine Isolierung der Außenwände erforderlich ist. Ansonsten könnten feuchte Wände und Schimmel die Folge sein. Einige grundsätzliche Hinweise finden Sie im nebenstehenden Kasten „Wärmedämmung – Winter ade“. Grundsätzlich erfordert jede durchgeführte Dämmmaßnahme eine regelmäßige gründliche Lüftung (→ „Richtig lüften“, Seite 34).

Wärmedämmung – Winterkälte ade

Wenn Fenster gut abgedichtet sind, müssen auch die Wände gut gedämmt sein. Sonst kondensiert dort die Feuchtigkeit – ein ideales Milieu für Schimmelpilze. Auch niedrigere Heizkosten und ein behaglicheres Wohnen sprechen für die Dämmung. Es gibt einige Arbeiten, die handwerklich geschickte Laien umsetzen können.

Neuer Mantel fürs Haus

Eine Möglichkeit ist eine hinterlüftete Vorhangfassade. Vor allem kleine Häuser oder einzelne Wände, zum Beispiel an der Wetterseite, lassen sich so innerhalb weniger Tage schützen.

Das Prinzip ist einfach: Kanthölzer werden an die Fassade gedübelt, dazwischen kommt nahtlos der Dämmstoff, darauf eine schützende und ebenfalls dämmende Holzfaserplatte. Den äußeren Abschluss kann eine hübsche Lärchenholzfassade bilden. Zwecks guter Hinterlüftung wird sie auf eine Lattenkonstruktion geschraubt. Wählen Sie mindestens zehn Zentimeter Dämmstärke, damit sich der Aufwand wirklich lohnt.

Wärmebrücken vermeiden

Vergessen Sie beim Dämmen nicht die Fensterlaibungen sowie den Übergangsbereich zur Dachdämmung und zum Keller.

Lassen Sie die Unterkante der Dämmfassade mindestens 30 Zentimeter überm Boden mit Abtropfschräge abschließen, um sie vor (Regen-)Spritzwasser zu schützen. Befestigen Sie die Bretter mit Edelstahlschrauben (gegen Rostflecken).

Innendämmung als Kompromiss

Einer Dämmung des Hauses von außen können Hemmnisse im Wege stehen – vom Denkmalschutz bis zum unwilligen Vermieter. Ein möglicher Ausweg ist dann die Dämmung von innen. Aber: Mieter sollten auch dies vorher mit dem Vermieter absprechen. Wichtigste Voraussetzung für eine erfolgreiche Innendämmung sind intakte Wände, in die weder von außen noch von unten Feuchtigkeit eindringt. Das heißt, auf der Raumseite sollte unbedingt eine Dampfsperre angebracht werden, damit Luftfeuchtigkeit aus dem Raum nicht in die Konstruktion eindringt.

An den Rändern der gedämmten Flächen drohen Wärmebrücken, weil ungedämmte Bauteile wie zum Beispiel Betondecken hier viel Wärme abziehen. Deshalb führen Sie die Dämmung am besten auch über die Ecken hinweg und lassen Sie dann zum Beispiel keilförmig auslaufen.

Heizkörpernische

Je dünner die Außenwand an dieser Stelle ist, desto mehr Energie geht verloren und lohnt ein Wärmeschutz. Baumärkte bieten zum Beispiel dünne, flexible Dämmmaterialien, die sich von oben hinter den Heizkörper schieben lassen. Wer mehr Platz hat, sollte besser dickere Dämmplatten einsetzen. Sorgen Sie für einen ausreichenden Spalt zwischen Heizkörper und Dämmschicht, damit erwärmte Luft ungehindert aufsteigen kann.

Kellerdecke

Viele Kellerräume sind nicht oder nur wenig beheizt. Ist die darüber liegende Decke ungedämmt, entweicht viel Wärme aus dem Erdgeschoss nach unten. Das Problem lässt sich nachträglich am besten von unten lösen. Hat der Keller eine ausreichende Höhe, können Dämmstoffplatten, zum Beispiel aus Hartschaum, Mineral- oder Holzfasern, einfach mit Klebemörtel an der Decke befestigt werden. Zieht man dann noch einen dünnen Putz (mit Gewebeeinlage) auf, ist die Decke sogar schöner als vorher.

Wo die kalten Kellerwände die neue Dämmschicht quasi durchbrechen, drohen Wärmebrücken. Es ist deshalb sinnvoll, den oberen Wandbereich (20 bis 30 Zentimeter unterhalb der Kellerdecke) auch etwas zu dämmen. Wenn die Dämmung des Erdgeschosses von unten nicht funktioniert (zum Beispiel weil es keinen Keller gibt), kann stattdessen auch der Fußboden im Erdgeschoss gedämmt werden. Wichtig sind dabei eine raumseitige Dampfsperre und feuchteunempfindliches Dämmmaterial.

Wärmedämmung – Winterkälte ade Fortsetzung

Dach
Es gibt verschiedene Möglichkeiten der Dachdämmung, zum Beispiel im Zuge einer Dachneueindeckung von außen auf dem Sparren. Dies ist allerdings Profis vorbehalten. Es gibt aber auch Möglichkeiten für handwerklich geschickte Laien:

1. Zwischen den Dachsparren. Hier steht ohnehin viel Raum zur Verfügung, der sich mit Dämmstoff sinnvoll füllen lässt. Sind die Sparren zu niedrig, lassen sie sich mit Latten verstärken.

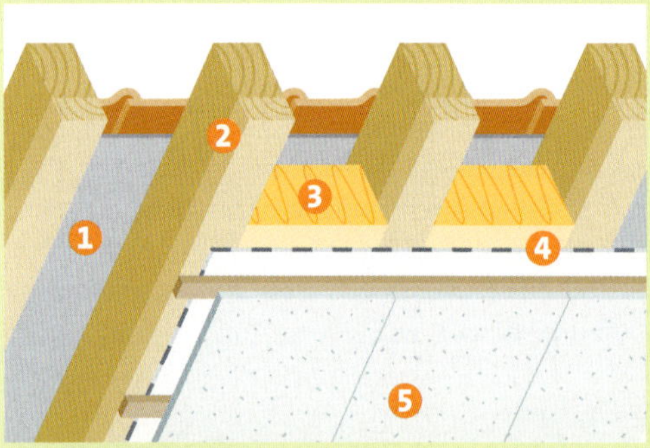

1 Unterspannbahn
2 Sparren (mit Aufdoppelung)
3 Dämmung zwischen den Sparren
4 Dampfbremse
5 Innenverkleidung

2. Unter den Dachsparren. Dieser Wärmeschutz eignet sich vor allem als Ergänzung zu einer bereits vorhandenen, aber unzureichenden Dämmung zwischen den Sparren. Da diese Lösung den Wohnraum etwas verkleinert, sind hier meist eher geringere Dämmstoffstärken üblich.

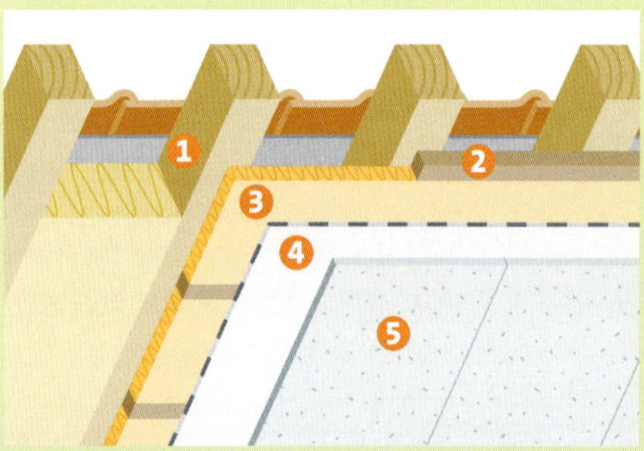

1 Sparren (dazwischen alte Dämmung)
2 Lattung
3 Dämmung unter den Sparren
4 Dampfbremse
5 Innenverkleidung

3. Oberste Geschossdecke. Wenn der Dachboden nicht bewohnt wird, lässt sich hier relativ einfach und preiswert eine Dämmschicht einbauen – entweder zwischen den Deckenbalken oder oberhalb davon. Dabei sollte die neue Dämmkonstruktion in den Randbereichen sorgfältig abgedichtet werden – vor allem seitlich an den Dachsparren. Hier am besten alte Dielen entfernen und den Problembereich winddicht und ggf. auch dampfdicht und lückenlos dämmen.

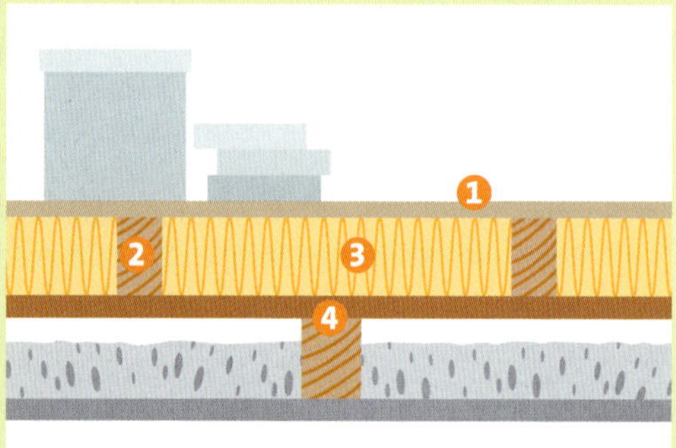

1 Spanplatte/Diele
2 Lagerhölzer
3 Dämmung
4 Vorhandene Deckenkonstruktion

Zur Dämmdicke: Die Dächer Energie sparender Neubauten verfügen manchmal über 30 Zentimeter dicke Dämmschichten. Im Altbau wird für den Wärmeschutz meist weniger Platz sein. Aber 16 Zentimeter sollten es schon sein.

Wärmedämmung – Winterkälte ade Fortsetzung

Tipps

Planen
Überlegen Sie genau, wo und wie gedämmt werden soll. Holen Sie fachkundigen Rat ein. Beispiel Dach: Prüfen Sie, ob Dach und Unterdach intakt sind. Klären, ob der Dämmstoff den gesamten Raum zwischen den Sparren ausfüllen darf oder ob eine Hinterlüftung nötig ist. Denken Sie auch über Lösungen nach, die nicht fürs Selbermachen geeignet sind, zum Beispiel Einblasen von Zellulose in Hohlräume.

Systematisch
Oft bieten die Hersteller komplette Dämmsysteme mit Zubehör an. Begnügen Sie sich in Zweifelsfällen nicht mit Baumarktauskünften, sondern rufen Sie bei den Hotlines der Hersteller an und recherchieren auf deren Internetseiten.

Dämmstoffe
Als Dämmmaterial steht eine große Materialvielfalt zur Verfügung – neben Glas- und Steinwolle zum Beispiel auch Zellulose, Wolle und Hanf. Die Stiftung Warentest hat Dämmstoffe zur Dachdämmung getestet (test 10/2005) und einige herkömmliche Dämmstoffe sowie solche aus nachwachsenden Rohstoffen empfohlen.

Wärmeleitfähigkeit
Diese Werte helfen Ihnen beim Einkauf, die richtige Dämmwirkung zu erzielen. Beispiel: Bei gleicher Dicke dämmt Mineralwolle mit einem Wärmeleitfähigkeitswert von 0,035 W/(mK) etwa zehn Prozent besser als solche mit 0,040 W/(mK).

Leerrohre vorsehen
Verhindern Sie, dass spätere Verlegearbeiten für Rohre oder Kabel die Dämmung und die dampfdichte Schicht gefährden. Deshalb vorsorglich Leerrohre einbauen und abdichten.

Altlasten
Vorsicht, wenn Sie alte Mineralfasern entfernen müssen: Die Fasern können gesundheitsschädlich sein. An ihnen haften oft auch viele Umweltschadstoffe. Deshalb hier unbedingt mit Atemschutzmaske arbeiten.

Weiterführende Hinweise finden Sie im Ratgeber „Gebäude modernisieren – Energie sparen“ der Verbraucherzentralen, → Seite 190.

Schalldämmung

Der für die meisten Menschen erträgliche Geräuschpegel liegt für Innenräume bei 30 bis 40 dB (A). Zum Vergleich:

Gespräch:	40–50 dB
Verkehr:	50–70 dB
Flugzeugmotor:	120–130 dB
Schmerzgrenze:	130 dB

Eine Schädigung des Gehörs kann bei einer dauernden Belastung ab 85 dB auftreten. Lärm kann sogar krank machen, zum Beispiel Schlafstörungen hervorrufen und das Herzinfarktrisiko erhöhen.

Ein normales Fenster mit Zwei-Scheiben-Isolierglas erreicht einen Schalldämmwert von 25 bis 28 dB. Unter der Voraussetzung, dass die Außenwand des Hauses ausreichend schallgedämmt ist und draußen lediglich geringe bis durchschnittliche Verkehrsgeräusche herrschen, sollte das genügen. Bei starkem Außenlärm, zum Beispiel an einer vielbefahrenen Straße, können Fenster mit einer höheren Dämmwirkung erforderlich sein. Zur besseren Orientierung werden Fenster in so genannte Schallschutzklassen eingeteilt (Klasse 2 bis 5). Als Faustregel gilt:

[vorhandener Außenpegel (dB)
– gewünschter Innenpegel (dB)]
÷ 10
= erforderliche Schallschutzklasse

Für den Schallschutz gilt im Übrigen das Gleiche wie für die Wärmedämmung: In einer schlecht gedämmten Wand oder Dachfläche nützt ein teures hochdämmendes Fenster nur wenig. Eventuell vorhandene Lüftungsöffnungen oder ungedämmte Rollladenkästen können ebenfalls den angestrebten Schallschutz zunichte machen. Eine Abdichtung von Fenster- und Türspalten kann dagegen den Schallschutz wirksam unterstützen.

Tipp

Wenn Sie wegen eines hohen Außenlärmpegels neue Fenster mit einer hohen Schallschutzklasse einsetzen lassen wollen: Erkundigen Sie sich bei Ihrer Gemeinde (meist Straßenbauverwaltung) danach, ob Ihre Wohngegend in einem Lärmkataster erfasst ist. Ist der Außenlärm „genügend“ groß, können Sie eventuell für solche Fenster Zuschüsse erhalten. Beachten Sie dabei die Anforderungen, die an die Gewährung solcher Gelder gestellt werden. Insbesondere gilt, dass grundsätzlich nicht nachträglich erstattet wird.

Analyse Lärm

Der Kampf um mehr Ruhe ist eine mühsame Angelegenheit, aber es gibt Möglichkeiten, sich vor Straßenlärm zu schützen. In Zusammenarbeit mit dem Umweltbundesamt erstellt die Stiftung Warentest für Sie ein Lärmgutachten und gibt Tipps und Handlungsempfehlungen zum Schutz vor Straßenlärm (→ Seite 188).

„Treten Sie doch ein“ – Holztüren

Außentüren haben mit Fenstern einiges gemeinsam. Sie sollen Öffnungen im Gebäude schließen und diese Aufgabe unbeschadet und möglichst lange erfüllen können. Bitte beachten Sie bei Renovierungen des Anstrichs, dass Sie als Mieter oder Mitglied einer Eigentümergemeinschaft in der Außengestaltung nicht frei sind (→ Seite 161 ff.).

An Zimmertüren werden dagegen wesentlich geringere Ansprüche gestellt. Deshalb hat man bei ihrer Renovierung sehr viel mehr Freiheiten.

Hier wird der Schwerpunkt ausschließlich auf Holztüren gelegt, weil Türen aus Kunststoff oder Metall kaum zu renovieren sind.

Haustüren

Zugluft ist sicher die unangenehmste Art, in der eine mangelhafte Haus- oder Wohnungstür auf sich aufmerksam machen kann. Wenn dieser Effekt auftritt, sollten Sie unbedingt Maßnahmen ergreifen. Mit relativ geringem Einsatz können Sie Abhilfe schaffen, ohne dabei die Haushaltskasse übermäßig zu belasten.

Abdichten

Befinden sich Fugen zwischen Türrahmen und Wand, sollten Sie zunächst diese abdichten (→ „Anschluss Rahmen – Wand", Seite 35).

leicht zu verwirklichen

Werkzeug

- Schere

Verbrauchsmaterialien

- Dichtungsband oder Profildichtungsband
- Spiritus

Abdichten mit Schaumstoffdichtungsband oder Profildichtungen

So wird 's gemacht

Hinsichtlich der Abdichtung gilt für Türen das Gleiche wie für Fenster. Die Beschreibung, wie Sie die Ritzen und ihre Breite ermitteln, finden Sie deshalb dort (→ „Fenster abdichten", Seite 32). Schmalen Spalten zwischen Tür und Rahmen können Sie mit Schaumstoffdichtungsband oder nachhaltiger mit Profildichtungen zu Leibe rücken. 1

1

Abdichten gegen den Fußboden

leicht zu verwirklichen

So wird 's gemacht

Oft zieht es durch die Ritze unter der Tür hindurch. Dem sollten Sie auf alle Fälle durch das Anbringen einer Dichtung begegnen. Ist der Boden hart und glatt (Fliesen o. Ä.), empfiehlt sich eine federgelagerte Bürstendichtung, die sich Unebenheiten anpasst. 1

Eine elegante Alternative ist eine mit Magneten oder Druckfedern arbeitende Bodendichtung. Unter der Tür wird ein Profil mit einem beweglichen Dichtstreifen eingelassen. Eventuell reicht es, ein bereits vorhandenes Übergangsprofil damit zu ersetzen. 2

Auf die Unterseite der Tür wird ein dazu gehörender Metallstreifen aufgeklebt. Bei geschlossener Tür ziehen sich die Streifen gegenseitig an und schließen so dicht ab.

Werkzeuge

- Schere
- ggf. Kneifzange

Verbrauchsmaterialien

- Bürstendichtung oder
- Magnet- oder Druckfederdichtung im Türmaß

1

2

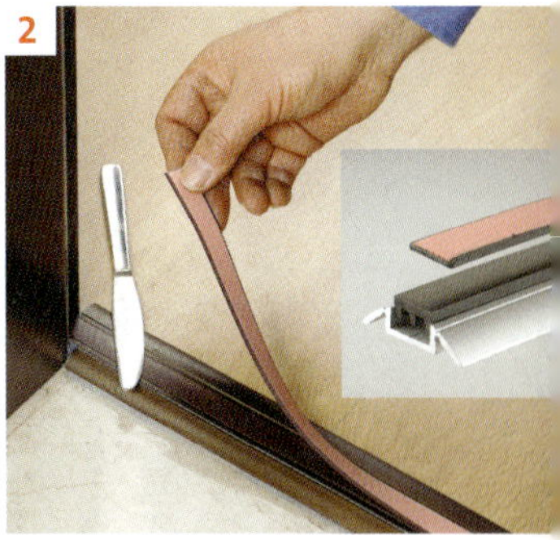

Seitliches Abdichten mit Passleisten

dauerhaft

Wesentlich strapazierfähiger und optisch ansprechender als Schaumstoff- oder Profildichtungsbänder sind Passleisten mit Dichtungen. Selbst wenn eine Tür stark verzogen sein sollte, ist diese Lösung häufig immer noch praktikabel.

So wird 's gemacht

Die erforderlichen Hohlprofil-Dichtungen bekommen Sie im Baumarkt oder im Fachhandel als Meterware. Wenn Sie sich für eine bestimmte Dichtung entschieden haben, kaufen Sie die dazu passende Leiste. Ihre Dicke sollte ungefähr der Breite des Dichtprofils entsprechen. Ihre Breite sollte etwa fünf Zentimeter betragen. Lassen Sie sich die Leisten in der erforderlichen Länge zuschneiden und jeweils mitten in eine Schmalseite eine Nut fräsen, die genau so weit ist, dass sich das Dichtprofil hineindrücken lässt. Lassen Sie die der Dichtung gegenüberliegende Kante der Leiste in einem Winkel von 45° anschrägen.

Streichen Sie die Leisten allseitig im Farbton des Türrahmens (→ „Renovieren des Anstrichs“,

Werkzeuge

- Säge (Fuchsschwanz)
- Hammer
- Bohrmaschine
- Pinsel mit Kunststoffborsten

Verbrauchsmaterialien

- Holzleisten (ca. 5 cm breit)
- Gummiprofile oder Lippendichtung aus Silikon zum Einnuten
- Acryllack mit dem Blauen Engel in der Farbe der Tür
- Holzschrauben

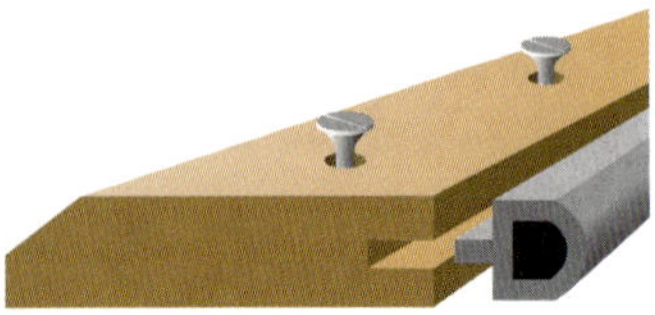

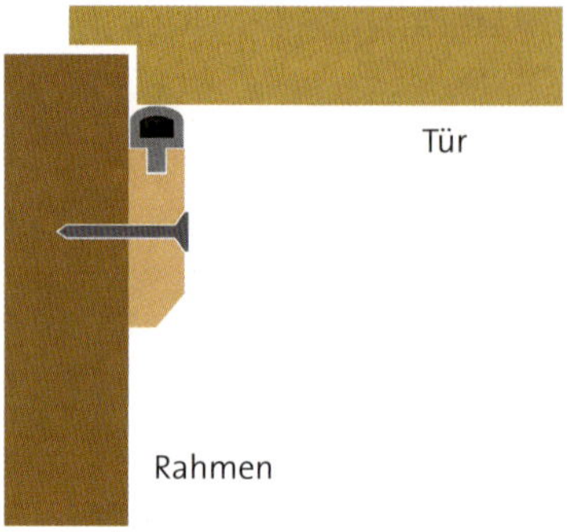

Seite 47). Erst dann drücken Sie die Dichtung in die Nut ein und bohren die Löcher für die Befestigungsschrauben vor. Passen Sie die Leisten bei geschlossener Tür mit leichtem Druck so in den Rahmen ein, dass die Dichtung überall mindestens leicht von der Tür eingedrückt wird. Stechen Sie nun die Befestigungslöcher im Rahmen vor und schrauben Sie die Leisten bei geöffneter Tür an.

Alte, spröde gewordene Profildichtungen ziehen Sie einfach aus der Nut, die Sie anschließend gründlich mit Spülmittellösung reinigen sollten. Nehmen Sie der Größe wegen ein Stück der alten Dichtung zum Kauf der neuen mit.

dauerhaft
leicht zu verwirklichen

Werkzeuge

- Cuttermesser
- Kartuschendrücker

Verbrauchsmaterialien

- Silikon-Fugendichtungsmasse mit Trennfolie aus Kunststoff

Abdichten mit Silikon-Dichtungsmasse

Diese Methode ist besonders hilfreich, wenn die Haustür sehr stark verzogen ist.

So wird ’s gemacht

In den gereinigten, von loser Farbe befreiten und sorgfältig getrockneten Falz des Türrahmens spritzen Sie eine spezielle dauerelastische Fugendichtmasse aus Silikon. 1

Es gibt sie farblos und in verschiedenen Farbtönen als Kartuschen. Kaufen Sie die Dichtungsmasse gegebenenfalls in der gewünschten Farbe – Silikon lässt sich nicht überstreichen. Legen Sie auf die Masse die mitgelieferte Trennfolie aus Kunststoff und halten Sie die Tür acht Stunden lang geschlossen. 2

Danach öffnen Sie sie, ziehen die Folie ab und schneiden mit einem Messer die überstehende Dichtmasse bündig ab. 3

1

2

3

Renovieren des Anstrichs

Auch wenn die alte Holzhaustür schon etwas schäbig aussieht, muss sie deswegen nicht unbedingt einer neuen weichen. Vielleicht handelt es sich sogar um ein besonders schönes, aber ramponiertes Stück – dann wäre es doch schade um sie. Wenn nicht gerade der Rahmen verzogen oder verdreht oder das Holz wirklich sehr angegriffen ist, sollten Sie nicht zögern, dem guten Stück die Chance auf ein zweites Leben zu gönnen.

Tipp

Der Zustand des Holzes lässt sich ganz leicht prüfen. Stechen Sie mit einem spitzen Messer in die Unterseite der ausgehängten Tür. Das Holz sollte einigermaßen fest sein.

Auffrischen des Anstrichs

leicht zu verwirklichen

Wenn die Beschichtung nicht allzu schwer beschädigt ist, das Holz an der Vorderseite keine Beschädigungen aufweist und auch die Farbschichten noch nicht allzu dick sind, reicht ein Auffrischen des Anstrichs meist aus. Wie Sie dabei am besten vorgehen, können Sie im entsprechenden Kapitel zu den Fenstern nachlesen (→ Seite 24).

Erneuern des Anstrichs

dauerhaft

Sollte ein komplett neuer Anstrich fällig sein, können Sie auch hierbei im Wesentlichen auf die bei den Fenstern gegebenen Informationen zurückgreifen (→ Seite 27). Das bezieht sich nicht zuletzt auf die dort empfohlene Farbentfernung mittels Abziehklinge oder Schleifen. Es folgen hier lediglich einige notwendige Ergänzungen.

So wird 's gemacht

Vorbereitung

Hängen Sie die Tür auf jeden Fall aus und lagern Sie sie für alle Arbeitsgänge auf Böcken. Erleichtern Sie sich das Arbeiten, indem Sie zu Beginn das Schloss, die Schlossschilder und die Drückergarnituren abmontieren. Heben Sie alle losen oder zu lösenden Holzteile ab (Leisten oder Ähnliches) und entfernen Sie alle darunter sitzenden Lack- oder Spachtelreste.

Werkzeuge

- Böcke oder Werkbank (evtl. ausleihen)
- ggf. Abziehklinge
- ggf. Heißluftgerät (ausleihen)
- Schleifschwamm
- Schleifklotz
- ggf. Schwing- oder Exzenterschleifer (ausleihen)
- Drahtbürste oder Stahlwolle
- Malerbesen
- Stoßspachtel
- Staubsauger
- Cuttermesser
- Schraubendreher
- Stechbeitel
- Pinsel (mit Kunststoffborsten)
- Lackierrolle
- ggf. Kartuschendrücker
- Arbeitshandschuhe
- Schutzbrille
- Atemschutz (Partikelfilter P2 oder Gas-Partikel-Kombinationsfilter A1-P2 für Heißluft)

Verbrauchsmaterialien

- Schleifpapier (P 80 bis P 120 und P 180 bis P 220)
- ggf. chemischer Abbeizer
- ggf. Schleifblätter oder -scheiben (P 80 bis P 120 und P 180 bis P 220)
- lösemittelfreier Holzspachtel
- ggf. Klebeband aus Krepppapier (in Pinselbreite)
- Acryllack oder Dickschichtlasur mit dem Blauen Engel

Sicherheitstipp

Da Abbeizer reizende oder ätzende Stoffe enthalten, müssen Sie bei allen Arbeiten damit unbedingt Schutzhandschuhe und eine Schutzbrille tragen! Beachten Sie immer auch die Hinweise des Herstellers! Halten Sie Kinder auf jeden Fall fern!

Entfernung eines Altanstrichs

Neben den mechanischen Methoden können Sie für die Entfernung eines alten Lacks auch ein Heißluftgerät benutzen. Der Lack kann mit einem langstieligen Stoßspachtel abgeschoben werden, wenn er Blasen zu werfen beginnt. Achten Sie darauf, dass Sie eventuell vorhandenen Glasscheiben nicht zu nahe kommen (Bruchgefahr!) und dass das Holz bei der Behandlung nicht verkohlt. Führen Sie mit dem Heißluftgerät leicht kreisende Bewegungen aus. Handschuhe und Atemschutz nicht vergessen! Danach muss die Holzoberfläche mit Schleifpapier der Körnung P 100 bis P 120 angeschliffen werden. Schleifstaub mit feuchtem Tuch oder einem Malerbesen abwischen.

Oftmals sind Haustüren mit Zierprofilen oder reliefartigen Ornamenten versehen, von denen sich die Farbe nicht leicht entfernen lässt.

An Stellen, die einer Ziehklinge nicht zugänglich sind und bei denen das Schleifen mit dem Schleifschwamm zu mühselig wird, können Sie auf möglichst unbedenkliche chemische Abbeizmittel zurückgreifen. Die STIFTUNG WARENTEST hat eine Reihe von chemischen Abbeizmitteln getestet und vier für „gut" befunden, die Gesundheits- und Umwelteigenschaften waren immerhin „befriedigend" (test 7/2005). Halten Sie gezielt nach diesen Produkten Ausschau, wenn ein chemischer Abbeizer notwendig wird. Nach einer längeren Einwirkzeit (bis zu 12 Stunden) können Sie die Farbe leicht mit einem Stoßspachtel abschieben.

Die Profile behandeln Sie am besten mit einer Drahtbürste oder mit Stahlwolle.

Abgebeizte Reste von Farben und Abbeizern müssen als Problemabfall entsorgt werden!

1

2

Streichen

Beim Streichen der Tür sollten Sie der Unterkante besondere Aufmerksamkeit schenken. Da hier Tropfen ablaufenden Wassers stehen bleiben können, ist sie am stärksten gefährdet. Tränken Sie das Holz gut mit Lack, damit später kein Wasser eindringen kann! Ansonsten gilt die Regel, dass zunächst eventuell vorhandene Profile oder Leisten und die größeren Flächen zum Schluss lackiert werden. 1 Für die Flächen verwenden Sie am besten eine Lackierrolle. Sie wird immer in Richtung der Holzmaserung geführt. 2

Wenn die Tür andersfarbige Elemente haben soll, werden diese am Schluss mit dünneren Pinseln aufgemalt.

Sollten sich in der Tür Glasscheiben befinden, sollten sie zuvor mit Klebeband und eventuell alten Zeitungen abgeklebt werden. Eine Erneuerung der Scheiben überlassen Sie am besten einem Fachbetrieb.

Zimmertüren

Abdichten

Insbesondere Zimmertüren aus Vollholz können sich im Laufe der Zeit verziehen, dabei Spalten bekommen und gegebenenfalls unangenehme Zugluft zur Folge haben.

Beheben von Undichtigkeiten

dauerhaft

Werkzeuge

- Säge (Fuchsschwanz)
- Hammer
- Pinsel (flach mit Kunststoffborsten)

Verbrauchsmaterialien

- Holzleisten
- Silikon- oder Kunststofflippendichtung
- Acryllack oder Lasur mit dem Blauen Engel in der Farbe der Tür
- Montageband

Sie können undichten Stellen bei Innentüren auf ähnliche Weise begegnen wie bei den Haustüren, indem Sie nämlich Anschlagleisten (glatt oder profiliert) mit Montageband bei geschlossener Tür so auf die Zarge kleben, dass der Spalt abgedeckt wird.

Im Gegensatz zu Haustüren sollten Sie Spalten unter der Tür nicht abdichten. Es könnte sein, dass sie einer planmäßigen Zwangsbelüftung des Raumes dienen. Das ist insbesondere bei fensterlosen Räumen oder bei Raumheizungen mit offener Flamme wichtig. Deshalb sollten Sie auch niemals Lüftungsschlitze verschließen!

So wird 's gemacht

Die Leisten müssen zuvor auf Gehrung zugeschnitten werden, also im 45°-Winkel, so dass sie zu einem rechtwinkligen Rahmen zusammengefügt werden können. Am besten lassen Sie das direkt bei Ihrem Kauf machen (Maße nehmen!) oder Sie sägen sich die Leisten mithilfe einer Gehrungslehre selbst zurecht. Die weiteren Arbeitsschritte entsprechen im Wesentlichen denen bei den Außentüren (→ Seite 45).

Beseitigen von Passproblemen

dauerhaft

Nach jahrelangem Gebrauch kann es vorkommen, dass eine Tür plötzlich klemmt. Im Folgenden werden die verschiedenen Ursachen und ihre Beseitigungsmöglichkeiten dargestellt.

Werkzeuge

- ggf. Schraubendreher oder Inbusschlüssel
- ggf. Hobel
- ggf. Falz- oder Elektrohobel (ausleihen)
- ggf. Gehrungslehre mit Säge

Verbrauchsmaterialien

- Kohlepapier
- Hebebänder oder Unterlegscheiben

1

2

3

4

So wird 's gemacht

Als Erstes sollten Sie die genaue Stelle ermitteln, an der sich Tür und Zarge zu nahe kommen. Schließen Sie dazu die Tür so weit es geht und halten Sie dabei ein Blatt Kohlepapier in den Spalt. 1

An den so genannten Bändern, mit denen die Tür oben und unten am Rahmen gehalten wird, können Sie bei neuen Türen die Stellung korrigieren. Sollten solche Bänder nicht vorhanden sein, dann kann Ihnen vielleicht die Anleitung „Türblatt anpassen" weiterhelfen. Klemmt die Tür an der oberen Längsseite, so muss das obere Band weiter in die Tür eingedreht werden, klemmt sie unten, das untere.

Lässt die Tür sich nicht mehr vollständig schließen („sperrt" sie), können Sie ihr zu mehr Raum verhelfen, indem Sie die rahmenseitigen Bänder – wieder oben oder unten – ein Stück weit herausdrehen oder, je nach Konstruktion, die Befestigungsschraube lösen, das Band etwas herausziehen und die Schraube wieder andrehen. 2

Klemmt die Tür an ihrer Oberseite oder schleift sie am Boden, helfen möglicherweise das Einlegen bzw. Entfernen von Unterlegscheiben auf bzw. vom Zapfen des rahmenseitigen Türbandes. 3

Schleift die Tür, nachdem Sie zum Beispiel einen neuen Teppichboden verlegt haben, dann empfiehlt sich das Austauschen der Türbänder durch Hebebänder. Beim Öffnen heben Sie die Tür zugleich an. 4

5

Türblatt anpassen

Lassen sich die Probleme auf diese Weise nicht beheben, muss die Tür eingepasst bzw. eingekürzt werden. Wenn nicht gerade der Fußboden erhöht worden ist, kann es sich höchstens um einige Millimeter Material handeln, die von der Tür abzunehmen sind.

Zum Bearbeiten der Ober- oder Unterseite einer Tür benutzen Sie einen normalen Hobel mit scharfer und nicht zu weit herausstehender Klinge.

Die Tür wird seitkant auf den Boden gestellt und fixiert.

Dann wird der Hobel auf der zu bearbeitenden Kante von außen nach innen geführt, damit die Außenkanten nicht ausbrechen.

Wollen Sie Material vom Türfalz abnehmen, benutzen Sie dafür einen speziellen Falzhobel, der bis in die Kante hinein Material abnimmt. Hobeln Sie immer nur wenig ab und hängen Sie die Tür zum Ausprobieren immer wieder einmal ein. Leichter geht 's mit einem Elektrohobel, den Sie auch bei einer Maschinenvermietung ausleihen können. 5

Oberflächen restaurieren

Wenn Sie eine Zimmertür neu streichen wollen, haben Sie bei der Wahl des Anstrichmittels mehr Spielraum als bei den Fenstern oder Haustüren, da die Außenwirkungen Sonne, Regen, Wind und Kälte entfallen. Im Gegensatz zu Holz, das direkter Sonneneinstrahlung ausgesetzt ist, können Innentüren auch farblos gestrichen werden. Bereits Fensterscheiben halten den UV-Anteil des Lichtes so weit zurück, dass die Holzoberfläche nicht mehr geschädigt werden kann. Allerdings dunkelt Holz unter Lichteinfluss.

Renovieren des Anstrichs

Als Beschichtung kommen neben den Acryllacken und Dickschichtlasuren mit dem Umweltengel auch Lasuren (Dünnschichtlasuren) „für innen" und sogar Leinölfirnis in Frage (→ „Eigenschaften verschiedener Holzbehandlungen", Seite 154). Im Unterschied zu den anderen Beschichtungen bildet Leinölfirnis keine Schicht auf der Oberfläche, sondern dringt vollständig in das Holz ein. Dabei färbt er das Holz etwas dunkler und gibt ihm eine glatte Oberfläche. Er lässt jedoch die Poren offen. Das Holz verschmutzt weniger leicht als die unbehandelte Oberfläche und es lässt sich besser reinigen.

So wird 's gemacht

Das Auffrischen bzw. Erneuern eines alten Anstrichs einer Zimmertür unterscheidet sich nicht grundsätzlich von dem einer Haustür oder eines Fensters. Sie können sich deshalb an die entsprechenden Arbeitshilfen halten: → „Erneuern des Anstrichs" (Haustüren), Seite 48, und „Auffrischen des Anstrichs" (Fenster), Seite 24.

Wie Sie Acryllack und Dickschichtlasuren verarbeiten sollten, können Sie nachlesen unter „Erneuern des Anstrichs" (Fenster), → Seite 27. Im folgenden einige Hinweise zum Umgang mit Leinölfirnis.

leicht zu verwirklichen

Werkzeuge

- Böcke oder Werkbank (ausleihen)
- ggf. Abziehklinge
- ggf. Heißluftgerät (ausleihen)
- Schleifschwamm
- Schleifklotz
- ggf. Schwing- oder Exzenterschleifer (ausleihen)
- Drahtbürste oder Stahlwolle
- Stoßspachtel
- Staubsauger
- Cuttermesser
- Schraubendreher
- Stechbeitel
- Pinsel (mit Kunststoffborsten)
- Lackierrolle
- ggf. Kartuschendrücker
- Arbeitshandschuhe
- Schutzbrille
- Atemschutz (Partikelfilter P2 oder Gas-Partikel-Kombinationsfilter A1-P2 für Heißluft)
- ggf. fusselfreies Baumwolltuch

Verbrauchsmaterialien

- Schleifpapier (P 80 bis P 120 und P 180 bis P 220)
- ggf. chemischer Abbeizer
- ggf. Schleifblätter oder Schleifscheiben (P 80 bis P 120 und P 180 bis P 220)
- Lösemittelfreier Holzspachtel
- ggf. Klebeband aus Krepppapier (in Pinselbreite)
- Acryllack oder Dickschichtlasur mit dem Blauen Engel oder Leinölfirnis

1

2

Leinölfirnis wird zur Verarbeitung in einem Wasserbad auf etwa 35 bis 40 °C erwärmt und mit einem Pinsel „nass in nass“ satt in das Holz eingelassen. 1

Nach dem ersten Auftrag erfolgt ein zweiter, bis das Holz nichts mehr aufnimmt.

Sicherheitstipp

Leinölfirnis reagiert mit Luftsauerstoff unter Wärmeentwicklung. Damit getränkte und verknäulte Tücher können sich deshalb selbst entzünden. Sie sollten sie im Freien ausgebreitet (!) liegen lassen, bis sie vollständig getrocknet sind.

Die überschüssigen Reste werden nach ca. zehn Minuten mit einem fusselfreien Baumwolltuch in Richtung der Holzmaserung abgenommen. 2

Das behandelte Holz ist nach etwa einem Tag so weit trocken, dass die Tür eingesetzt werden kann.

leicht zu verwirklichen

Beschädigungen beseitigen

1

Kratzer oder tiefer gehende Beschädigungen in Vollholz- oder Furniertüren können leicht mit farblich passenden Retuschierstiften bzw. Reparaturspachtel beseitigt werden. Eine entsprechende Arbeitsanleitung finden Sie bei den Holzfußböden unter „Beheben kleinerer Schäden“ (→ Seite 87). 1

„Bodenstoffe für Fortgeschrittene“
– Fußböden

Entscheidungsraster zur Auswahl von Fußböden

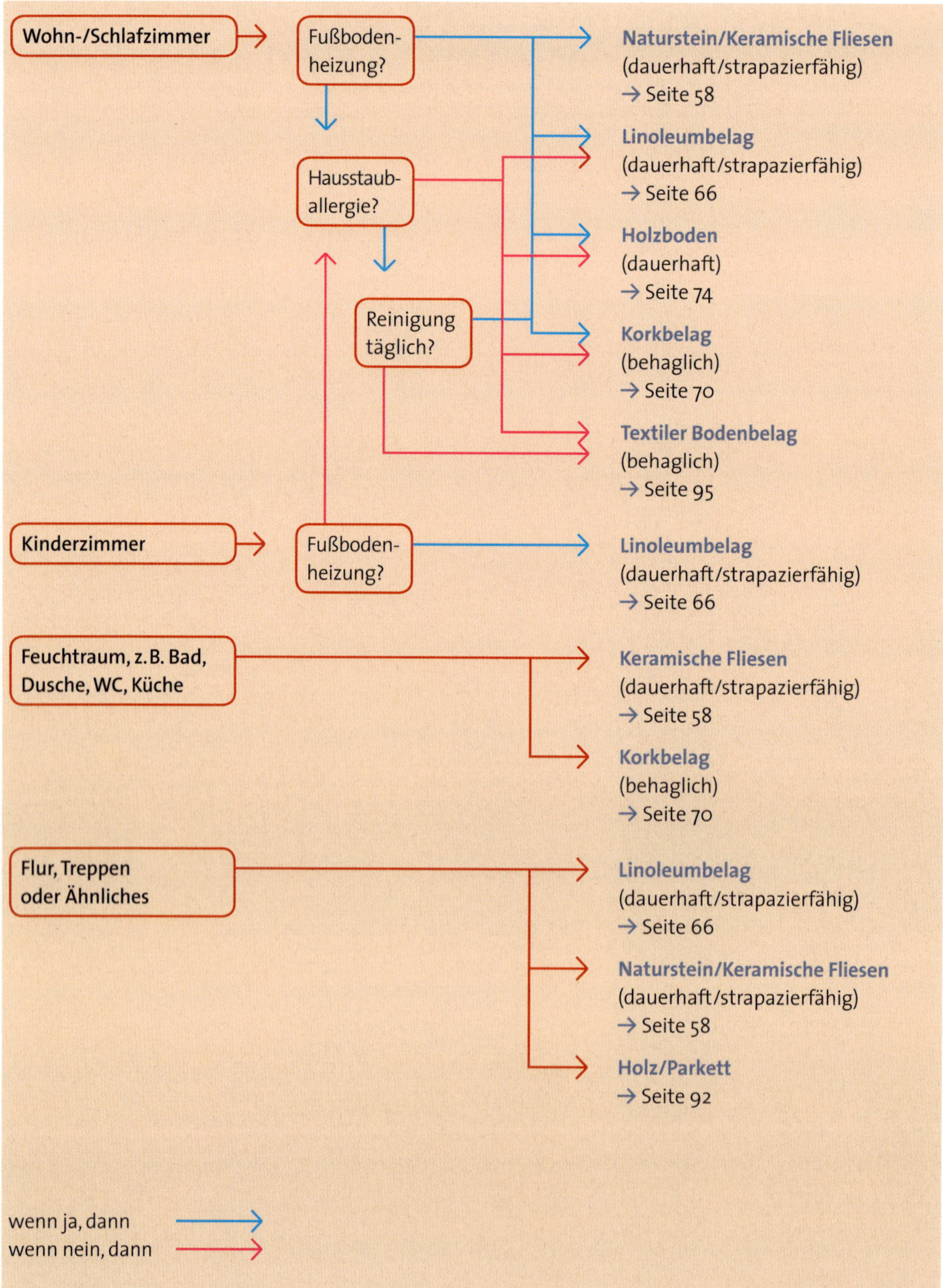

Entscheidungsraster zur Auswahl von Fußböden Fortsetzung

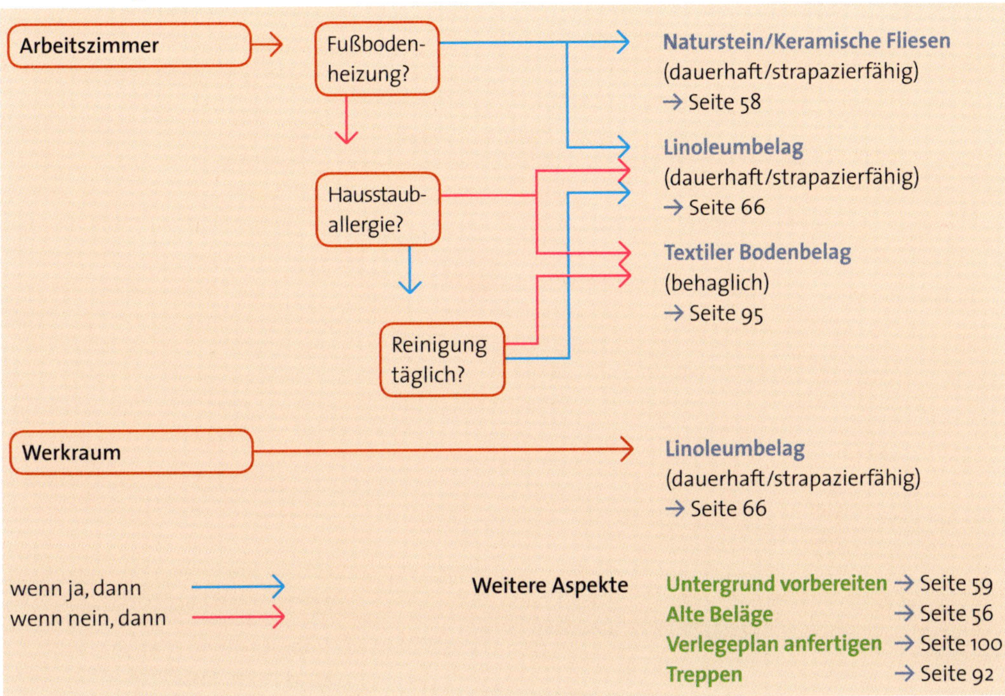

Fußböden tragen in besonderer Weise zur Behaglichkeit eines Raumes bei. Sie sprechen nicht nur die optische Wahrnehmung an, sondern zugleich auch den Tastsinn und das Temperaturempfinden der Füße.

Um für bestimmte Nutzungen geeignet zu sein, müssen sie mehrere Kriterien erfüllen. Den Boden von Räumen, die man besonders gemütlich gestalten oder in denen man gar barfuß umhergehen will, wie Wohn-, Schlafzimmer oder Bad, möchte man fußwarm haben. Die Böden von Kinder- und Arbeitszimmern sollen strapazierfähig und leicht zu reinigen sein. Ganz besonders gilt das für Werkräume. Die Böden von Feuchträumen, also Bädern, WCs, und Duschen, aber auch Küchen, sollen gelegentliche Pfützen aushalten. Wer eine Fußbodenheizung hat, der muss darauf achten, dass nicht alle Böden dafür geeignet sind. Beläge für draußen, zum Beispiel für Veranden, Terrassen oder Außentreppen, müssen zusätzlich frostsicher sein.

Das obige Entscheidungsraster zur Auswahl von Fußböden verschafft Ihnen einen Überblick über die Eignung der Materialien für die jeweiligen Zwecke. Wie gesundheits- und umweltverträglich die einzelnen glatten Belagsarten sind, können Sie der Tabelle „Ökologischer Vergleich glatter Bodenbeläge“ (→ Seite 94) entnehmen. Bei den textilen Bodenbelägen ist das wegen ihrer großen Vielfalt nicht so einfach. Sie bekommen deshalb in dem Abschnitt „Textile Bodenbeläge auswählen“

auf Seite 96 dazu weitere Hilfestellung. Für Holzfußböden finden Sie eine Übersicht über die geeigneten Verlegetechniken auf Seite 79.

Für die konkrete Auswahl eines neuen Bodenbelages kann auch der Untergrund eine gewisse Rolle spielen. Neben den ganz praktischen Aspekten sollte auch ein Augenmerk auf die gesundheitlichen gelegt werden (→ „Alte Beläge“, unten).

Hat der Teppichboden ein Brandloch oder einen Fleck, der sich nicht mehr entfernen lässt? Bevor Sie ihn austauschen, können Sie es mit einer Überarbeitung oder einer Reparatur versuchen. Ihren Geldbeutel und die Umwelt freut es. Wichtige Kriterien für einen guten Bodenbelag sind deshalb nicht zuletzt auch seine Langlebigkeit und Strapazierfähigkeit. Darum sollten Sie bei einem Neukauf nicht vorschnell einem scheinbar preisgünstigen Boden den Vorzug geben. Er könnte sich im Nachhinein wegen geringer Lebensdauer als teuer herausstellen.

Damit der Fußboden lange hält, ist auch die richtige Pflege wichtig. Was dazu nötig ist, erfahren Sie jeweils in den Abschnitten zu den einzelnen Belagsmaterialien.

Alte Beläge

Bevor ein neuer Boden verlegt wird, sollten alte Untergründe auf Altlasten wie gesundheitlich problematische Kleber oder Asbestplatten untersucht werden.

Alter Parkettboden kann eine Quelle von polyzyklischen aromatischen Kohlenwasserstoffen (PAK) oder polychlorierten Biphenylen (PCB) sein. Die giftigen Stoffe wurden in Parkettklebern zwischen 1900 und 1975 verwendet, PCB ab 1955. Die Farbe gibt Hinweise: Schwarze, braune und gelbe Kleber können belastet sein, weiße und rosafarbene sind unproblematisch. Klarheit schafft eine Analyse. Ein belasteter Altparkettboden kann je nach Zustand versiegelt oder eingekapselt und überbaut werden. Notfalls muss er entfernt werden: Erkundigen Sie sich unbedingt bei Fachleuten. Das sind Arbeiten für Profis (Parkettleger, die den Lehrgang „Sanierung PAK-haltiger Böden“ absolviert haben).

Asbesthaltige Cushioned-Vinyls sind Fußbodenbeläge mit PVC-Oberseite und dünner Asbestpappe als Unterschicht. Sie wurden als Bahnenware, meist mit geschäumter Oberfläche und mit Kachelmuster, bis in die achtziger Jahre verlegt. Ist der Boden intakt und voll verklebt, kann ein neuer Boden darüber verlegt werden. Er sollte nicht mechanisch bearbeitet werden. Beschädigte Böden können große Mengen Krebs erzeugenden Asbests freisetzen. Hier hilft nur: Raus damit! Achtung: Das dürfen nur Spezialfirmen machen.

Flexplatten (Vinylasbestplatten) wurden von 1940 bis in die sechziger Jahre verlegt. Die quadratischen marmorierten Platten aus PVC mit einer Seitenlänge von 25 oder 30 cm enthalten Asbest. Ursprünglich fest gebunden, können sich die Fasern aus alten porösen Platten lösen. Ein intakter Boden kann überbaut, beschädigte Böden müssen aber unter Beachtung entsprechender Schutzmaßnahmen durch Spezialfirmen entsorgt werden.

Für die drei vorgenannten Untergründe gilt: Auf gar keinen Fall sollten Sie verdächtige Beläge selbst entfernen oder gar Materialrückstände vom Estrich abschleifen! Weiter gehende Informationen dazu finden Sie in den Ratgebern „Gesund wohnen – Schadstoffe beseitigen“ der Verbraucherzentralen und „Wohnen ohne Gift“ der STIFTUNG WARENTEST (→ auch Seite 190).

PVC-Böden können grundsätzlich immer überbaut werden, wenn sie fest verklebt sind.

Linoleum kann unter einem neuen Boden liegen bleiben, wenn es vollflächig verklebt ist.

Teppichböden können überbaut werden, wenn sie vollflächig verklebt und kurzflorig sind (Nadelfilz).

Alte Beläge Fortsetzung

Auch für eine schwimmende Verlegung von Holzfußböden können solche Beläge liegen bleiben, wenn sie zuvor gründlich gereinigt wurden. Ein weicher Teppich als Untergrund lässt den darüber liegenden Boden schwingen, wodurch Nut- und Feder- oder Klickverbindungen aufbrechen können.

Holzspanplatten, die vor 1989 verbaut wurden, können Jahrzehnte lang Formaldehyd ausgasen. Ein stechender Geruch kann ein Hinweis sein, eine Luftanalyse schafft Klarheit. Im Zweifelsfall entfernen Sie das Material. Für moderne Holzwerkstoffplatten gibt es Grenzwerte für Formaldehyd. Holzdielen in Dachgeschosswohnungen können mit Holzschutzmitteln wie Lindan, PCP oder DDT (in den neuen Bundesländern) belastet sein, wenn dort früher Dachbalken damit behandelt worden sind und der Boden dabei verunreinigt wurde. Hinweise: auffällige Flecken, kristalline Rückstände.

Wenn der Untergrund feucht und kühl ist (zum Beispiel in Kellerräumen) kann sich unter Böden Schimmel bilden, der die Raumluft belastet. In solchen Fällen sollte auf eine gut funktionierende Dämmung besonderer Wert gelegt werden.

Der alte Belag oder Teppichboden sollte auf alle Fälle sorgfältig gereinigt und besonders von fettigen Rückständen befreit werden.

Alte Beläge und Teppichböden, die noch mit konventionellen lösemittelhaltigen Klebern befestigt wurden, widersetzen sich häufig Entfernungsversuchen. Hier kann man eine Reißklaue verwenden. Dabei ist es hilfreich, den alten Belag zuvor mit einem Teppichmesser in Streifen zu schneiden. Das Gleiche gilt für alte Linoleum- oder PVC-Beläge. Textile Beläge können auch mit einem Fugenkratzer für Wegeplatten aufgetrennt werden. Für Schwingschleifer gibt es Teppichentferner als Zusatzwerkzeug.

Vorsicht ist angebracht, wenn der Teppichboden auf Parkett verklebt ist. Es kann nämlich leicht passieren, dass beim Entfernen Parkettstäbe vom Estrich reißen. Seien Sie besonders behutsam. Sollte sich trotzdem das eine oder andere Holz vom Boden lösen, so können Sie es wieder befestigen (→ „Lose Parkettstäbe befestigen", Seite 88).

Tipp

Bei komplizierten Raumecken sollten Sie den alten Bodenbelag nicht unbesehen wegwerfen. Die Stücke aus diesen Ecken können gut als Schablone zum Zurechtschneiden des neuen Belags dienen.

Nach dem Abreißen bleiben fast immer Reste des Schaumrückens auf dem Boden zurück. Ein Reinigungsspachtel ist als Werkzeug nur für kleinere Flächen geeignet. Bei größeren müssen schon Bodenschäler oder Stoßscharren her.

Leichter geht die Arbeit mit Profi-Maschinen zum Entfernen alter Teppichbodenreste. Sie können sie unter so fantasievollen Namen wie „Power-Fräse" oder „Kraftstripper" auch ausleihen. Tragen Sie bei Schleifarbeiten immer eine Staubschutzmaske mit P2-Filter! Wenn der alte Belag auf einen Holzboden geklebt war, so bleibt Ihnen nichts anderes übrig, als auch diesen noch sauber aufzuarbeiten (→ Renovieren de Oberfläche", Seite 90).

Vielleicht entschließen Sie sich bei dieser Gelegenheit, den Holzfußboden nicht wieder mit einem neuen Belag zuzudecken. Wenn die Nutzung des Raumes dies zulässt, kann das eine reizvolle Alternative sein.

Alte Teppichböden können Sie zum Sperrmüll geben. Andere Bodenbeläge sind Bauschutt. Lediglich asbesthaltige PVC-Beläge müssen als Sondermüll behandelt werden – deren Entsorgung übernimmt der Fachbetrieb, der sie entfernt hat.

Analyse – Altlasten auf der Spur

Die Stiftung Warentest bietet verschiedene Untersuchungen an, mit denen Sie Altlasten aufspüren können. Teilnehmer können ihre eingesandten Proben auf Parkettklebergifte (PAK, PCB) oder auf Asbest untersuchen lassen. Die Hausstaubanalyse schafft Klarheit über eine Belastung mit Holzschutzmitteln und Weichmachern, eine Luftanalyse kann u. A. Formaldehyd aufspüren. Auch der Verdacht auf Schimmel lässt sich mit einem einfachen Test überprüfen. Informationen zum Mitmachen finden Sie auf Seite 188.

strapazierfähig

Keramische Fliesen/Naturstein

Wenn Sie einen sehr strapazierfähigen und langlebigen Bodenbelag wollen, sollten Sie Naturstein oder Fliesen in Erwägung ziehen. Wegen ihrer Wasserunempfindlichkeit und guten Reinigungsfähigkeit sind sie prädestiniert für alle Feuchträume und verschmutzungsgefährdeten Bereiche, wie Flure, Treppen und Küchen. Diesbezüglich Spitze sind glasierte Steinzeugfliesen und Klinkerplatten, die beide auch im Außenbereich verwendbar sind (sofern frostbeständig).

Optische Highlights sind polierte Natursteine. Allerdings erhöht sich die Rutschgefahr, je glatter ihre Oberfläche ist. Außerdem können sie leicht verkratzen. Ihr ursprüngliches Aussehen lässt sich dann nur mit größerem Aufwand wiederherstellen.

Für Wohn- oder gar Schlafzimmer sind diese Materialien nur dann gut geeignet, wenn die Räume eine Fußbodenheizung haben. Dann sind sie allerdings die erste Wahl, weil sie einen optimalen Wärmeübergang garantieren und damit den Energieverbrauch der Heizung senken. Der optische Eindruck kann aber – abhängig von Farbton und Oberfläche – trotzdem kalt sein, und auch die Härte des Materials ist nicht jedermanns Sache. Diese nachteiligen Eindrücke können durch kleinere Teppiche in Sitzecken oder unter Tischen gemildert werden.

In Kinderzimmern sollten Sie wegen der erhöhten Verletzungsgefahr bei Stürzen keine solchen harten Böden verlegen. In Arbeitszimmern

Produktübersicht: Mineralische Fußböden

Bodenart	Material	Oberfläche	Lieferformen	Preis pro m² mit Verlegung
Naturstein	Solnhofer Plattenkalk, Travertin, Jura, Dolomit, Marmor, Quarzit, Schiefer, Granit	fein geschliffen (poliert), mit Harzöl imprägniert	polygonale, quadratische oder rechteckige Platten von 150 bis 400 mm Kantenlänge und 10 bis 40 mm Dicke	ca. 20 Euro bis 130 Euro
Keramische Platten (Fliesen)				
Steinzeugfliesen	Gemisch aus Quarz, Kaolin, Feldspat und Ton	unglasiert oder glasiert (hochglänzend oder mattglänzend in verschiedenen Härtegraden)	quadratische oder rechteckige Platten von 100 bis 400 mm Kantenlänge und 4 bis 15 mm Dicke (auch Sonderformate erhältlich)	ca. 20 Euro bis 80 Euro
Ziegeltonfliesen (Cotto)	Ton oder Tongemisch	unglasiert	quadratisch oder rechteckig verschiedene Größe und 15 bis 30 mm Dicke (auch Sonderformen erhältlich)	ca. 50 Euro bis 170 Euro
Klinkerplatten	Ton oder Tongemisch	unglasiert, gesintert	polygonale, quadratische oder rechteckige Platten von 120 bis 300 mm Kantenlänge und 14 bis 40 mm Dicke	ca. 15 Euro bis 40 Euro

oder gar Werkräumen kann das Material zwar eingesetzt werden, es wäre dort aber überqualifiziert oder sogar dem Risiko von Beschädigungen ausgesetzt.

Für die Preise dieser Produkte gilt: Es gibt Fliesen schon sehr günstig, etwa ab 20 Euro pro m². Nach oben ist die Preisskala fast offen. Das gilt insbesondere für Naturstein, der bei etwa 45 Euro pro m² beginnt und bis zu 400 Euro kosten kann. Aufgrund der aufwendigen Verlegetechnik ist die Verlegung durch einen Fachbetrieb im Vergleich zu anderen Belagsarten besonders teuer. Wer diese Arbeit selbst erledigen kann, spart besonders viel Geld.

Untergrund vorbereiten

Nicht immer können Sie mit dem Verlegen des neuen Teppichbodens, der Fliesen oder des Parketts sofort beginnen. Mitunter müssen dazu einige Vorarbeiten durchgeführt werden. Wenn der Untergrund nicht eben ist, dann können Wellen im Teppich, Stolperfallen im Parkett oder sogar das Zerbrechen von Fliesen die Folge sein. Um das auszuschließen, sollten die Unebenheiten nicht mehr als drei Millimeter auf einen Meter Länge betragen. Ermitteln können Sie das mit einer Richtlatte.

Das Glätten können Sie selbst vornehmen. Ob Estrich, Beton, Stein oder Holz – für alle Arten von Untergründen gibt es die passenden Spachtelmassen. Allerdings haben sie sehr unterschiedliche Namen, z. B. Fließ- oder Bodenspachtel, Holzbodenspachtelmasse, Nivellierspachtel und Holzdielen-Ausgleichsmasse. Meist ist es möglich, lösemittelfreie und zementhaltige Produkte zu verwenden. Sie sollten nach Möglichkeit als „chromatarm nach TRGS 613" gekennzeichnet sein. Nach dem Kennzeichnungssystem GISBAU der Bau-Berufsgenossenschaft haben solche Produkte den GISCODE ZP1 (→ Seite 180). Chromat ist ein starkes Allergen.

Ein Holzboden als Untergrund sollte keine zu breiten oder tiefen Fugen aufweisen. Zwischen ihnen könnte die Ausgleichsmasse versickern. Gegebenenfalls können alte Dielen mit Fußbodenverlegeplatten aus Pressspan abgedeckt werden. Dies hilft in der Regel besonders bei stark ausgeprägten Unebenheiten, die mit Spachtelmasse nicht beseitigt werden können.

Werkzeuge

- großer Kunststoffeimer
- Glättbrett oder -kelle
- breiter Gummiwischer mit Stiel oder Fußboden-Streichbürste
- Bohrmaschine
- Rührer für Bohrmaschine
- Gummihandschuhe
- Richtlatte oder lange Wasserwaage

Verbrauchsmaterialien

- Selbstverlaufende Spachtelmasse
- Reparaturspachtelmasse
- ggf. lösemittelfreier Tiefgrund bzw. Holzgrundierung
- ggf. Kunststoffgitter oder -netz (bei Untergründen aus Holz oder Werkstoffplatte)

So wird 's gemacht

Nachdem Sie alle alten Belags- oder Kleberreste entfernt haben (→ „Alte Beläge", Seite 56), müssen Sie dafür sorgen, dass der Boden absolut sauber, fett- und staubfrei ist. Ein stark saugender Estrich als Untergrund muss zuerst mit einem Tiefgrund abgedichtet werden. Hier sollten Sie auf ein lösemittelfreies Produkt achten (→ „Grundie-

1

2

ren mit Tiefgrund“, Seite 120). 1 Eventuelle Risse oder Löcher werden mit einer Reparaturspachtelmasse verschlossen. 2

Als Nächstes rühren Sie die Spachtelmasse gemäß den Herstellerangaben mit Wasser an. Danach verteilen Sie sie portionsweise und möglichst gleichmäßig auf dem Untergrund. 3

Achtung: Obwohl die Massen als „selbstverlaufend“ bezeichnet werden, bedeutet das nicht, dass sie von selbst eine ebene Fläche bilden. Dazu müssen Sie mit dem Glättbrett oder einer Glättkelle nachhelfen. 4

Tipp

Bequemer geht es mit einem breiten Gummiwischer mit Stiel oder einer Fußboden-Streichbürste (Achtung: Die Masse nur ganz leicht verteilen!).

Auf den Verpackungen für die Spachtelmassen ist angegeben, wie dick die Ausgleichsschicht maximal werden kann. Wer dickere Schichten braucht, muss sie in mehreren Arbeitsgängen herstellen – jeweils mit der entsprechenden Trocknungsphase dazwischen.

Bei Holzdielen als Untergrund sollten Sie möglichst dick ausgleichen, damit sich die Dielenstruktur nicht abzeichnet. 5 6 7

Die neue Oberfläche muss absolut trocken sein, bevor ein Fußboden darauf verlegt werden kann. Mit einigen Tagen sollten Sie dafür rechnen. Das ist besonders bei Parkett sehr wichtig, das sonst schnell „aus dem Leim“ gerät.

Ist die Oberfläche stark saugend, so muss sie mit Tiefgrund behandelt werden (→ „Grundieren mit Tiefgrund“, Seite 120).

Wenn Sie einen flexiblen Bodenbelag verkleben wollen, können Sie anstelle des Tiefgrunds auch mit Wasser verdünnten lösemittelfreien Kleber verwenden. Böden aus Holz oder Werkstoffplatte (= Spanplatte) müssen Sie gegebenenfalls glatt schleifen und mit einer speziellen Grundierung streichen. Wollen Sie Fliesen verlegen, müssen Sie noch ein Kunststoffgitter oder -netz darauf antackern.

3

4

5

6

7

Fliesen verlegen

dauerhaft

Beim Kauf der Fliesen sollten Sie sowohl auf die Eignung (Feuchtraum, Frostsicherheit, Abriebfestigkeit usw.) als auch auf die richtige Menge achten. Als Faustregel kann Ihnen die folgende Berechnung dienen:

Quadratmeter
+ 5 % Verschnitt
(bei Diagonalverlegung 10 %)
+ 5 % Reserve

Die Reserve ist wichtig für spätere Ausbesserungs- und/oder Umbauarbeiten!

Offenporige Ziegelton- oder Cottofliesen sollten Sie auf keinen Fall selbst verlegen! Die herstellungsbedingten Unregelmäßigkeiten machen die Verlegearbeit sehr kompliziert und zeitaufwändig, sie wird am besten von speziellen Fachbetrieben durchgeführt. Wer die Kosten und Unbequemlichkeiten nicht scheut, wird allerdings mit einem besonders schönen und behaglichen Fußboden belohnt.

Bei der Verlegung der übrigen keramischen Fliesen sollten sich handwerklich nicht sehr erfahrene Personen für das so genannte Dünnbett-Verfahren entscheiden. Es hat gegenüber dem traditionellen Dickbett-Verfahren den Nachteil, dass Unebenheiten des Untergrunds zuvor ausgeglichen werden müssen. Die Verarbeitung selbst ist dagegen sehr viel einfacher.

Natursteine werden im Mittelbett-Verfahren verlegt. Die Kleberschicht ist dabei etwa fünf Millimeter dick.

Bevor Sie also beginnen, sollten Sie prüfen, ob der Untergrund ausreichend eben ist (→ „Untergrund vorbereiten", Seite 59). Wollen Sie die Fliesen auf Holzdielen verlegen, ohne ihn vorher mit Ausgleichsmasse zu nivellieren, benötigen Sie eine Zwischenlage aus Verlegeplatten. Sie werden auf die Dielen geschraubt. **1**

Damit der Fliesenkleber hält, streichen Sie den Untergrund mit lösemittelfreiem (!) Tiefgrund. **2**

Die Verlegung in Nassbereichen sollten Sie einem Fachbetrieb überlassen. Dafür muss nämlich der Untergrund sorgfältig wasserdicht ab-

Werkzeuge

- Maurerkelle
- Bohrmaschine mit Rührvorsatz
- Zahnspachtel (Zahnung je nach Fliesen-/Plattengröße)
- Fugengummi und Schwammbrett
- Richtlatte oder lange Wasserwaage
- Maurerschnur mit Einschlagstiften
- Kartuschendrücker
- Schutzbrille und Gehörschutz

Zusätzlich für Fliesen:

- Fliesenschneider oder Schneideapparat (ausleihen)
- Brechzange
- ggf. Winkelschleifer mit Hartmetallscheibe
- ggf. Stichsäge mit Hartmetallsägeblatt
- ggf. Fliesen-Sägebogen
- Fliesen- oder Korundfeile

Zusätzlich für Natursteine:

- Gummihammer
- Stein-Kreissäge für Natursteine (ausleihen)

Verbrauchsmaterialien

- Dünnbettkleber auf Zementbasis (GISCODE ZP1 „chromatarm" oder nach TRGS 613, kunststoffvergütet) oder lösemittelfreier Dispersionskleber
- Fugenmörtel
- Fliesenkreuze (in Fugenbreite)
- Silikon-Dichtungsmasse (sauer vernetzend)
- Schleifpapier
- Kreide
- Spülmittel
- Profile (als Abschlüsse und ggf. als Übergänge oder als Entspannungsprofile)
- ggf. Verlegeplatten
- ggf. Zeitungspapier

1

2

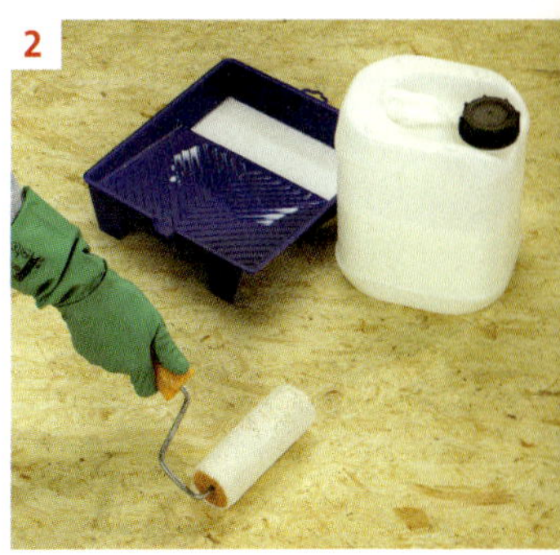

Tipp

Wer alte Fliesen durch neue ersetzen will, braucht diese eventuell gar nicht zu entfernen. Mit dem Dünnbett-Verfahren ist es auch möglich, die neuen Fliesen auf die alten zu kleben.

gesperrt werden. Lassen Sie das von einem Fliesenleger erledigen und vereinbaren Sie mit ihm die Ausführung der Wassersperre nach DIN!

Die **Auswahl des richtigen Fliesenklebers** hängt von mehreren Faktoren ab. In der Regel wird ein *hydraulisch härtender Klebemörtel* auf Zementbasis eingesetzt. Versuchen Sie unbedingt, eine „chromatarme“ Qualität zu bekommen (nach TRGS 613). Sie ist auch mit dem GISCODE ZP1 ausgezeichnet. Wer längere Trocknungszeiten in Kauf nimmt, der kann auch zu *lösemittelfreien Dispersionsklebern* greifen. Diese haben den Vorteil, dass sie in gebrauchsfertiger Form angeboten werden. Man kann sie wegen ihrer mangelnden Frostbeständigkeit jedoch nicht im Außenbereich einsetzen. Ein *kunststoffvergüteter Klebemörtel* ist nur dort notwendig, wo der Untergrund arbeitet, wie etwa bei Trockenestrich, Heizestrich und schwingenden Untergründen (Holz, Verlegeplatten), oder wo die Gefahr der Durchfeuchtung besteht, also in Feuchtbereichen oder im Freien.

Wer helle (Naturstein-)Marmorplatten verlegen will, sollte einen speziellen *Marmorkleber* verwenden. Er hat eine helle Eigenfarbe und scheint deshalb nicht dunkel durch.

Bei der Auswahl des Fugenmörtels können Sie im Prinzip keine Fehler machen, wenn Sie das gleiche System wählen wie beim Fliesenkleber. Wo Sie nicht ohnehin einen Fliesenkleber mit Kunststoffanteil einsetzen müssen (siehe oben), sollten Sie Fugenbreiten über fünf Millimeter vermeiden. Sie müssten sonst unnötigerweise einen kunststoffvergüteten Fugenmörtel verwenden.

Beim Wandanschluss und dort, wo der Unterboden Dehnungsfugen aufweist, müssen die Fliesenfugen in Silikon ausgeführt werden, sonst kann es später Risse geben. Das gilt insbesondere bei Fußbodenheizungen. Schöner sehen Dehnungsprofile aus Metall aus, die in einem Silikonbett verankert sind. Übrigens müssen im Außenbereich jeweils etwa 20 Quadratmeter Fliesenfläche durch Dehnungsfugen voneinander getrennt werden.

So wird 's gemacht

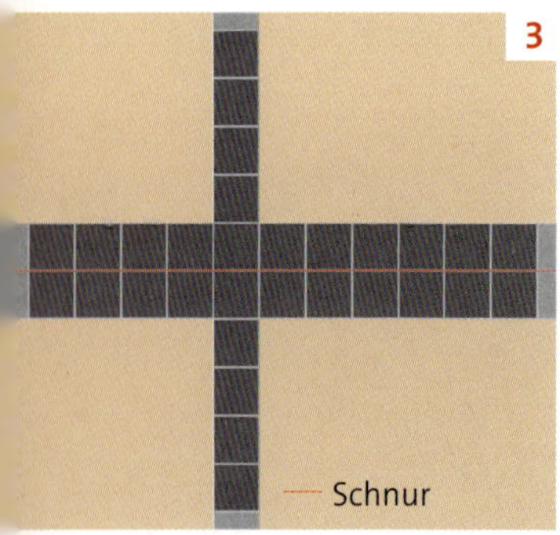

Verlegung planen

Fliesen: Legen Sie beiderseits einer Richtschnur, die Sie zwischen den Mittelpunkten der kurzen Seiten des Raumes gespannt haben, je eine Reihe Fliesen „trocken“ aus. Eine weitere Reihe legen Sie im rechten Winkel dazu. Angeschnittene Fliesen sollten möglichst nicht schmaler als ihre halbe Breite sein und immer an den Rändern liegen. Wenn Sie Dehnungsfugen im Untergrund haben, müssen Sie die Fliesenfugen so ausrichten, dass sie exakt darüber liegen! Berücksichtigen Sie auch die gewünschte Fugenbreite (möglichst nicht mehr als fünf Millimeter). **3**

Natursteinplatten: Weil Natursteinplatten sehr ungleichmäßig gefärbt sind, sollten Sie hier stets alle in der gewünschten Anordnung trocken auslegen und sich durch entsprechende Sortierung oder Kennzeichnung, zum Beispiel mit Kreide, ihre Lage merken. Wegen ihrer unregelmäßigen Form vermeidet man bei Natursteinplatten üblicherweise so genannte Kreuzfugen. Sie werden stattdessen versetzt zueinander gelegt. Zusätzlich hat man dadurch weniger Verschnitt. Die Fugenbreite kann man sehr klein wählen oder sogar auf Stoß verlegen, das heißt: ohne Fugen. **4**

Material zuschneiden

Fliesen: Gerade Schnitte werden mit einfachen Fliesen- oder Glasschneidern ausgeführt. Sie ritzen damit die Oberfläche entlang einer Metallschiene an ohne abzusetzen (!). Die Fliese wird anschließend gebrochen – am besten über ein schmales Rundholz. **5**

Wenn Sie sehr viele Fliesen bearbeiten müssen, lohnt sich auch ein Fliesenschneider, der die zu bearbeitenden Stücke auch gleich in einem Arbeitsgang bricht.

Kleinere, runde oder unregelmäßige Aussparungen werden mit der Brechzange ausgeknabbert. Wer einen Winkelschleifer besitzt oder sich einen leihen kann, ritzt die Fliesen mit einer Hartmetallscheibe an. Dünne Fliesen können auch mit einem laubsägeähnlichen Fliesen-Sägebogen zugeschnitten werden.

Noch einfacher geht es mit einer Stichsäge, die mit einem Hartmetall-Sägeblatt ausgestattet ist. Radien unter zehn Zentimetern können damit aber nicht gesägt werden. Die Kanten glätten Sie mit einer Fliesen- oder Korundfeile und arbeiten sie mit Schleifpapier nach.

Naturstein: Natursteine lassen sich nicht so leicht wie Fliesen bearbeiten. Sie müssen mit einer speziellen wassergekühlten Stein-Kreissäge zugeschnitten werden. Sie brauchen eine solche Maschine nicht zu kaufen. In Baumärkten oder speziellen Leihagenturen können Sie sich eine ausleihen. Auch wer viele Steinfliesen zu bearbeiten hat, der sollte eine solche Maschine zu Hilfe nehmen (→ Geräte leihen, Seite 13).

Verlegen und verkleben

Fliesen und Naturstein: Rühren Sie den Klebemörtel nach Verpackungsanweisung in einem großen Kunststoffeimer mit Wasser an. Am besten benutzen Sie dazu einen Rührvorsatz für die Bohrmaschine. Tragen Sie auch dabei auf jeden Fall Gummihandschuhe und eine Schutzbrille! Zementmörtel wirkt sehr ätzend auf Haut und Augen. Achten Sie darauf, dass die Masse glatt und klumpenfrei ist. **6**

Mit der Kelle verteilen Sie einen kleinen Teil des Klebers in einer dünnen Schicht auf einer Fläche von der Größe, die Sie in ca. 15 Minuten bearbeiten können. Dann kämmen Sie ihn mit dem Zahnspachtel schräg zur Verlegerichtung durch, legen die Fliesen auf ihre vorgesehenen Positionen und drücken sie gut an. Je größer die Fliesen sind, desto breiter müssen übrigens die Zähne des Zahnspachtels sein.

Fliesen: Die Fugenbreite bei Fliesen sichern Sie durch das Einlegen oder senkrechte Einstecken von Fliesenkreuzen. **7**

Damit die Fugen schön gleichmäßig bleiben, kontrollieren Sie regelmäßig die frisch verlegten

Sicherheitstipp

Beim maschinellen Sägen von Stein wird es sehr laut. Zusätzlich zu der obligatorischen Schutzbrille müssen Sie bei der Arbeit mit der Kreissäge auf jeden Fall einen Gehörschutz tragen!

4

5

6

7

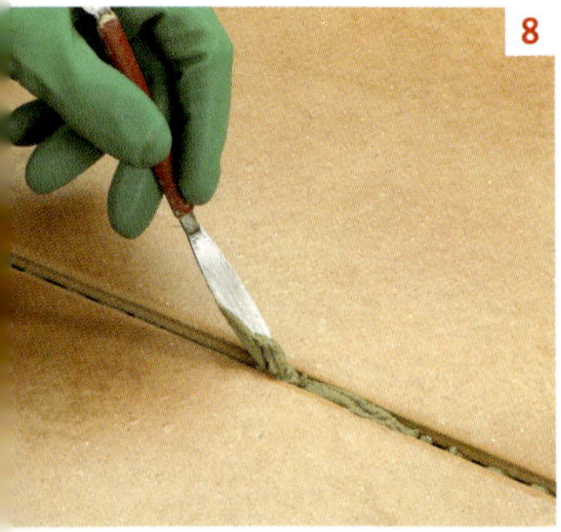
8

9

10

Fliesenabschnitte mit der Wasserwaage bzw. der Richtlatte. Entfernen Sie in die Fugen quellenden Kleber sofort mit einem Fugenspachtel, bevor er abbindet. **8**

Naturstein: Natursteinplatten werden unter leichtem Drehen in den Kleber gelegt und mit einem Gummihammer festgeklopft.

Fliesen und Naturstein: Denken Sie daran, dass Sie am Rand oder an den Übergängen zu anderen Bodenbelägen Abschlüsse vornehmen müssen! Im einfachsten Fall handelt es sich dabei um Übergangsprofile. Es gibt sie in den unterschiedlichsten Ausführungen, je nach ihrem Zweck bzw. nach dem angrenzenden Material.

Tipp

Wie es der extremen Langlebigkeit von Fliesen und Naturstein entspricht, sollten Sie fest einzubauende Profile aus Metall verwenden. Für Dehnungsfugen gibt es ebenfalls spezielle Metallprofile.

Verfugen von Fliesen

Je nach Art und Dicke des Fliesenklebers können Sie zwischen 5 und 24 Stunden nach dem Legen der Platten mit dem Verfugen beginnen. Rühren Sie immer nur einen Teil des Fugenmörtels auf einmal an, damit Sie genügend Zeit für die Verarbeitung haben. Am besten stopfen Sie Fliesenfugen über Dehnungsfugen, Wandanschlüssen und Anschlüssen zur Badewanne oder Duschtasse mit Zeitungspapier aus. Der Fugenmörtel wird auf die Fliesen aufgebracht und mit dem Fugengummi kreuz und quer in die Fugen eingestrichen. Senkrecht eingestellte Fugenkreuze entfernen Sie vorher; eingelegte Kreuze werden einfach mit verfugt. **9**

Wenn der Mörtel etwas angezogen hat, sollten Sie die Reste auf den Fliesen mit dem feuchten Schwamm gründlich abwaschen. Sonst kann es passieren, dass ein Zementschleier dauerhaft auf den Fliesen zurückbleibt. **10**

Sollten Sie später feststellen, dass sich trotzdem ein solcher Schleier gebildet hat, so können Sie ihn mit speziellen Zemententfernern beseitigen. Achten Sie aber darauf, dass diese kein Fluor enthalten. Es greift die Oberfläche der Fliesen an. Zum Schluss entfernen Sie ggf. das Zeitungspapier und verschließen die Fugen gut mit Silikonmasse. **11** **12**

11

12

Fliesen austauschen

Im Falle einer kaputten Fliese ist es sehr wertvoll, noch einige Originalplatten zu haben. Der Nachkauf ist in aller Regel nicht möglich, insbesondere dann, wenn die Fliesen schon einige Jahre alt sind. Wer nicht nur eine einzelne Fliese auswechseln will, der kann auch mit andersfarbigen Fliesen der gleichen Größe ein Muster gestalten. Selbst wenn er dabei einige noch intakte Platten zerstören muss, so ist das immer noch preiswerter als eine komplette Erneuerung.

So wird 's gemacht

Zuerst werden mit Hammer und Meißel die Fugen rund um die Fliese aufgeschlagen (Schutzbrille aufsetzen!). Falls vorhanden, kann dazu auch ein Winkelschleifer mit einer Trennscheibe benutzt werden.

Als Nächstes zertrümmern Sie die kaputte Fliese mit dem Fliesenhammer und befreien den Untergrund von Mörtel- oder Kleberrückständen. 1 2

Dann setzen Sie die neue Fliese ein, wie unter „Fliesen verlegen" (→ Seite 63) beschrieben. 3 4

Vergessen Sie dabei Gummihandschuhe und Schutzbrille nicht!

1

2

3

4

Werkzeuge

- Hammer
- Winkelschleifer mit Trennscheibe
- Flachmeißel (Fliesenmeißel)
- Fliesenhammer
- Schutzbrille

Verbrauchsmaterialien

- Zementmörtel (GISCODE ZP1 oder „chromatarm" nach TRGS 613)

Tipp

Bodenfliesen lassen sich wie Wandfliesen streichen. Eine entsprechende Anleitung finden Sie dort (→ Seite 138 f.).

Pflege mineralischer Bodenbeläge

Alle Böden aus **Naturstein oder Fliesen** können mit einem Staubsauger gereinigt werden. Auch die Nassreinigung mit Neutralreiniger schadet nicht, wenn Sie nur wenig davon in das Wischwasser geben. Sonst machen sich nach einiger Zeit hässliche, schwer zu entfernende Beläge auf den Böden breit.

Schmierseife ist tabu! Sie kann auf Dauer die Oberflächen von Stein- und Keramikböden schädigen. Sie werden dann stumpf und verschmutzungsanfällig. Aus dem gleichen Grund sollten Sie auf keinen Fall fluorhaltige Reinigungsmittel einsetzen (auch: „Fluor-Silikat“ oder „Fluat“). Sie enthalten viel an Lösemitteln und anderen gesundheitlich sehr problematischen Stoffen. Das Gleiche gilt für die so genannten Grundreiniger, die als Mittel gegen starke Verschmutzungen angeboten werden. Bei regelmäßiger Reinigung des Bodens werden sie nicht gebraucht. Auf keinen Fall sollten Sie bohnern, da die Rutschgefahr stark erhöht wird.

Tipp

Stumpf und unansehnlich gewordene Natursteinböden können mit speziellen Maschinen angeschliffen werden. Sie sehen dann aus wie neu.

Ziegeltonfliesen sind durch ihre offenporige Oberfläche relativ schmutzempfindlich. Sie werden deshalb bereits vor dem Verlegen mit einer speziellen Imprägnierung aus Naturharzen, Spezial-Hartölen oder Bienenwachs behandelt. Diese Behandlung ist Aufgabe des Fliesen verlegenden Betriebs. Ein- bis zweimal im Jahr sollten Sie dem Boden eine Behandlung mit passenden Ölen oder Wachsen gönnen, damit die Oberfläche vor Verschmutzung geschützt bleibt. Lassen Sie sich beim Kauf solcher unglasierten Fliesen auf jeden Fall eine Pflegeanleitung aushändigen.

Schieferplatten erhalten eine schöne Oberfläche, wenn man sie etwa einmal jährlich mit Leinöl einreibt.

Linoleumbeläge

strapazierfähig
dauerhaft

Linoleum ist *der* Klassiker unter den glatten Bodenbelägen. Nachdem es schon fast vollständig von PVC verdrängt worden war, ist es seit einiger Zeit wieder in Mode gekommen. So gibt es mittlerweile wieder ein großes Sortiment an verschiedenen Farben und Mustern. Meist wird der Belag in Bahnen in zwei Meter Breite angeboten. Erhältlich sind auch Fliesen in den Größen 50 × 50 cm oder 60 × 60 cm. Für den Kauf muss man sich meist zum Fachhandel bemühen, da dieser Belag bislang selten in Baumärkten angeboten wird.

Linoleum hat Eigenschaften, die es für fast alle Räume geeignet machen. Der Belag ist sehr pflegeleicht, weshalb man ihn gerne in Kinderzimmern verlegt. Auch für Arbeitszimmer sowie für Flure und Treppen ist er wegen seiner hohen Strapazierfähigkeit ideal. Belastung durch

Stuhlrollen macht ihm nichts aus. Und Linoleum ist – im Vergleich zu anderen flexiblen Bodenbelägen – sehr langlebig.

Wer keine textilen Beläge haben möchte, der findet in Linoleum eine preisgünstige und gestaltungsfähige Alternative zu Holzböden und mineralischen Fliesen. Wie diese ist es auch für Fußbodenheizungen geeignet. Lediglich in Feuchträumen kann es nicht eingesetzt werden. Es quillt unter längerem Feuchtigkeitseinfluss auf und verliert seine Form. Jeder Linoleumbelag kann aber problemlos feucht gewischt werden. Wer will, kann Linoleum sogar für Keller- oder für Werkräume einsetzen. Es sollte dann allerdings mit einer Kunstharzbeschichtung versehen und der Unterboden absolut feuchtigkeitsdicht versiegelt sein. Lassen Sie die Wassersperre von einem Fliesenleger nach DIN ausführen!

Linoleum besteht aus Leinöl, natürlichen Harzen, Kork-, Holz- und Kreidemehl. Das alles sind entweder nachwachsende oder zumindest keine knappen Rohstoffe. Selbst der Rücken eines Linoleumbelags besteht aus Jute. Lediglich Linoleumfliesen können einen Rücken aus Glasfasern aufweisen.

Bei allen Vorteilen von Linoleum gibt es einen Wermutstropfen. Die Verlegung ist sehr schwierig und einem Ungeübten kaum zuzumuten. Besonders das Beschneiden und das Verfugen sind kompliziert. Diese Arbeiten stehen auf jeden Fall an, denn Linoleum ist produktionsbedingt entweder als Fliesen oder als Bahnen in zwei Meter Breite erhältlich. Sie sollten deshalb einen Fachbetrieb mit der Verlegung beauftragen. Die Materialkosten für den Belag bewegen sich zwischen 20 Euro und 65 Euro pro m². Mit den notwendigen Verlegearbeiten belaufen sie sich auf zwischen 30 Euro und 80 Euro.

Wer Geld sparen will, der kann schon einmal selbst den alten Belag aufnehmen und gegebenenfalls den Boden vorbereiten (→ „Alte Beläge“, Seite 56, und „Untergrund vorbereiten“, Seite 59).

Linoleum auswählen

Linoleumbeläge sind in Dicken zwischen 2 und 4 Millimeter erhältlich. Für Wohnräume reichen meist 2,5 mm aus. Bei einer Fußbodenheizung sollte man schon wegen des Dämmeffektes möglichst keinen dickeren Belag wählen. Bei dünnen Belägen lässt sich die Trittschalldämmung durch eine Unterlage aus Korkment verbessern. Es wird ebenfalls in Dicken zwischen 2 und 4 Millimeter angeboten. Man lässt es am besten zusammen mit dem Linoleumbelag verlegen. Bei so genannten Verbundbelägen ist dieses Korkment bereits als zweite Schicht auf der Rückseite des Linoleums aufgebracht. Sie enthält neben Korkschrot auch Harze als Bindemittel. Dabei kann es sich durchaus auch um Kunstharze handeln (zum Beispiel Polyester). Wer ausschließlich Naturstoffe verwenden will, der sollte daher auf die Zusammensetzung achten.

Billige Beläge enthalten oft einen hohen Anteil an Holzmehl. Weil das den Boden brüchig macht, mischt man Stoffe bei, die seine Geschmeidigkeit verbessern.

Im Test der STIFTUNG WARENTEST von verschiedenen elastischen Bodenbelägen (test 5/2003) waren die getesteten Linoleumböden in punkto Raumluftbelastung und Schadstoffgehalt vergleichsweise unbedenklich. Allerdings ging von den Böden ein produkttypischer Geruch aus, der auch nach vier Wochen nicht deutlich abnahm.

Wer den Linoleumgeruch gar nicht mag, der sollte besser auf dieses Material verzichten, denn ganz ohne geht es nicht. Selbst nach einigen Jahren riechen die Beläge noch. Wie stark ein Belag riecht, ist unter anderem davon abhängig, wie lange seine Oberfläche zuvor intensiven Kontakt mit der Luft hatte. Das erfordert aufseiten des Herstellers eine spezielle Behandlung, die so genannte Reifung. Ungenügend gereifte Beläge riechen länger.

Viele Linoleumbeläge sind mit einer Kunststoffoberfläche aus Acrylharz versiegelt. Wer natürliche Materialien bevorzugt, der wird auf eine Kunststoffversiegelung der Oberfläche verzichten wollen. In diesem Fall sollten Sie beim Händler danach fragen.

Das Verlegen vorbereiten

Linoleum muss stets als senkrecht stehende Rolle gelagert werden. Mindestens 24 Stunden vor dem Verlegen müssen die Bahnen vor Licht geschützt im Verlegeraum ausgerollt werden. Dadurch wird verhindert, dass der Belag später seine Form verändert. Alle Teile des Belags müssen gemeinsam gelagert und zugeschnitten werden. Auch dürfen während der Verlegearbeiten keine längeren Pausen gemacht werden, etwa über ein Wochenende. Der Grund: Während der Reifung bekommt das Linoleum durch die dabei ablaufenden chemischen Vorgänge einen so genannten Reifeschleier, der unter Lichteinfluss wieder verschwindet. Selbst Linoleum der gleichen Charge hätte deutlich unterschiedliche Färbungen, wenn es unterschiedlich lange oder mit unterschiedlicher Intensität dem Licht ausgesetzt würde. Auch später bleiben diese Unterschiede noch über längere Zeit bestehen.

Hinsichtlich der Emissionen kommt dem Kleber eine große Bedeutung zu. Bevor Sie einen Auftrag zum Verlegen erteilen, sollten Sie die Art des zu verwendenden Klebers mit dem Handwerker verbindlich vereinbaren. Empfehlenswert sind zwei Arten:

- **Lösemittelfreier Dispersionskleber** (möglichst mit „D1“ nach dem Gefahrstoff-Informations-System GISCODE gekennzeichnet): Dabei ist zu beachten, dass der Kleber Zeit zum Abbinden braucht. Der Boden kann erst nach etwa 36 Stunden begangen werden. Außerdem muss der Untergrund saugend sein, um die Feuchtigkeit aus dem Kleber aufnehmen zu können. Andernfalls kann das Linoleum weich werden mit der Folge, dass sich Möbelfüße eindrücken.
- **Gips-Kasein-Kleber**: Diese umwelt- und gesundheitsverträglichste Variante bricht in getrocknetem Zustand leicht. Deshalb lässt er sich nicht zum Verkleben auf dem weichen Korkment verwenden.

Nach dem Verlegen

Unbeschichtetes Linoleum muss nach dem Verlegen versiegelt werden. In der Regel wird diese Arbeit vom Handwerker miterledigt. Sie können es aber auch selbst machen. Dazu brauchen Sie ein spezielles Flüssigwachs, wie es von Naturfarbenherstellern angeboten wird. Es wird nach Gebrauchsanleitung mit einem fusselfreien Leinentuch in den Belag einmassiert.

Nach dem Verkleben dauert es noch eine ganze Weile, bis die Feuchtigkeit aus dem Klebstoff durch das Linoleum hindurch an die Luft abgegeben worden ist (bis zu sechs Wochen). Um diesen Prozess zu beschleunigen, sollten Sie in dieser Zeit den Belag möglichst nur trocken reinigen.

Pflege von Linoleumböden

Linoleumbeläge müssen mit einem speziellen Flüssigwachs geschützt werden. Es verleiht der Oberfläche einen matten Glanz und macht sie zugleich unempfindlich gegen Schmutz. Diese Grundbehandlung sollte etwa einmal jährlich vorgenommen werden.

Linoleum kann selbstverständlich gestaubsaugt werden – am besten mit Bürstvorsätzen. Auch feuchtes Wischen vertragen die Beläge, vorausgesetzt man nimmt keine Schmierseife oder andere stark alkalische Reinigungsmittel. Sie würden die Oberfläche angreifen und dauerhafte gelbliche Verfärbungen verursachen. Am besten verwenden Sie für die Nassreinigung wenig (!) Neutralreiniger. Er bildet einen Schutzfilm, der das Eindringen von Schmutz in den Belag verhindert.

Ein großer Vorteil von Linoleum gegenüber Kunststoffbelägen ist, dass schwarze Absatzstreifen nicht in den Belag einwandern. Sie können leicht durch Reiben entfernt werden. Starke Verschmutzungen auf unbeschichteten Belägen lassen sich problemlos mit Scheuersand entfernen. Daran sollte sich allerdings eine Behandlung mit Flüssigwachs anschließen (siehe oben).

Für die Liebhaber glänzender Böden empfehlen die Hersteller eine Behandlung des frischen Belags mit einer Selbstglanzemulsion oder einer Polymerdispersion. Diese Behandlung sollte – wenn überhaupt – nur dann vorgenommen werden, wenn der Glanz sichtbar nachlässt und auch nur auf den betroffenen Stellen. Auf keinen Fall dürfen die Mittel regelmäßig angewendet werden. Eine dicke unansehnliche Schicht auf der Oberfläche wäre die Folge.

Tipp

Machen Sie den Geruchscheck, zum Beispiel bei Linoleum- oder Teppichböden, entweder im Geschäft oder bitten Sie den Händler, Ihnen vorab ein kleines Stück zu geben. Machen Sie dann den Test: Legen Sie ein etwa fünf mal zehn Zentimeter großes Stück in ein Einmachglas. Lassen Sie das geschlossene Glas über Nacht stehen. Am Morgen öffnen und daran riechen. Wenn Sie die Gerüche als störend empfinden, kaufen Sie den Bodenbelag besser nicht.

behaglich

Korkbeläge

Kork bietet nicht nur einige sehr positive Gebrauchseigenschaften, es handelt sich zugleich um ein Ressourcen schonendes, weil nachwachsendes Material.

Kork dämmt Schall und Wärme gut. Daher ist er ein optimaler Belag in Kinderzimmern, wenn auch nicht gut für Fußbodenheizungen geeignet. Falls er dennoch auf einer Fußbodenheizung verlegt wird, sollte er nicht dicker als vier Millimeter sein. Auch für Küchen oder Wohnzimmer und selbst für Schlafzimmer eignet er sich gut. Auf keinen Fall sollte er jedoch in stark strapazierten Bereichen verlegt werden, wie Fluren und Treppen oder in Arbeitszimmern. Für Badezimmer ist Kork nur geeignet, wenn er nach dem Verlegen mit einem (Wasser-)Lack versiegelt wird. Das Material selbst ist zwar fäulnisresistent, ohne die Behandlung besteht aber die Gefahr, dass Wasser durch die Ritzen dringt und den Kleber angreift.

Die Preise für Korkbeläge liegen zwischen 18 Euro und 30 Euro pro m².

Korkbeläge auswählen

Kork ist als Platten in Größen von 23 cm × 23 cm bis 48 cm × 48 cm und 4 mm bis 8 mm Dicke erhältlich. Er wird in sehr unterschiedlichen Qualitäten angeboten, mit verschiedenen Beschichtungen oder auch ohne.

Bei der Produktion wird das Korkschrot zu Blöcken verpresst, oft unter Zugabe synthetischer Bindemittel. Je nach Art und Menge der verwendeten Harze können im Gebrauch Formaldehyd-Emissionen die Folge sein. Gesundheitsschonender ist dagegen das Verpressen unter Erwärmung ohne künstliche Bindemittel. Dabei wird aus dem Kork das natürliche Harz ausgetrieben, das dann die Stücke miteinander verbackt. Wird der Kork dabei zu stark aufgeheizt, meist um den Vorgang zu beschleunigen, beginnen sich die natürlichen Bestandteile zu zersetzen. In einem Test der STIFTUNG WARENTEST schnitt Kork im Vergleich zu anderen elastischen Böden am besten ab (test 5/2003), weil die getesteten Böden kaum Schadstoffe enthielten und die Raumluftbelastung gering war.

Besonderen Wert auf die Gesundheitsverträglichkeit ihrer Korkböden legen viele Hersteller so genannter Naturprodukte. Unter den „konventionellen“ Herstellern gibt es aber auch etliche, die ihre Produkte mindestens auf Schadstoffabgabe prüfen lassen. Entsprechende Label sind das Gütesiegel Kork („Kork-Logo“), das vom TÜV Rheinland/Berlin-Brandenburg vergebene „Toxproof-Zeichen“ und das TÜV-Umweltsiegel (→ Seite 175). Produkte mit diesen Zeichen müssen Grenzwerte für eine Reihe von Schadstoffen einhalten. Dazu gehören auch Konservierungsmittel und Formaldehyd.

Konventionelle Korkplatten sind gelegentlich mit Kunststoffen beschichtet. Wenn man das Material jedoch in nicht allzu stark strapazierten Bereichen verlegt, ist das überflüssig. Außerdem verliert der

Kork dadurch einen Teil seiner positiven Eigenschaften, wie Antistatik und Fußwärme. Besser sind in diesem Sinne mit Naturwachsen behandelte Produkte, zumal auch unbehandelte Korkplatten nach dem Verlegen imprägniert und gewachst werden müssen. Die in diesem Zusammenhang oft erwähnte Atmungsaktivität – oder besser: Fähigkeit zur Aufnahme und Abgabe von Luftfeuchtigkeit – sollte allerdings in Bezug auf Fußböden nicht überbewertet werden. Meist steht sie in Konkurrenz zur Strapazierfähigkeit des Bodens. Wer bei anderen Oberflächen im Raum, wie Wänden und Decken oder vielleicht auch Möbeln, verstärkt darauf achtet, der braucht beim Fußboden nicht allzu viele Gedanken daran zu verlieren.

In den letzten Jahren ist Korkfertigparkett immer beliebter geworden. Allerdings sollte man sich vor einem Kauf darüber im Klaren sein, dass es sich dabei lediglich um eine dünne Korkschicht auf einem Träger aus Holzfaserplatten handelt. Das birgt zum einen das zusätzliche Risiko von Formaldehydemissionen aus eben diesem Träger, zum anderen wird es teuer, wenn der Korkbelag nach einigen Jahren abgelaufen ist und dann wieder herausgerissen oder mit einem anderen Belag zugedeckt werden muss.

Korkbeläge pflegen

Mit Kunstharzen versiegelte Korkbeläge können wie andere glatte Beläge gereinigt werden, also Staubsaugen und feucht Wischen mit wenig Neutralreiniger. Auf keinen Fall sollten Sie bohnern oder mit Schmierseife reinigen!

Mit Wachs behandelte Oberflächen werden mit einem Staubsauger abgesaugt und ebenfalls mit wenig Neutralreiniger im Wischwasser feucht gereinigt. So genannte Schmutzstraßen, die sich auf diese Weise nicht entfernen lassen, können Sie mit Balsamverdünnung aus dem Natur-Fachhandel beseitigen. Da es sich dabei um – wenn auch natürliche – Lösemittel handelt, sollten Sie auf jeden Fall nur bei geöffneten Fenstern arbeiten und Kinder fernhalten, bis der Geruch verschwunden ist.

Die Wachsschicht tritt sich im Lauf der Zeit ab. Um einer tief gehenden Verschmutzung oder sogar Beschädigung des Bodens vorzubeugen, müssen Sie sie – je nach Beanspruchung – zwei- bis dreimal im Jahr erneuern.

Sicherheitstipp

Tragen Sie bei Arbeiten mit Lösemitteln stets Gummihandschuhe! Besonders empfindliche Personen oder Schwangere sollten überhaupt nicht damit arbeiten!

Korkbeläge verlegen

Werkzeuge

- Teppichmesser
- Zollstock
- Zahnspachtel
- breiter Ziehspachtel und Schaumstoffrolle oder Poliermaschine (ausleihen)
- ggf. Bohnerbesen
- evtl. Schwingschleifer oder Schleifklotz
- ggf. Staubsauger

Verbrauchsmaterialien

- lösemittelfreier Korkkleber für Fußböden
- Hartwachsöl oder Leinölfirnis und Hartwachs
- saugfähiges, fusselfreies Tuch
- ggf. Kunststoffvlies

So wird 's gemacht

Vorbereitung

Korkplatten müssen vor der Verarbeitung einige Tage lang in den betreffenden Räumen gelagert werden, um sich zu akklimatisieren. Öffnen Sie dafür lediglich die Verpackungen. Ausgepackte Platten können sich wölben. Da es sich um ein Naturmaterial handelt, haben die Platten mitunter eine leicht unterschiedliche Färbung. Am besten mischen Sie sie vor dem Verlegen, um diesen Effekt etwas auszugleichen.

Verlegen

Der Untergrund muss eben, unbeschädigt und fettfrei sein (→ „Alte Beläge“, Seite 56, und „Untergrund vorbereiten“, Seite 59).

Die Platten werden auf Stoß und fest mit dem Untergrund verklebt. **1**

Dafür eignet sich nur Korkkleber, am besten ein lösemittelfreier. Achten Sie darauf, dass es sich dabei um einen Kleber „für Fußböden“ handelt. Solcher für Wände oder Decken ist nicht genügend belastbar.

Verlegen Sie Korkplatten nicht mit Kreuzfugen, sondern versetzt. Sonst lösen sich später die Ecken vom Boden ab. **2**

Nach dem Kleben darf der Boden 36 Stunden lang nicht betreten werden. Etwaige Unebenheiten nach dem Verlegen sollten Sie mit einem Schwingschleifer oder mit Schleifpapier (Körnung: P 180) und Schleifklotz beseitigen und den Schleifstaub absaugen.

Imprägnieren (Ölen und Wachsen in einem Arbeitsgang)

Im Anschluss daran muss ein unbehandelter Korkbelag noch mit Hartwachsöl imprägniert werden, damit er Schmutz und mechanischer Beanspruchung widerstehen kann. Tragen Sie einen ersten Anstrich mit einem breiten Ziehspachtel auf und verteilen Sie ihn gleichmäßig dünn auf der gesamten Fläche. Wer sehr große Flächen zu behandeln hat, sollte sich eine professionelle Poliermaschine zum Aufbringen des Hartwachsöls ausleihen. Damit geht die Behandlung schneller und der Auftrag wird gleichmäßiger (→ „Geräte leihen“, Seite 13). **3**

Nach einer Trocknungszeit von mindestens 24 Stunden bei guter Belüftung tragen Sie mit einer Schaumstoffrolle den zweiten Anstrich auf. Während das Öl beim

1

2

3

ersten Anstrich sofort vom Belag aufgenommen wurde, bleibt es nun auf dem Boden stehen. Achten Sie deshalb auf einen sehr dünnen Auftrag, sonst klebt der Belag später. Überstehendes Öl wischen Sie sofort mit einem fusselfreien Tuch ab. 4

Bevor der Boden betreten werden kann, müssen Sie abermals mindestens 24 Stunden warten. Wer es glänzend mag, kann danach noch mit einem Bohnerbesen die Oberfläche polieren. 5

Im Verlauf der nächsten zwei bis drei Wochen härtet das Öl dann endgültig aus.

Ölen und Wachsen nacheinander

Eine weitere Methode der Oberflächenbehandlung von unbehandelten Korkböden ist Ölen und Wachsen. Das Öl zieht in die Poren ein und imprägniert das Material. Der nachfolgende Wachsauftrag verbessert die mechanische Belastbarkeit der Oberfläche. In ein bis drei Arbeitsgängen werden Holzöl oder Leinölfirnis mit einer dickflorigen Lammfellrolle oder einer Streichbürste nass in nass satt auf den Boden aufgetragen und das überstehende Öl mit einem Flächenstreicher oder einem Gummiwischer abgezogen. 6

Nach mindestens 24 Stunden Trocknungszeit bei guter Belüftung wird dann das Wachs aufgetragen. Dabei können Sie entweder Kalt- oder Heißwachs verwenden. Kaltwachs wird von Hand aufgetragen. Achten Sie darauf, dass die Wachsschicht sehr dünn bleibt, damit sie später nicht klebt.

Die andere Methode ist der maschinelle Auftrag von Heißwachs. Ein entsprechendes Gerät können Sie sich dort ausleihen, wo Sie auch das Wachs bzw. andere „biologische" Baustoffe bekommen. Achtung: Diese Art von Wachs kann Zitrusterpene enthalten, auf die einige Menschen allergisch reagieren. Auf jeden Fall sollten Sie überprüfen, ob Sie den Geruch so angenehm empfinden, dass Sie ihn dauerhaft in Ihrer Wohnung haben wollen.

Beim Wachsauftrag von Hand müssen Sie – je nach Material – nach einer Trocknungszeit von 8 bis 48 Stunden den Boden noch polieren. Sie können das mit einem Bohnerbesen selbst tun. Bei kleineren Flächen genügt auch ein Polierkissen oder ein Ballentuch. Wenn es perfekt sein soll, dann leihen Sie sich eine Poliermaschine aus – das empfiehlt sich besonders, wenn Sie auch schon das Wachs maschinell aufgetragen haben. (→ „Geräte leihen", Seite 13)

4

5

6

dauerhaft

Holzfußböden

Ein Holzfußboden ist besonders edel und gemütlich. Außerdem ist er fußwarm und bei richtiger Materialauswahl und Pflege sehr langlebig.

Grundsätzlich sind Holzfußböden für alle Räume des Hauses oder der Wohnung geeignet, mit Ausnahme von Küchen, Werkräumen, Bädern und anderen Feuchträumen. In Bereichen, die sehr hoher Belastung ausgesetzt sind, wird man allenfalls dann gut mit einem Holzboden leben, wenn die Oberfläche mit einer Kunstharzoberfläche hart versiegelt ist. Andernfalls muss man unter Umständen mehrmals im Jahr eine Oberflächenbehandlung vornehmen.

Nicht optimal ist ein Holzboden bei Fußbodenheizungen. Dennoch gibt es dafür geeignete Produktvarianten. Sie bieten immerhin eine bessere Wärmedurchlässigkeit als die meisten Teppiche (→ „Produktübersicht Holzfußböden“, Seite 76).

Holzböden auswählen

Der Preis für einen qualitativ hochwertigen Holzboden mag hoch erscheinen. Wenn man allerdings in Rechnung stellt, dass ein solcher Boden 40 Jahre und länger hält, dann relativiert sich der Preis. Die Lebensdauer von Holzfußböden wird lediglich von Fliesen oder Naturstein übertroffen und allenfalls von Linoleum erreicht. Laubhölzer sind grundsätzlich härter als Nadelhölzer und damit langlebiger. Tropenhölzer sind wiederum härter als die meisten europäische Holzarten, der Tropenholzeinschlag zieht aber viele ökologische und soziale Schäden in den betreffenden Ländern nach sich. Im Gegensatz zu heimischen Hölzern handelt es sich bei Tropenholz meist nicht um eine nachwachsende Ressource. Eine Ausnahme stellt Holz dar, das vom „Forest Stewardship Council“ (FSC) zertifiziert und mit dem entsprechenden Siegel versehen wurde. Dabei handelt es sich um nachweislich nachhaltig und sozialverträglich geschlagenes Tropenholz (→ Seite 181).

Ein Holzfußboden ist eine Entscheidung fürs Leben. Mieter sind in der Regel schlecht beraten, wenn sie diesen selbst kaufen und verlegen. Eine Ausnahme mag vielleicht mit Stahlbügeln schwimmend verlegter Massivholzboden oder entsprechendes Fertigparkett sein. Solche Böden können – beispielsweise bei einem Umzug – wieder aufgenommen und in der neuen Wohnung wiederverwendet werden.

Ein Problem besonders billiger Holzfußböden ist ihre oft geringe Qualität. Fast immer handelt es sich dabei um so genannte „Feinholz-“, „Furnier-“ oder „Fertigböden“. Das sind Produkte mit einem Unterbau aus Span- oder Holzfaserplatten und einer zwar sehr harten, aber auch sehr dünnen Schicht aus Holzfurnier. Diese Oberflächen mögen sehr strapazierfähig sein – wenn sie einmal beschädigt werden oder die Schicht abgelaufen ist, kann man sie jedoch nur noch herausreißen oder mit einem Bodenbelag überdecken. Im Gegensatz zu anderen Holzfußböden lassen sie sich nicht durch Abschleifen wieder herstellen.

Das Gleiche gilt für die beliebten Laminatböden. Deren Deckschicht besteht nicht aus echtem Holz. Was so aussieht, ist eine Dekorschicht aus Papier, die Holz- oder auch andere Materialien (zum Beispiel Marmor) imitiert, und die mit einer Kunstharzschicht versiegelt wurde. Abgesehen von der sich daraus ergebenden oft als eintönig empfundenen Optik hat Laminat gegenüber Echtholz weitere Nachteile: Es ist fußkalt und anfällig für elektrostatische Aufladung. Außerdem ist sein Tritt- und Raumschallverhalten oft schlechter. Dafür ist die Oberfläche von Laminat oft strapazierfähiger und pflegeleichter als die Holzoberfläche.

Echte Holzböden gibt es in vielen verschiedenen Qualitäten und Ausführungen. Wenn Sie Wert auf eine besonders niedrige Formaldehydabgabe und nahezu unbegrenzte Renovierungsfähigkeit legen, dann sollten Sie einen Boden aus Massivholz wählen. Aber auch einige andere Böden mit einem Unterbau aus Span- oder Holzfaserplatten haben wegen ihrer geringen Formaldehydabgabe zum Beispiel den Blauen Engel bekommen. Um Geschmack und Geldbeutel in Einklang miteinander zu bringen, bietet Ihnen die „Produktübersicht Holzfußböden“ Hilfestellung (→ Seite 76). Nehmen Sie sich Zeit für die Auswahl. Sehen Sie sich so viele Muster wie möglich an und treffen Sie Ihre Entscheidung sorgfältig. Dieser Boden soll Sie eine sehr lange Zeit tragen.

Es gibt auch pragmatische Entscheidungsgründe, die nicht vernachlässigt werden sollten. So richtet sich die Auswahl des Bodens nach der **Art des Unterbodens**. Dielen lassen sich zum Beispiel nur auf Lagerhölzern, alten Dielen – soweit sie eben genug sind – oder Verlegeplatten verlegen. Blanker Estrich muss deshalb zuvor mit Lagerhölzern oder Verlegeplatten hergerichtet werden. Deswegen eignen sich Dielen gut für Dachausbauten.

Ein weiteres Kriterium ist die **Art der Verlegung**. Traditionelles Parkett in Form von Parkettstäben, -riemen, als Mosaikparkettlamellen oder auch Tafelparkett ist nicht zur Selbstverarbeitung gedacht. Es muss von einem Fachbetrieb verlegt werden. Alle Fertigparkette und auch Dielen können Sie dagegen mit etwas handwerklichem Geschick selbst verlegen.

Die Auswahl des Holzbodens legt meist auch die **Verlegetechnik** fest. Einen Überblick über die verschiedenen Möglichkeiten können Sie sich mithilfe der Übersicht „Optimale Verlegetechniken für Holzböden“ verschaffen (→ Seite 79). Bei einer Fußbodenheizung sollte der Boden verklebt werden (→ „Parkett vollflächig verkleben“, Seite 82). Laminat wird auch auf einer Fußbodenheizung schwimmend verlegt. In diesem Fall ist die Eignung sowohl des Bodens als auch der Heizung zu berücksichtigen.

Die Verlegetechnik hat wiederum Auswirkungen auf Umweltaspekte. Wenn Sie die Möglichkeit dazu haben, sollten Sie den Boden **mecha-**

Produktübersicht Holz- und Laminatfußböden

Bodenart	Material	Oberfläche	Lieferformen	Preis pro m²
Hobeldielen (Massivholzdielen)	massiv, meist Nadelholz	unbehandelt oder behandelt	95 bis 180 mm breit 19,5 bis 35,5 mm dick (bis 70 mm)	25 Euro bis 100 Euro
Landhausdielen	mehrschichtig; Mittelschicht meist Spanplatte oder Sperrholz	versiegelt mit Acryllack oder mit Hartwachsöl behandelt	155 bis 205 mm breit 10 bis 15 bzw. 22 mm dick	25 Euro bis 110 Euro
Parkettriemen oder -stäbe	massiv, meist Eiche, Rotbuche, Kiefer, Esche o. a. (auch als Fertigparkett, oft im Neubau, bei Fußbodenheizungen)	unbehandelt	Hölzer: 45 bis 80 mm breit 8 bis 32 mm dick	65 Euro bis 170 Euro (mit Verlegung)
Mosaikparkett (Tafelparkett)	massiv oder furniert („Natur", „Gestreift", „Rustikal")	unbehandelt	wie oben, zu Platten verbunden	16 Euro bis 100 Euro
Fertigparkett	mehrschichtig; Mittelschicht massiv, Spanplatte oder Sperrholz, Nutzschicht massives Holz	versiegelt oder mit Hartwachsöl behandelt	quadratisch: 20 bis 65 cm; rechteckig: 10 bis 24 cm × 120 cm	30 Euro bis 105 Euro
Laminat	Verbundwerkstoff; Deckschicht kunststoffbeschichtetes Dekor; Mittelschicht harzgetränkte Papierlagen	hart versiegelt	1200 mm lang 190 mm breit 8 mm dick	10 Euro bis 30 Euro

nisch befestigen. Die entsprechenden Methoden kommen ohne Klebstoffe und die damit einhergehenden Ausdünstungen aus. Die **schwimmende Verlegung** eignet sich fast ebenso gut. Außerdem lässt sich der Boden später leichter aufnehmen. Eine einfache Verlegemethode ist das derzeit häufig angebotene **„Klicksystem"**. Dabei werden die Fußbodenelemente über Ausfräsungen der Kanten miteinander verbunden. Die Verlegung kann entweder schwimmend oder mit dem Untergrund verklebt erfolgen. Neben Fertigparkett und Laminat sind seit kurzem auch Vollholzdielen mit diesem System erhältlich. Wenn Sie den Belag dagegen verkleben müssen, sollten Sie stets den vom Hersteller empfohlenen Kleber benutzen.

Wer selbst verlegt, spart in aller Regel auch die Arbeit, den neuen Fußboden zu beschichten. Die Oberfläche von Fertigparkettelementen ist fast immer bereits versiegelt. Auch Dielen gibt es entsprechend behandelt zu kaufen. Eine andere Oberflächenbeschichtung fertig behandelter Böden ist Hartwachs. Wer selbst die Kontrolle über die verwendeten Mittel behalten will oder besondere Vorstellungen hat (zum Beispiel „biologische" Behandlung), kann unbehandelte Dielen und gelegentlich auch ein solches Fertigparkett kaufen und selbst behandeln (→ „Holzböden behandeln", Seite 82, und „Renovieren der Oberfläche", Seite 90).

Eine Übersicht über die Preise verschiedener Holzfußböden gibt Ihnen die obige „Produktübersicht Holz- und Laminatfußböden".

Verlegen

Im Folgenden stellen wir Ihnen die Verlegetechniken für Holzböden auf verschiedenen Untergründen vor. Welche Methode für welchen Boden und welchen Untergrund optimal ist, können Sie der Übersicht „Optimale Verlegemethoden für Holzböden" (→ Seite 79) entnehmen.

Nageln/Schrauben von Dielen und Fertigparkett

So wird 's gemacht

Vorbereitung

Sowohl Dielen als auch Fertigparkett müssen vor dem Verlegen Gelegenheit haben, sich zu akklimatisieren. Legen Sie das Material dazu etwa zwei Tage lang offen oder mit geöffneter Verpackung in dem betreffenden Raum aus.

Verlegen

Auf Deckenbalken lassen sich am besten Massivholzdielen und auch Landhausdielen mit einer Dicke von mehr als 21 mm verlegen. Dabei ist die Dicke der Dielen abhängig vom lichten Abstand zwischen den Balken. Während 24 mm dicke Dielen Abstände bis zu 60 cm verkraften, benötigen 21 mm dicke maximal 50 cm Abstand, sonst biegen sie sich bei Belastung zu weit durch. Wenn Sie Balken mit zu großen Abständen vorfinden, müssen Sie sich mit einer so genannten Konterlattung behelfen. Sie wird mit geringeren Abständen quer auf die bestehenden Balken aufgenagelt. Achtung: Versuchen Sie nicht, irgendwelche Arbeiten auf den Balken balancierend auszuführen! Legen Sie zu Ihrer Sicherheit stattdessen Spanplatten o. Ä. aus.

Zur Verbesserung der Trittschalldämmung sollten Sie auf jeden Fall Filzstreifen zwischen Balken und Dielen legen. 1

Da die Balken wahrscheinlich nicht ganz in der Waage sind, müssen Sie mit einer Wasserwaage und einem Richtscheit noch herausfinden, an welchen Stellen Sie die Balkenoberflächen mit Holzklötzchen ausgleichen müssen, damit der neue Dielenboden eben wird.

Um Dielen oder auch Fertigparkett auf Estrich bzw. anderen glatten Untergründen befestigen zu können, müssen Sie zunächst Lagerhölzer verlegen (Ausnahme: Landhausdielen, → „Schwimmende Verlegung von Landhausdielen/ Fertigparkett", Seite 80). 2

1

2

Werkzeuge

- Hammer
- Bohrmaschine
- Wasserwaage
- Richtscheit
- Senker für Nägel
- feine Handsäge oder elektrische Kapp- oder Stichsäge (ausleihen)
- Zugeisen
- ggf. Spanplatten oder Holzbohlen (für die Sicherheit)

Verbrauchsmaterialien

- eine große Menge Nägel oder Schrauben
- Filzstreifen
- Fußleisten (mit Schrauben und Dübeln)
- ggf. Übergangsprofile
- Holzkeile
- ggf. Lagerhölzer

3

4

5

6

Wie bei der Verlegung auf Deckenbalken bestimmt auch hier die Dicke der Dielen den Abstand zwischen den Lagerhölzern. Fertigparkettplatten dürfen selbstverständlich auch nicht zwischen ihnen hindurchfallen. Prüfen Sie, ob die Lagerhölzer in der Waage sind. Das ist besonders bei Fertigparkett unbedingt notwendig! Bei der Verlegung auf Lagerhölzern werden die Dämmstreifen zwischen Untergrund bzw. Wand und Lagerhölzer gelegt. Im Übrigen sind die im Folgenden beschriebenen Arbeiten für das Verlegen auf Deckenbalken oder auf Lagerhölzern identisch.

Die Längsfugen der Dielen bzw. des Parketts sollten parallel zum Lichteinfall verlaufen. So fallen sie später weniger auf. Beginnen Sie in einer an der Fensterseite des Raumes gelegenen Ecke und arbeiten Sie dann in Richtung auf die Tür zu. Wenn die Wände nicht absolut parallel verlaufen, dann müssen Sie bereits bei der ersten Dielen- bzw. Parkettreihe einen Ausgleich schaffen, indem Sie die Elemente entsprechend zusägen. Das Gleiche gilt für den Fall, dass die letzte Reihe zu schmal würde. Bei der ersten Dielenreihe müssen Sie mindestens die Feder abschneiden. **3**

Verlegen Sie die erste Diele so mit der beschnittenen Seite zur Wand, dass sie einen Abstand von mindestens einem bis höchstens eineinhalb Zentimeter von ihr hat. Dieser Abstand muss an allen Wänden eingehalten werden. Er ist erforderlich, damit der Holzboden „arbeiten" kann. Als Abstandhalter fungieren kleine Holzkeile. Die Fuge müssen Sie später mit einer Holzleiste abdecken. Nageln oder schrauben Sie mit der Bohrmaschine schräg die Diele auf dem Balken bzw. Lagerholz fest. **4**

Beim Verschrauben müssen Sie die Diele vorbohren, damit das Holz nicht reißt. Versenken Sie die Nägel (mit einem Senker) bzw. die Schrauben ganz! Seien Sie dabei vorsichtig, damit Sie die Dielenoberfläche nicht beschädigen. **5**

Der Rest ist einfach: An das freie Kopfende der Diele wird die nächste – Feder in Nut – angesetzt. **6**

An der gegenüberliegenden Wand angekommen, sägen Sie das letzte Brett der Reihe mit einer feinen Handsäge passend zu. Wer eine besitzt oder sich eine leihen kann, verwendet dafür auch eine elektrische Stich- oder Kappsäge. Denken Sie dabei an die Dehnungsfuge! Das Reststück bildet den Anfang der nächsten Dielenreihe. Dadurch werden die Reihen gegeneinander versetzt, so dass die Querfugen nicht nebeneinander liegen.

Achtung: Bei quadratischen Fertigparkettelementen erfolgt das Verlegen anders. Hier müssen die Fugen in einer Linie sein. **7**

Auch wird bei allen Fertigparketten nicht durch das Parkettelement hindurch genagelt, sondern nur durch die untere Nutwange. Damit bleiben die Nägel beim verlegten Boden unsichtbar. Die Köpfe müssen genauso versenkt werden, damit das nächste Element mit seiner Feder in die Nut hineinpasst.

Die Elemente der neuen Reihe werden zuerst mit der Feder der kurzen Stirnseite in die Nut des benachbarten Elements, dann mit der Feder der langen Seite in die Nut der Vorgängerreihe eingeschoben

7

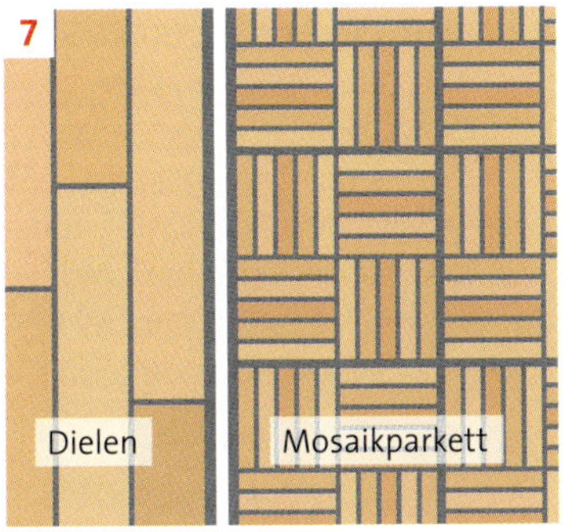

8

9

und auf dem Lagerholz bzw. dem Deckenbalken angenagelt. 8

Bei der letzten Reihe angekommen, legen Sie die Dielen, die den Abschluss bilden sollen, genau auf die vorletzte Dielenreihe. Darauf wiederum legen Sie eine Diele so, dass sie wieder einen Abstand von 1 bis 1,5 cm zur Wand hat (Keile). Jetzt können Sie mit dem Bleistift eine Linie anzeichnen. Entlang dieser Linie müssen Sie sägen, dann passt es genau. 9

Setzen Sie die letzten Dielen mit Feder in Nut an, haken Sie das Zugeisen ein und klopfen Sie sie mit dem Hammer fest. Abschließend bringen Sie noch die Fußleisten an.

Optimale Verlegetechniken für Holzfußböden und Laminat

Material/ Untergrund	Fußbodenheizung	Deckenbalken, Lagerhölzer	Verlegeplatten, alte Dielen (eben)	Estrich (eben, unbeschädigt)	Glatte Bodenbeläge	Kurzflorige Teppichböden (Nadelvlies o. ä.)
Hobeldielen (Massivholzdielen), Naturholzdielen	–	nageln, schrauben	–			
Landhausdielen	vollflächig verkleben *	nageln, schrauben ***	schwimmend verlegen			
Parkettstäbe/ -riemen	vollflächig verkleben *	–	1. nageln auf Unterkonstruktion * 2. vollflächig verkleben *		–	
Mosaikparkett/ Tafelparkett	vollflächig verkleben *	nageln, schrauben ***	vollflächig verkleben *		–	
Fertigparkett	vollflächig verkleben *	nageln, schrauben ***	1. nageln, schrauben 2. schwimmend verlegen	schwimmend verlegen		
Laminat	schwimmend verlegen **	–	schwimmend verlegen			

* durch Fachbetrieb ** Hinweise der Hersteller von Boden und Heizung beachten *** mindestens 21 mm dick

Tipp

Fertigen Sie sich ein Klopfholz an, indem Sie ein 25 cm langes Reststück einer Diele zurechtschneiden. Dafür halbieren Sie mit einer feinen Handsäge das Stück der Länge nach. Sie brauchen das Teilstück mit der Feder. Zum Einpassen eines Dielenelements setzen Sie die Feder des Klopfholzes in die Nut des Elements und schlagen mit dem Hammer auf die gesägte Seite des Klopfholzes. So vermeiden Sie Beschädigungen an den Dielen.

Bei unbehandelten Dielen muss jetzt noch die Oberfläche geschützt werden (→ „Renovieren der Oberfläche", Seite 90), wobei man sich den Grobschliff, den zweiten und dritten Schliff und das Spachteln sparen kann. Fertigparkett ist schon behandelt.

Schwimmende Verlegung von Landhausdielen/Fertigparkett und Laminat

Werkzeuge

- Hammer
- Bohrmaschine
- feine Handsäge oder elektrische Kapp- oder Stichsäge (evtl. ausleihen)
- Kunststoffspachtel
- Klopfholz
- Zugeisen

Verbrauchsmaterialien

- wasserfester Parkettleim (nicht beim Klicksystem)
- Holzkeile
- Trittschalldämmung (Recyclingfilz, Wellpappe, Polyethylen-Schaumstoff, Korkunterlage)
- ggf. Kunststofffolie für mineralische Untergründe
- Paketklebeband
- Fußleisten (mit Schrauben und Dübeln)
- ggf. Übergangsprofile
- ggf. Anpassprofile
- Parkettleimentferner (nicht beim Klicksystem)

Die schwimmende Verlegung von Fertigparkett und Landhausdielen ist leicht durchzuführen, sie darf wegen des geringen Wärmedurchgangs aber nicht auf einer Fußbodenheizung vorgenommen werden! Dort sollte stets verklebt werden. Ein Laminatboden wird in der Regel nicht verklebt, sondern wegen seiner Materialeigenschaften nur schwimmend verlegt – auch auf Fußbodenheizungen. Er lässt ausreichend Wärme zum Heizen des Raumes durch.

So wird 's gemacht

Vorbereitung

Auf dem absolut ebenen Untergrund, bei dem es sich um Estrich (→ „Untergrund vorbereiten", Seite 59), alte Dielen, Verlegeplatten aus Pressspan oder vollflächig verklebte Kunststoffbodenbeläge handeln darf, wird zunächst die **Trittschalldämmung** ausgelegt. Im einfachsten Fall ist das eine Schicht aus Wellpappe. Besser sind Lagen aus Wollfilz, Hanf oder Jute. Handelt es sich bei dem Untergrund um einen mineralischen Estrich, muss zusätzlich noch eine ca. 0,2 mm dicke Kunststofffolie gegen Feuchtigkeit untergelegt werden. Man kann sie sich auch sparen, wenn die Trittschalldämmung bereits entsprechend dampfdicht ausgerüstet ist. Unabhängig davon muss der Untergrund absolut trocken sein, sonst wellt sich das Parkett! Unter Umständen können Sie selbst auf die zusätzliche Trittschalldämmung verzichten, wenn Sie direkt auf einem kurzflorigen (!) Teppichboden oder Nadelvlies verlegen. Der Teppich muss dabei hygienisch einwandfrei sein, das heißt gründlich gereinigt, sonst kann sich im Lauf der Zeit ein unangenehmer Geruch entwickeln (→ „Textile Beläge pflegen", Seite 105). Die Schall- und Wärmedämmung ist bei der schwimmenden Verlegung übrigens besser als bei der vollflächigen Verklebung.

Landhausdielen und Fertigparkett müssen sich – unabhängig von der Verlegeart – zunächst etwa 48 Stunden lang an das Raumklima anpassen.

Verlegen

Misst der Raum in einer Richtung mehr als zehn Meter, müssen Sie spezielle Dehnungsfugen oder Profile einplanen. Der Verlauf der Arbeiten gestaltet sich im Prinzip wie unter „Nageln/Schrauben von Dielen und Fertigparkett“ (→ Seite 77) beschrieben. Es gibt jedoch einen wichtigen Unterschied: Die Dielen bzw. das Fertigparkett werden nicht am Untergrund festgenagelt, sondern lediglich durch Parkettleim zusammengehalten. Er wird vor dem Zusammenfügen in die Nuten eingespritzt. **1**

Setzen Sie zum Zusammenfügen ein Klopfholz auf die Nut des Elements und schlagen Sie es vorsichtig mit dem Hammer in die Nuten der Vorgängerelemente ein. Schlagen Sie nie direkt auf die Nut! Sie könnten die Oberfläche der Elemente beschädigen.

Herausquellenden Leim wischen Sie am besten sofort mit einem feuchten Tuch ab. Alternativ dazu können Sie ihn nach etwa zehn Minuten mit einem Kunststoffspachtel schräg abschieben. Sollten später noch Schlieren auftreten, müssen Sie diese mit einem speziellen Leimentferner beseitigen. Warten Sie nach dem Verleimen der ersten Längsfuge etwa eine halbe Stunde, bevor Sie weiterarbeiten, damit der Leim anziehen kann. Zusätzlich sollten Sie die Dielen- bzw. Parkettelemente entweder mit Paketklebeband, speziellen Zwingen oder Spanngurten, wie sie von manchen Baumärkten verliehen werden, miteinander fixieren. **2**

Als Übergang zu einem anderen Bodenbelag verwenden Sie spezielle Profilschienen. Verbergen Sie solche Übergänge der besseren Optik wegen unter der (geschlossenen) Tür.

Ein **Sonderfall** der schwimmenden Verlegung ist die so genannte **Bügelverlegung**. Bei einigen Fertigparketten aus Massivholz werden die Elemente durch Stahlbügel an der Unterseite miteinander verbunden. Das hat den Vorteil, dass das Parkett später wieder aufgenommen und an anderer Stelle neu verlegt werden kann. Das Gleiche gilt für die Verlegung mit dem „Klicksystem“ (→ Seite 76). Dabei ist kein Leim für die Nut- und Federverbindung nötig. Allerdings kann eine beanspruchte Klickverbindung ihre Festigkeit verlieren und beschädigt werden. Dann lässt sich der Boden zwar einfach entfernen, aber nicht wiederverwenden. **3**

1

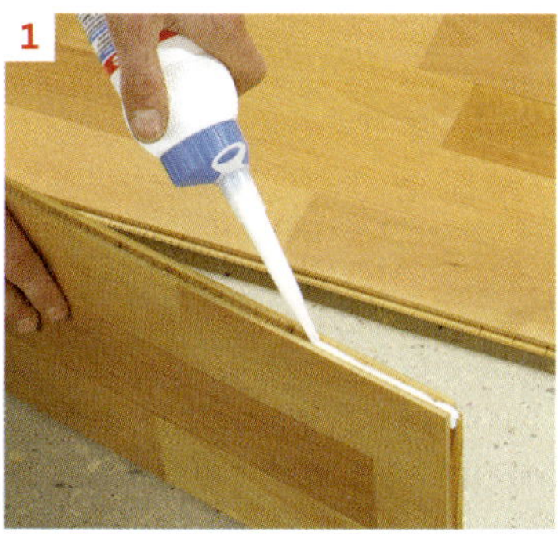

2

3

durch Fachbetrieb

Parkett vollflächig verkleben

Bei Fertigparkettelementen ist – mit entsprechend geeigneten Produkten – auf Fußbodenheizungen, bei Massivparkett generell die vollflächige Verklebung notwendig. Die Arbeit mit Kleber sollte allerdings Fachleuten vorbehalten sein. Welcher Klebstoff verwendet wird, hängt vom Einzelfall ab: Je nach Parkettkonstruktion (Ein- oder Mehrschichtparkett, Stäbe oder Tafeln), Länge und Dicke der Paneele sowie der Art des Untergrunds eignen sich verschiedene Kleber (Herstellerangaben beachten). Manche setzen Lösemittel und andere Schadstoffe frei. Sie können Augen und Schleimhäute reizen und zum Teil Allergien auslösen.

Aufträge an Verlegefirmen sollten das Einhalten der entsprechenden Technischen Regeln für Gefahrstoffe (TRGS) vertraglich festhalten. Die TRGS 610 verpflichtet Bodenleger dazu, den ungefährlichsten geeigneten Klebstoff zu verwenden. Lassen Sie sich das Sicherheitsdatenblatt des Klebstoffs aushändigen.

Lösemittelfreier Dispersionskleber (Kunstharz- oder Naturharzklebstoffe in Wasser gelöst) ist grundsätzlich zu empfehlen – und häufig auch anwendbar. Der GISCODE, eine Buchstaben-Zahlen-Kombination der Bau-Berufsgenossenschaften, gibt Auskunft zum Schadstoffgehalt: Dispersionskleber sind von D1 (lösemittelfrei) bis D7 (fünf bis zehn Prozent Lösemittel) gekennzeichnet. Stark lösemittelhaltige Kleber mit mehr als zehn Prozent Lösemittelanteil (S1 bis S6) sind für Innenräume nicht zu empfehlen (→ Seite 183). Der EMICODE, ein Prüfzeichen des Herstellerverbands, erfasst auch schwer flüchtige Stoffe wie Weichmacher: EC1 ist die emissionsärmste Klasse (→ Seite 180).

Wenn sich Dispersionskleber nicht eignen, dann werden so genannte Reaktionskleber eingesetzt. Üblich sind Zweikomponenten-Polyurethankleber (GISCODE: RU), seltener Epoxidharzkleber (RE). Beide Kleber gibt es ohne Lösemittel (RU1, RE1). Die letztgenannten Varianten sollten nach Möglichkeit verwendet werden, sie enthalten trotzdem noch andere Problemstoffe, wie zum Beispiel allegieerzeugende Isocyanate.

Holzböden nach Verlegung behandeln/ versiegeln

Bei Fertigparkett und Landhausdielen brauchen Sie sich nach dem Verlegen keine Gedanken über eine Oberflächenbehandlung machen. Sie sind bereits vorbehandelt. Unbehandelte oder frisch geschliffene Böden lassen sich mit Wasserlacken versiegeln oder mit Ölen behandeln, mit oder ohne anschließenden Auftrag von Wachs. Da die Oberflächen sich unterschiedlich anfühlen und anmuten, lassen Sie sich am besten beim Händler einige unterschiedlich behandelte Muster zeigen.

Verlierer hinsichtlich der Gesundheitsverträglichkeit für den Anwender sind lösemittelhaltige Parkettlacke und säurehärtende (SH-) sowie DD-Parkettsiegel. Die beiden Letztgenannten sind aber ohnehin nicht für die Selbstverarbeitung gedacht. Während der Verarbeitung setzen sie schädliche Stoffe in die Raumluft frei (Formaldehyd oder Lösemittel bzw. Isocyanate). In den allermeisten Fällen sind solche Produkte überflüssig. Nur für genageltes oder in Bitumenkleber verlegtes Parkett muss unter Umständen ein Lack mit Lösemittelbestandteilen verwendet werden, weil sonst Abrissfugen entstehen können. In allen anderen Fällen kann man darauf verzichten.

Unterschiede gibt es in der Haltbarkeit der verschiedenen Oberflächenbeschichtungen. Grundsätzlich gilt, dass eine Oberflächenbeschichtung um so haltbarer ist, je dichter und härter sie ausfällt. Während die Wassersiegel zwischen fünf und acht Jahre halten können, muss ein geölter oder gewachster Boden mindestens einmal im Jahr behandelt werden, bei starker Beanspruchung sogar zweimal. Dafür kann ein solcher Boden auch partiell neu behandelt werden, während eine mit Lack versiegelte Oberfläche mit Ausnahme kleiner Stellen stets als Ganzes überarbeitet werden muss.

Konventionelle Methode (Versiegeln)

So wird 's gemacht

Erster Anstrich

Bevor Sie mit dem Lackauftrag beginnen, sollten Sie die Lammrolle sorgfältig auswaschen, damit keine Flusen in der Lackschicht bleiben. Achten Sie darauf, dass während der Arbeiten die Sonne nicht direkt auf den Boden fällt. Der frische Lack könnte sonst Blasen bekommen. Beginnen Sie an der Fensterseite, dann können Sie das Ergebnis immer im Blick behalten und etwaige Fehlstellen oder einen zu dicken Auftrag sofort korrigieren. Der Lack wird mit der Rolle rechtwinklig zum Lichteinfall in ca. 1,50 m langen Bahnen aufgetragen. 1 2 Haben Sie so einen Streifen von der Fensterseite bis zur gegenüberliegenden Wand fertig gestellt, bearbeiten Sie den nächsten Streifen in gleicher Weise. Nach dem Auftrag muss der Lack etwa zwei Stunden lang trocknen.

1
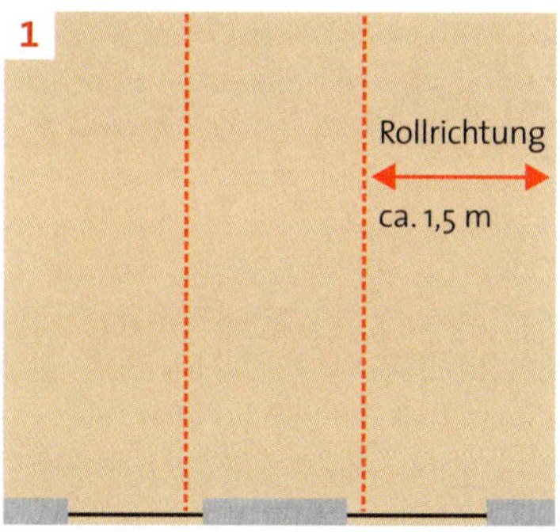

2

Werkzeug

- Lammfellrolle
- Rotationsschleifer oder Handschleifmaschine

Verbrauchsmaterialien

- lösemittelarme Parkettversiegelung (Wassersiegel)
- Schleifpapier (Körnung P 150 bis P 200)

Zwischenschliff

Nach dem ersten Anstrich wird die Oberfläche zwischengeschliffen. Dafür verwenden Sie entweder den Rotationsschleifer oder eine Handschleifmaschine mit feinem Schleifpapier der Körnung P 150 bis P 200. Verfahren Sie dabei, wie unter „Feinschliff“ beschrieben (→ Seite 92). Im Anschluss daran muss der Schleifstaub wieder sehr sorgfältig mit einem Staubsauger entfernt werden (reinigen Sie bei Dielenböden auch die Fugen!). Achten Sie auch darauf, dass kein Staub mehr in der Luft bleibt. Er könnte sich beim anschließenden zweiten Anstrich auf dem frischen Lack ablagern.

Zweiter Anstrich

Der zweite Versiegelungsanstrich wird analog zum ersten durchgeführt. Um die Oberfläche ganz besonders widerstandsfähig zu machen, können Sie nach zwei weiteren Stunden Trocknungszeit einen weiteren Zwischenschliff vornehmen, absaugen und einen dritten Anstrich auftragen. Da bei einem Wassersiegel sehr viel Wasser auf das Holz gelangt, ist es notwendig, unter Beheizung mit gleichzeitiger Belüftung zu trocknen. Begehbar ist die Oberfläche frühestens einen Tag nach dem letzten Anstrich. Belastbar ist sie erst nach drei Tagen. Eine Woche bis 14 Tage lang sollten Sie noch keine Teppiche oder Brücken auflegen.

Wachsen, ölen oder laugen

Werkzeuge

- Streichbürste für Holzöl
- Flächenstreicher oder ölfester Gummiwischer
- Bohnerbesen oder Poliermaschine
- ggf. Schwingschleifer (ausleihen)
- ggf. Heißwachsgerät

Verbrauchsmaterialien

- verdünner- und terpentinfreies Holzöl oder Hartöl oder Grundieröl und Hartwachs oder Hartwachsöl oder Weichholzlauge
- ggf. Kunststoff-Schleifvlies
- ggf. Polierkissen oder Ballentuch
- ggf. Heißwachs

So wird ’s gemacht

Anstrich

Wer „biologisch“ arbeitet, spart die Zwischenschliffe. Dafür muss er die gesamte Prozedur mindestens einmal im Jahr auf sich nehmen. Es gibt dafür drei verschiedene Methoden:

Beim klassischen **Ölen und Wachsen** tragen Sie nach dem Feinschliff in ein bis drei Arbeitsgängen (nass in nass) Holzöl oder Leinölfirnis mit einer dickflorigen Lammfellrolle oder einer Streichbürste satt auf den Boden auf. Ziehen Sie danach das überstehende Öl mit einem Flächenstreicher oder ölfesten Gummiwischer ab. Nach mindestens 24 Stunden Trocknungszeit unter guter Belüftung wird dann das Wachs aufgetragen. Gegebenenfalls können Sie die Oberfläche zuvor noch von Hand mit feinem Schleifpapier etwas glätten. Das Wachsen von Hand wird mit Kaltwachs vorgenommen. Achten Sie darauf, dass die Wachsschicht sehr dünn bleibt, damit sie später nicht klebt. Eine andere Möglichkeit ist der maschinelle Auftrag von Heißwachs. Ein entsprechendes Gerät können Sie sich bei dem Händler ausleihen, wo Sie auch das Wachs bzw. andere „biologische“ Baustoffe bekommen haben. Achtung: Das Wachs kann Zitrusterpene enthalten, auf die einige Menschen allergisch reagieren. Auf jeden Fall sollten Sie überprüfen, ob Sie den Geruch dauerhaft in Ihrer Wohnung haben wollen.

Beim Wachsauftrag von Hand müssen Sie nach einer Trocknungszeit von 8 bis 48 Stunden den Boden mit einem Bohnerbesen polieren. Bei kleineren Flächen genügt auch ein Polierkissen oder ein Ballentuch. Ein perfektes Ergebnis bekommt man mit einer Poliermaschine. Wenn Sie das Wachs maschinell aufgetragen haben, empfiehlt sich die Verwendung einer solchen Poliermaschine auf jeden Fall. Die Maschinen können ausgeliehen werden (→ Seite 13).

Bei der zweiten Methode wird auf das Auftragen von Wachs verzichtet. Stattdessen werden nach dem Feinschliff **Hartöl oder Hartwachsöl** mit einem Roller oder einer Streichbürste satt auf den Boden aufgetragen und das überstehende Öl abgezogen. Danach muss das Öl noch in den Holzboden einmassiert werden. Sie können dafür einen Schwingschleifer und ein Kunststoff-Schleifvlies verwenden.

Die dritte Methode der Oberflächenbehandlung ist das **Laugen**. Sie lässt sich nur bei Nadelholzböden verwenden. Sehen Sie sich jedoch zunächst einen derart behandelten Boden an, da sich das Ergebnis von dem der anderen Methoden stark unterscheidet. Das Holz wirkt insgesamt sehr viel heller. Der Boden wird nach dem Feinschliff mit einer speziellen Weichholzlauge behandelt. Die gut aufgerührte Lauge wird mit einer Rolle in Faserrichtung aufgetragen. Nach einer Trocknungszeit von 24 Stunden bürsten Sie zunächst den Boden ab und saugen ihn danach mit dem Staubsauger. Anschließend wird der Boden dann noch – wie oben beschrieben – mit Hartöl imprägniert.

Holz- und Laminatböden pflegen

Die wichtigste Voraussetzung für die lange Haltbarkeit eines Holzfußbodens ist, dass grober Schmutz, besonders Sand und Steinchen, von ihm ferngehalten werden. Sie zerkratzen die Beschichtung oder beschädigen sogar das Holz. Je weicher das Holz, desto größer ist diese Gefahr. Schmutz vermeiden statt entfernen, heißt die Devise. Große Gummi-, Sisal- oder Kokosmatten und Roste als Schmutzfänger vor der Wohnungstür verhindern, dass der Dreck nach drinnen kommt. Pfennigabsätze, Noppenschuhe und schwarze Sohlen sind tabu. Tragen Sie Hausschuhe mit weichen Sohlen. Rüsten Sie Stuhl-, Tisch- und Schrankfüße mit Filzgleitern aus und versehen Sie Bürostühle, Aktenwagen, Rollcontainer mit weichen Lenk- und Laufrollen. Man erkennt sie am zweifarbigen Aufbau und der Aufschrift „EN 1 25 29“.

Außerdem sollten Sie darauf achten, dass kein Wasser auf dem Boden stehen bleibt. Vor allem bei gewachsten oder geölten Oberflächen und bei Dielen kann Feuchtigkeit eindringen. Sie verursacht schwarze Flecken oder richtet noch schwerere Schäden an.

Eine weitere Voraussetzung ist ein gutes Raumklima. Die Temperatur sollte zwischen 18 °C und 20 °C und die relative Luftfeuchtigkeit 60 bis 65 Prozent betragen. Um das optimale Raumklima herzustellen, hilft das richtige Lüften (→ „Richtig lüften“, Seite 34). Auch Wasserbehälter an oder auf Heizkörpern wirken sich bei ansonsten zu trockener Raumluft positiv aus.

Pflege: Mit Kunstharz versiegelte Holzoberflächen lassen sich fast ebenso leicht pflegen wie Stein- oder Keramikfußböden. Mit einem Staubsauger kann der Staub leicht entfernt werden. Gründlicher ist nebelfeuchtes Wischen mit warmem Wasser ohne Zusätze oder mit einem lösemittelfreien Parkettpflegemittel. Nebelfeucht heißt: Der Boden muss nach drei bis fünf Minuten komplett abgetrocknet sein. Den Lappen sehr gut auswringen; er darf nicht mehr tropfen. Das Pflegemittel bildet einen leichten Film auf dem Boden, der ihn zusätzlich schützt und ihm eine einheitlich glänzende Oberfläche verleiht. Für leichten Schmutz reicht klares Wasser völlig aus. Flecken von Kaffee, Ketschup oder anderen Lebensmitteln möglichst schnell beseitigen, ehe sie antrocknen. Verschüttete Flüssigkeiten und Wasserpfützen sofort aufwischen, damit die Nässe nicht über die Fugen eindringt. Holz quillt auf! Keinesfalls aggressive, lösemittelhaltige Reiniger benutzen. Sie schaden der Oberfläche.

Flecken auf Laminat: Gummi-Abrieb, Absatzstriche oder Straßenschmutz können Sie trocken abbürsten, zum Beispiel mit weißem Nylonschwämmchen (Pad). Obst, Milch- oder Weinflecken sollten Sie sofort mit einem saugfähigen Tuch aufnehmen. Eingetrocknetes mit Laminat- oder Neutralreiniger abwischen, trocken reiben. Filzstifte, Schuhcreme, Lack oder Ölschmiere vorsichtig mit einem Tuch (zum Beispiel mit Essigessenz getränkt) abwischen, nur im verfleckten Bereich.

Schokolade, Fettfilme, Speiseöl mit einem Laminat- oder Neutralreiniger abwischen.

Reinigung größerer Flächen: Parkettpflegemittel – ab und zu ein Schuss ins Wischwasser – enthalten wasserlösliche, rückfettende Polymere und Wachse, die den versiegelten Boden mit einer dünnen Pflegeschicht überziehen. Glanz kommt von allein. Parkettreiniger nicht für Laminat benutzen, auch kein Bohnerwachs. Das gibt Schlieren, Flecken und unschöne Laufstraßen auf der Kunstharzoberfläche. Für Laminat gibt es spezielle Reiniger ohne Wachs. Neutralreiniger tun es aber auch. Manche Anbieter empfehlen Neutralreiniger sogar fürs Parkett. Hartnäckigen Schmutz können Sie mit etwas Spiritus entfernen. Auf keinen Fall sollten Sie für die Reinigung Schmierseife verwenden. Sie greift nahezu alle Arten von Oberflächenbeschichtungen an und hinterlässt außerdem einen hässlichen Film.

Eine Grundreinigung ist erforderlich, wenn der Boden unansehnlich geworden ist oder Schmutz sich beim normalen Putzen nicht entfernen lässt. Laminat reinigt man mit Spezialmittel oder Neutralreiniger. Eine pflegende Nachbehandlung ist nicht nötig, eher schädlich. Parkett und

Holzdielen mit Parkettpolish gründlich von alten Pflegemitteln befreien; keine Reinigungsmaschinen benutzen! Dann Pflegemittel (Wachs, Polish) pur als neue Verschleißschicht auftragen.

Gewachste oder geölte Böden können im Prinzip genauso gepflegt werden wie versiegelte. Auf konventionelles Parkettpflegemittel sollten Sie dabei verzichten. Stattdessen können Sie geölte Böden mit dem Zusatz einer speziellen Seife zum Wischwasser pflegen. Die Oberfläche gewachster Böden kann durch regelmäßige Pflege mit einer Wachsemulsion teilweise regeneriert werden. Gewachste Böden verschmutzen leichter als kunstharzversiegelte. Falls sich so genannte Laufstraßen gebildet haben, können Sie diese aber leicht mit Balsamverdünnung entfernen. Beachten Sie jedoch, dass es sich dabei um – wenn auch natürliche – Lösemittel handelt, die darüber hinaus allergieerzeugende Stoffe enthalten können (→ „Luftbelastung durch Lösemittel", Seite 23).

Reinigen Sie Parkett oder Laminat nicht mit Dampfreiniger! Dampfreiniger bringen meist zu viel Feuchtigkeit auf den Boden. Der heiße Dampf kann in die Fugen eindringen, die Verleimung lösen und das Holz aufquellen. Staubbindetücher sind häufig imprägniert und sollten – wenn überhaupt – nur selten zum Einsatz kommen. Die Imprägnierung reibt sich teilweise auf der Oberfläche des Bodens ab, Schmutz bleibt dort besser „kleben". Auch Mikrofasertücher können auf Dauer den Belag angreifen.

Holzböden restaurieren

preisgünstig

Auch unansehnlich gewordene Holzfußböden müssen nicht zugedeckt oder erneuert werden. Fast alle lassen sich reparieren oder durch Abschleifen restaurieren. Allerdings geht das nur unter der Bedingung, dass die Oberfläche dick genug für diese Behandlung ist – und dass sie tatsächlich aus Holz besteht. Mit Laminat- und Furnierböden funktioniert das nicht (→ „Holzfußböden auswählen", Seite 74). Die Kosten dafür sind nicht höher als für einen guten Teppichboden. Wenn man es selbst macht, sind sie sogar deutlich geringer.

Beheben kleinerer Schäden

Verbrauchsmaterialien

- Retuschierstift
- 2-K (2-Komponenten)-Reparaturspachtel (Tuben) oder Wachs
- ggf. lösemittelfreier Parkettlack

So wird 's gemacht

Kratzer auf lackierten Holzböden lassen sich leicht mit Retuschierstiften entfernen, die im Handel für Fußböden oder im Baumarkt erhältlich sind. Eine beschädigte Versiegelung kann mit feinem Schleifpapier kleinräumig angeschliffen werden. **1** Danach tragen Sie ver-

dünnten Parkettlack (lösemittelfrei) auf und lassen ihn trocknen.

Beschädigungen, die bis ins Holz gehen, können Sie mit speziellen Reparaturharzen oder Wachsstangen beseitigen. Sie sind in unterschiedlichen Farbtönen erhältlich. Beachten Sie die Verarbeitungs- und Sicherheitshinweise des Herstellers! **2**

Wichtig ist, dass Sie den Schaden möglichst sofort beseitigen, da sich sonst Schmutz in den Kratzer hineinsetzen oder bei der nächsten Feuchtreinigung Wasser ins Holz gelangen kann. Die Folge davon wären dauerhafte Verfärbungen.

Kleine, tiefer gehende Beschädigungen des Holzes können Sie mit einem so genannten Forstnerbohrer kreisförmig ausbohren. Mit dem gleichen Bohrer schneiden Sie aus einem Stück der gleichen Holzart eine Scheibe gleicher Dicke aus und leimen sie mit wenig lösemittelfreiem Parkettkleber als künstliches Astloch ein. Diese Reparaturstelle muss – wie auf Seite 92 beschrieben – nachbehandelt werden.

Werkzeuge

- Zahnspachtel
- fusselfreies Tuch

Verbrauchsmaterialien

- dünne Gaze
- Parkettkleber
- ggf. spezieller Leimentferner

Lose Parkettstäbe befestigen

So wird ’s gemacht

Ein häufiger Schaden ist das Ablösen von geklebten Parkettstäben oder -riemen vom Unterboden. Meist tritt er auf, wenn ein Teppichboden auf dem Holzboden verklebt ist. Erkennbar ist er am klappernden oder knirschenden Geräusch beim Darübergehen. Wenn beim Aufnehmen des Teppichs Parkettstäbe daran hängen bleiben sollten, dann merken Sie sich auf jeden Fall ihre Lage, zum Beispiel durch Nummerierung oder eine andere Art der Markierung, andernfalls bekommen Sie später Passerprobleme. Lösen Sie die lockeren Stäbe vorsichtig vom Untergrund und entfernen Sie Kleberreste. **1**

Sicherheitstipp

Wenn es sich bei dem alten Parkettkleber um eine schwarze spröde Substanz handelt, besteht die Möglichkeit, dass er mit gefährlichen polycyclischen aromatischen Kohlenwasserstoffen (PAK) oder sogar mit polychlorierten Biphenylen (PCB) belastet ist. In diesem Fall sollten Sie eine Laboruntersuchung in Auftrag geben, wie sie auch die Stiftung Warentest durchführt (→ Seite 188). Ggf. muss das Parkett fachmännisch saniert werden. Nähere Informationen dazu finden Sie in den Ratgebern „Gesund wohnen – Schadstoffe beseitigen“ der Verbraucherzentralen und „Wohnen ohne Gift“ der Stiftung Warentest (→ Seite 190).

2

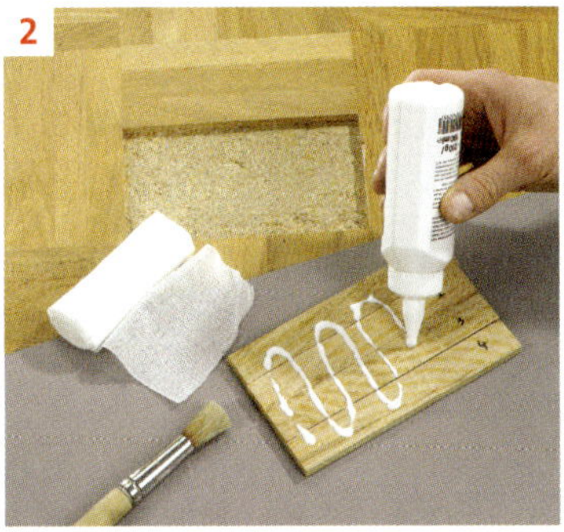

3

4

Die losen Stäbe fügen Sie auf einer Unterlage aus dünner Gaze und etwas Parkettkleber wieder zusammen. **2** Danach werden der Estrich mithilfe eines Zahnspachtels ebenfalls mit Parkettkleber eingestrichen und die Parkettstäbe oder -riemen wieder eingefügt. **3**

Um die Verklebung zu festigen, müssen Sie das Ganze beschweren. Am besten nehmen Sie dafür Zeitschriftenstapel oder Ziegelsteine auf einer Unterlage aus alten Tüchern oder einem Brett. **4**

Austretenden Kleber müssen Sie sofort mit einem fusselfreien feuchten Tuch aufnehmen. Wenn sich dennoch später Schlieren zeigen sollten, können Sie diese mit speziellem Leimentferner beseitigen. Nach der für den Kleber angegebenen Trockenzeit müssen die wiederverlegte Fläche und ihre Übergänge zum alten Boden noch abgeschliffen und mit Oberflächenbehandlungsmittel versehen werden (→ „Renovieren der Oberfläche“, Seite 92). **5** **6**

5

6

Behebung von Feuchteschäden

So wird 's gemacht

Oft kommt es vor, dass durch wiederholte oder dauernde **Durchfeuchtung** nicht nur das Parkett, sondern auch der Unterboden geschädigt worden ist. In einem solchen Fall müssen Sie als Erstes die Ursache abstellen, also zum Beispiel das undichte Fenster oder die undichte Terrassentür abdichten (→ „Fenster“, Abschnitt „Abdichten“, Seite 33 f., bzw. „Haustüren abdichten“, Seite 44 f.). Lösen Sie dann vorsichtig die Parketthölzer vom Untergrund und säubern Sie alles gründlich. Achten Sie dabei auf die Farbe und die Konsistenz

1

des alten Klebers (→ Sicherheitstipp, Seite 88). Eventuell müssen Sie den Estrich nach dem vollständigen Abtrocknen noch mit etwas Fließspachtel glätten. Ist das Parkett genagelt, müssen Sie den Zustand der Querlattung prüfen. Sollte die durch die Feuchtigkeit ebenfalls beschädigt sein, muss sie ausgeschnitten und durch eine gleich dicke Sperrholzschicht ersetzt werden. Sie können sie ggf. mit Montagekleber befestigen. Danach kleben Sie die Parkettstäbe mit Kontaktkleber wieder an ihren alten Ort. Benutzen Sie dafür am besten einen Zahnspachtel mit feiner Zahnung. Achtung: Arbeiten Sie wegen der Lösemitteldämpfe aus dem Kleber stets bei geöffnetem Fenster! Wenn der Kleber keine Fäden mehr zieht, passen Sie die Stäbe ein und klopfen sie mit einem Gummihammer fest. Legen Sie dazu ein gerades Stückchen Holz dazwischen, um das Parkett nicht zu beschädigen. **1**

Kleine Fugen oder Schäden können Sie mit speziellen farblich angepassten Reparaturharzen oder Wachsstiften beseitigen. Wenn der Kleber getrocknet ist, müssen Sie die neue Oberfläche noch abschleifen und behandeln (→ Seite 82 ff.).

dauerhaft

Werkzeuge

- Walzenschleifmaschine (ausleihen)
- Seitenschleifer (ausleihen)
- Rotationsschleifmaschine (ausleihen)
- Ziehklinge
- Staubmaske für Feinstaub (Filter P2)
- Staubsauger
- breiter Ziehspachtel
- ggf. Hammer und Versenker bzw. Schraubendreher

Verbrauchsmaterialien

- Schleifpapiere in Körnungen von P 30 bis 50, 60, 100, 150 bis 200
- Staubmaske für Feinstaub (Filter P2)
- Abdeckfolie

Renovieren der Oberfläche

Wenn Schäden großflächig auftreten, wie zum Beispiel eine durchgelaufene Beschichtung, eine verkratzte Oberfläche oder durch schwere Möbel verursachte Dellen, dann hilft nur noch Abschleifen. Soweit es sich bei Ihrem Holzfußboden nicht um eine Nachahmung mit Laminatoberfläche oder um einen so genannten Fertig- oder Feinholzboden mit dünnem Furnier handelt, lässt er sich mindestens zwei- bis dreimal renovieren. Die dafür erforderlichen Maschinen können Sie in einem Baumarkt oder bei speziellen Verleihfirmen ausleihen (→ Seite 13).

So wird 's gemacht

Vorbereitung

Räumen Sie den betreffenden Raum aus und decken Sie in den benachbarten Räumen die Böden und Möbel mit Folie ab. Falls der Holzboden mit einem Teppichboden überklebt ist, nehmen Sie diesen auf (→ „Alte Beläge", Seite 56). Entfernen Sie grob eventuelle Reste von Teppichrücken, Kleber und Fließspachtel. Entfernen Sie auch die Fußleisten und eventuelle Übergangsschienen zu den Nachbarräumen sowie alle überstehenden Schrauben und Nägel, oder versenken Sie sie mit dem Hammer und einem Versenker mindestens zwei Millimeter tief. **1** Dabei ist große Sorgfalt erforderlich, weil sonst unweigerlich die Walze der Schleifmaschine beschädigt wird.

Kleben Sie eventuell lose Parketthölzer wieder ein (→ Seite 88). Erst im Anschluss an die Trocknungszeit des Klebstoffs können Sie mit dem Abschleifen beginnen.

Grobschliff

Tragen Sie beim Schleifen immer eine Staubmaske für Feinstäube (P2)! Holzstaub steht im Verdacht, Krebs zu erzeugen. Für Eichen- und Buchenholzstaub ist das nachgewiesen! Der erste Schliff wird mit einem Schleifpapier der Körnung 30 oder 50 auf der Walzenschleifmaschine vorgenommen. Beginnen Sie in der Mitte des Raumes und schleifen Sie bei Dielen oder Parkett mit einheitlicher Faserrichtung in Bahnen entlang dieser Richtung. **2**

Bei kreuzweise verlegten Parkettstäben oder Fischgrätenparkett schleifen Sie dagegen in einem Winkel von etwa 45° diagonal zu den Parkettstäben. Die Bahnen sollen sich dabei immer zur Hälfte überlappen. Bewegen Sie die Schleifmaschine stets in der einen Bahn vor- und in der nächsten rückwärts. Bleiben Sie dabei nicht mit der laufenden Maschine stehen, sonst wird an der betreffenden Stelle eine Delle in den Boden geschliffen.

Tipp

Achten Sie darauf, rechtzeitig das Schleifpapier zu wechseln!

Nach dem Grobschliff sollten alle alten Rückstände, Lackschichten, Unebenheiten und Riefen beseitigt sein. Mit dem Bandschleifer kommt man nicht bis an die Wände heran, sodass Sie die Ränder mit dem Seitenschleifer und einem Schleifpapier gleicher Körnung bearbeiten müssen. **3**

Für Ecken können Sie eine Ziehklinge verwenden. Sie wird gerade so hart aufgesetzt, dass sie die Beschichtung durchstößt. Dann ziehen Sie die Oberfläche in Richtung der Holzfasern ab. Am Schluss entfernen Sie den Staub sorgfältig mit einem Staubsauger.

1

Zweiter und dritter Schliff

Wiederholen Sie die gesamte Prozedur mit Schleifpapier feinerer Körnung (60er). Falls Sie die Maschine beim ersten Schliff diagonal geführt haben, so müssen Sie dies nun ebenfalls tun, jedoch rechtwinklig zur ursprünglichen Richtung.

Schleifen Sie ein drittes Mal mit 100er Schleifband in der gleichen Weise, wie Sie den ersten Schliff durchgeführt haben.

Verspachteln

Bei Parkettboden verschließen Sie nach abermaligem Staubsaugen alle breiteren Fugen und Risse mit einem Fugenspachtel, den Sie selbst aus Schleifstaub (aus dem Staubsack der Maschine) und lösemittelarmer Parkettversiegelung anrühren. **4**

Besonders glatt und schön wird der Boden, wenn Sie ihn im Anschluss daran vollflächig mit einem Spachtel kreuzweise verspachteln. Achtung: Bei Dielen werden nur Fehlstellen, nicht aber die Zwischenräume verspachtelt! **5**

2

3

4

5

6

Feinschliff

Etwa eine halbe Stunde nach dem Spachteln des Bodens können Sie mit dem Feinschliff beginnen. Dafür wird die Rotationsschleifmaschine mit einem Schleifpapier der Körnung 150 bis 200 eingesetzt. Bei kreuzweise verlegten Parkettstäben und Fischgrätparkett führen Sie die Maschine beim abschließenden Feinschliff wiederum um 90° gedreht. Bei Dielen oder Parkett mit einheitlicher Faserrichtung schleifen Sie jetzt wieder in Richtung der Holzmaserung. 6

Bei Dielenböden müssen Sie anschließend die Stoßfugen mit Fugenkratzer und Staubsauger gründlich säubern, damit beim Versiegeln der Oberfläche kein Staub stören kann.

Anschließend muss noch die Oberfläche behandelt werden. Anleitungen zu den verschiedenen Methoden finden Sie unter „Holzböden behandeln" (Seite 82 f.).

Tipp

Um den Druck der Maschine auf den Boden zu verstärken, können Sie ein Metallgewicht auf den Motorblock stellen. Achten Sie aber darauf, dass es nicht herunterfällt!

Treppen

Mehr als alle anderen Fußbodenbereiche sind Treppen besonderen Beanspruchungen ausgesetzt. Zugleich werden an sie besondere Sicherheitsanforderungen gestellt.

Belagmaterialien

Aufgrund ihrer extremen Verschleißfestigkeit sind Stufen aus Naturstein oder Treppenbeläge aus keramischen Fliesen besonders gut geeignet. Allerdings treten diese Materialien optisch deutlich hervor und können daher nur begrenzt eingesetzt werden. Außerdem können sie sehr glatt sein – besonders in feuchtem Zustand. Vorkehrungen gegen Ausrutschen, wie Rillen, Noppen, Einfräsungen oder Gummiprofile, sollten von vorne herein eingeplant werden.

Wer den Boden eines Raumes mit Holz oder Fertigparkett belegt hat, möchte vielleicht gern das gleiche Material als Treppenbelag weiterführen. Wie man eine alte Treppe entsprechend ausstattet, können Sie im Folgenden lesen. Allerdings sollte die Holzoberfläche wegen der starken Beanspruchung möglichst hart versiegelt sein. Auch besonders widerstandsfähiges Laminat ist als Belag gut geeignet. Es lässt sich allerdings nicht durch Abschleifen renovieren.

Wer will, der kann sich die Treppenstufen auch mit dem besonders strapazierfähigen Linoleum belegen lassen. Die heute erhältlichen Dessins in Verbindung mit einer fachmännisch ausgeführten Verarbeitung erfüllen auch höhere ästhetische Ansprüche.

Bei Teppichböden ist man hinsichtlich Treppen in der Produktauswahl eingeschränkt. Auf jeden Fall muss der Belag gemäß Teppichsiegel „stark" oder sogar „extrem" strapazierfähig sein. Für Treppen geeignete Auslegware ist entsprechend gekennzeichnet. Häufig ist Nadelvlies gut geeignet. Wegen der Rutschgefahr sollte ein Belag auf Treppen nicht lose verlegt werden. Zumindest sollte doppelseitiges Teppichklebeband in Streifen an den Kanten der Tritt- und der Setzstufen angebracht werden.

Treppen Fortsetzung

Holztreppen sanieren

Knarrende Geräusche und ausgetretene Trittstufen sind die häufigsten Symptome alter Holztreppen. Mit einfachen Mitteln lässt sich die sichere – und geräuschlose – Funktion wiederherstellen.

Das Knarren einer Treppe rührt von Spalten zwischen den waagerechten Tritt- und den senkrechten Setzstufen her. Identifizieren Sie solche Stellen, indem eine Person langsam die Treppe begeht, während eine zweite beobachtet, wo sich das Holz bei Entstehen der Geräusche bewegt.

Schneiden Sie passende Holzkeile zu und schieben Sie sie mit Holzleim versehen in die betreffenden Spalte ein. Sind die sehr schmal, so genügen eventuell jeweils zwei Holzschrauben, im spitzen Winkel zueinander eingedreht.

Eine andere Möglichkeit ist das Auseinandertreiben der Spalten mit Holzkeilen und das Einspritzen von Montagekleber auf Silikonbasis oder Acryl-Dichtmasse (im passenden Holzton). Lassen Sie sie vor dem Entfernen der Keile gut durchtrocknen (Herstelleranleitung beachten)!

Ausgetretene Trittstufen können entweder komplett ausgetauscht oder mit einem neuen Belag versehen werden. Für den Austausch müssen die alten Trittstufen zunächst entfernt werden. Sie dienen in Form und Material als Vorlagen für die neuen Stufen, die Sie sich entweder beim Schreiner zuschneiden lassen oder auch selbst mit einer Stichsäge passend zurechtsägen können.

Sollte es sich bei der Stufenbefestigung um eine komplizierte Verbindung handeln (genutet und gefedert oder gefälzt), so ist es häufig sinnvoll, die Herstellung und Befestigung einem Profi (Schreiner) zu überlassen.

Einfacher als der Austausch ist das Belegen der alten Trittstufen mit Holz oder Fertigparkett. Dazu benötigen Sie ein handelsübliches Renovierungssystem, bestehend aus Aluminiumprofilen mit Abdeckungen aus Vollholz.

Belassen Sie die Trittstufen an ihrem Ort und entfernen Sie eventuell vorhandene Beschläge, Blechtrittkanten und Beläge. Fertigen Sie dann aus Papier oder Pappe für jede Trittstufe eine Schablone an. Achtung: Abgerundete Stufenkanten müssen zuvor mit einer Stichsäge gekappt oder mit einem Elektrohobel geglättet werden, **1** um eine gerade Front herzustellen! Die Konturen der Stufen übertragen Sie auf Holzdielen oder Fertigparkettelemente und sägen Sie mit einer Stichsäge aus. **2** Dann werden die Beläge mit mehrfach punkt- oder wellenförmig auf die Trittstufen aufgebrachtem Montagekleber auf „ihre“ jeweilige Stufe aufgelegt und mit leichtem Hin- und Herschieben fest angedrückt. Der Montagekleber sorgt für einen Ausgleich von Unebenheiten. **3** **4**

Sicherheitstipp

Damit keine Stolperfallen entstehen, sollten Sie alle Stufen der Treppe in gleicher Weise bearbeiten. Die erste Steigung darf nicht um mehr als 15 mm erhöht werden und die oberste Stufe muss bündig zum Fußboden anschließen!

1

2

3

4

Treppen Fortsetzung

5

6

7

8

Die Setzstufen messen Sie aus, 5 sägen nach diesen Maßen ihre Abdeckungen – wie schon bei den Trittstufen – aus Holzdielen oder Fertigparkettelementen zurecht und kleben sie mit Montagekleber auf die jeweilige Setzstufe auf. 6 Die Aluminiumprofile werden auf die Breite der jeweiligen Stufe zugesägt und an der vorderen Kante der Trittstufe angeschraubt. 7 Abschließend setzen Sie die dazu gehörende Blende auf. 8

Ökologischer Vergleich glatter Bodenbeläge

	Naturstein	Keramikfliesen	Linoleum	PVC	Holzböden	Laminat/ Fertigparkett	Gummi (synthetisch)	Kork
Energieverbrauch *	mittel – hoch **	hoch	mittel	mittel	gering – mittel **	mittel	mittel	mittel
Ressourcenverbrauch	gering	gering	gering	hoch	gering ***	mittel	mittel	gering
Umweltbelastung durch Schadstoffe	gering – mittel **	hoch	mittel	hoch	gering	mittel – hoch	hoch	gering – mittel **
Haltbarkeit/ Reparierbarkeit	sehr hoch	sehr hoch	hoch	mittel	hoch – sehr hoch	hoch	mittel	mittel – gering
Entsorgung	gut	gut	mittel – gut	schlecht	sehr gut	mittel – gut	mittel	mittel – gut
Raumluftbelastung	gering	gering	gering – mittel	mittel	gering – mittel	gut – mittel	mittel – hoch	gering – mittel

* bei Herstellung und Transport ** je nach Herkunft *** nur für nachhaltig gewonnenes Holz

Textile Bodenbeläge

behaglich
leicht zu verwirklichen

Textile Bodenbeläge sind im Wohnbereich das bevorzugte Material. Sie sind fußwarm, dämmen Trittschall und vermitteln im Allgemeinen ein Gefühl von Behaglichkeit. Im Hinblick auf ihre Lebensdauer sind sie allerdings für die meisten Zwecke nicht die erste Wahl. Was die mögliche Beeinträchtigung des menschlichen Wohlbefindens oder der Gesundheit betrifft, gibt es bislang nur wenige Erkenntnisse darüber, welche Stoffe oder Einflüsse hier eine größere Bedeutung haben. Sicher ist aber, dass Geruchsstoffe eine sehr große Rolle spielen. Ebenfalls sicher ist, dass neben der eigentlichen Nutzfläche auch das Rückenmaterial eines Bodenbelags und die Art der Verlegung in Verbindung mit dem Untergrund ebenfalls eine große Bedeutung für das Ausgasen von Gerüchen und flüchtigen Verbindungen haben. Die STIFTUNG WARENTEST hat 50 Teppichböden auf Gerüche, Raumluftbelastungen und Schadstoffe überprüft (test 7/2002). Das Ergebnis: Mindestens jeder dritte Boden roch auch nach vier Wochen noch unangenehm. Gefahren für die Gesundheit bargen die Teppiche meist jedoch nicht. Allerdings enthielten einige Teppiche hohe Mengen problematischer Substanzen, darunter das Mottenschutzmittel Permethrin.

An erster Stelle steht jedoch die Frage nach der **Eignung**. Welche textilen Beläge sollte man in welchen Räumen verlegen?

Für **Hausstauballergiker** gibt es zwei gültige Regeln:

- Wenn Sie sich zutrauen, Ihren glatten Fußboden jeden Tag zu reinigen, davon jedes zweite Mal feucht, dann sollten Sie ganz auf textile Böden verzichten. Im Vergleich zu glatten Böden sammeln sich in einem Teppich bei gleicher Reinigungshäufigkeit wesentlich mehr Staub und Milbenkot an.
- Tun Sie das nicht, ist für Sie ein kurzfloriger Teppichboden aus Polyamid die erste Wahl. Im Gegensatz zu glatten Belägen hält er den Staub fest und verhindert sein Aufwirbeln. Milben finden außerdem in diesem Material schlechtere Lebensbedingungen vor als in Wollteppichen.

Auf einer **Fußbodenheizung** ist ein entsprechend gekennzeichneter textiler Belag zwar geeignet, aber nicht optimal, da seine guten Dämmeigenschaften die Heizleistung schmälern.

Ähnliches gilt für die Eignung für **Feuchträume**, **Küchen** oder als Belag in **Werkräumen**. Die dafür nötige Feuchtigkeits- und Schmutzunempfindlichkeit wird bei synthetischen Belägen oft mit einem erhöhten Chemieeinsatz erreicht.

Nicht unmöglich ist die Verwendung **für stark beanspruchte Bereiche, wie Flure und Treppen**. Jedoch bilden sich nach einiger Zeit Laufstraßen. Deshalb wird ein Belag dort in den meisten Fällen nicht sehr alt.

Produktübersicht textile Bodenbeläge

Bodenart	Material	Eigenschaften	Preis pro m²
Teppichboden			
Kunstfaser	Synthetik: Polyacryl, Polyester, Polyamid, Polypropylen	Strapazierfähigkeit: mittel bis hoch; pflegeleicht	ca. 10 bis 80 Euro (mit Verlegung ca. 15 bis 90 Euro)
Wolle	Wolle/Schurwolle	hoher Strapazierwert	ca. 30 bis 90 Euro (mit Verlegung ca. 50 bis 110 Euro)
Nadelfilz			
Synthetik	Polyacryl, Polyester	sehr hohe Strapazierfähigkeit	ca. 5 bis 20 Euro (mit Verlegung ca. 15 bis 30 Euro)
Tierhaar	Ziegen- und/oder Schafwolle	sehr hohe Strapazierfähigkeit	ca. 30 Euro (mit Verlegung ca. 45 Euro)
Pflanzenfasern			
Sisal/Aloe	Sisal/Aloe	sehr strapazierfähig; feuchtigkeitsempfindlich; schlecht zu reinigen	ca. 27 bis 50 Euro (mit Verlegung ca. 35 bis 90 Euro)
Kokos	Kokos	sehr strapazierfähig; feuchtigkeitsempfindlich	ca. 18 bis 35 Euro (mit Verlegung ca. 25 bis 50 Euro)

Mit den erwähnten Einschränkungen (Fußbodenheizung, gegebenenfalls Hausstauballergie) sind textile Beläge deshalb am ehesten für **Schlaf-, Wohn- und Kinderzimmer** geeignet. Eine Ausnahme stellen **Arbeitszimmer** dar. Hier kann unter Berücksichtigung der Strapazierfähigkeit (Stuhlrolleneignung) gegebenenfalls ein Nadelvlies-Belag verlegt werden (auch über einer Fußbodenheizung). Beläge aus Pflanzenfasern sind relativ hart und deshalb nicht gut für die Zimmer kleinerer Kinder geeignet.

Textile Beläge auswählen

Bei der Auswahl eines Teppichbodens sollten Sie auf die folgenden Aspekte achten:

Eignung

Treffen Sie Ihre Wahl in erster Linie unter dem Aspekt der optimalen Eignung. Ebenso wenig, wie Sie lange Ihre Freude an einem Belag haben, der zu wenig aushält, ist es sinnvoll, zu hohe Ansprüche an die Strapazierfähigkeit zu stellen: Sie geht fast immer mit einer höheren Umweltbelastung bei der Produktion oder mit einer verminderten Behaglichkeit einher. Auskunft darüber, welche Ansprüche Sie an einen textilen Belag stellen können, gibt ihnen das Siegel der Europäischen Teppichgemeinschaft, das sich auf der Rückseite des Belags befindet. Eine „normale” Strapazierfähigkeit reicht für die meisten Räume einer Wohnung oder eines Hauses, auf jeden Fall aber für das Wohn- und das Kinderzimmer völlig aus. Im Schlafzimmer genügt auch eine

„geringe" Strapazierfähigkeit, während man im Arbeitszimmer – je nach Nutzung – schon einmal eine „starke" Belastung erwarten kann. In Fluren oder auf Treppen sollten Sie auf jeden Fall einen „starken" bis „extremen" Strapazierwert veranschlagen. Für Treppen gibt es speziell gekennzeichnete Auslegware. Bedenken Sie auch, dass ein empfindlicher Belag in einer hellen Farbe eher erneuert werden muss als ein farblich gedeckter, und zwar besonders dann, wenn sich letzterer zudem gut reinigen lässt.

Aussehen

Stellen Sie sich beim Kauf die Frage, ob Ihnen der Belag in zehn Jahren noch gefallen wird. Jeder allzu modische Belag läuft Gefahr, noch vor Ablauf seiner Lebensdauer ersetzt zu werden. Das gilt insbesondere für ungewöhnliche Farben und auffällige Muster.

Rückenmaterial

Bevorzugen Sie Bodenbeläge ohne Rückenbeschichtung oder mit einem textilen Zweitrücken. Sie reduzieren damit das Risiko von Ausdünstungen. Außerdem können solche Beläge mechanisch befestigt (verspannt oder mit Verlegenetz) und müssen nicht verklebt werden, womit eine Luftbelastung durch den Kleber vermieden wird. Der geringere Gehkomfort kann durch das Unterlegen von Filzpappe oder Wollfilz ausgeglichen werden.

Einige Materialien sollten Sie aus ökologischen oder gesundheitlichen Gründen meiden. Das gilt besonders für PVC. Anders als bei den glatten wird es bei den textilen Bodenbelägen nicht als Oberfläche eingesetzt, sondern kommt als Rücken zum Einsatz. Das betrifft insbesondere selbstliegende Teppichfliesen mit so genannter Schwerbeschichtung.

Wolle/Tierhaare

Die Nutzschicht von Wollteppichen besteht aus nachwachsenden Rohstoffen, was umweltschonend ist. Dem stehen jedoch die oft langen Transportwege (zum Beispiel von Neuseeland) und energieaufwändige Färbeprozesse gegenüber. Die meisten Wollteppiche sind mit einem chemischen Mottenschutz, etwa Permethrin, ausgerüstet (zum Beispiel alle mit dem Teppichsiegel). Zwar ergab eine Studie, dass von Permethrin im Teppich in der Regel keine Gefahr ausgeht. Für empfindliche Personen besteht aber weiterer Forschungsbedarf.

Wenn Sie auf Mottenschutzausrüstungen verzichten wollen, finden Sie entsprechende Beläge insbesondere bei den Herstellern von Naturprodukten. Sie sollten einen solchen Belag dann aber ständig auf Insektenbefall (Motten, Käfer) prüfen.

Kunstfasern

Bei Kunstfaserteppichen sollten Sie solche aus Polyamid oder Polyester bzw. Mischgewebe aus diesen Fasern gegenüber solchen aus Polyacryl bevorzugen. Sie verbrauchen bei der Herstellung wenig Energie und sind vergleichsweise strapazierfähig. Eine ökologisch besonders unproblematische Synthetikfaser ist Polypropylen. Allerdings muss man bei ihr zum Teil Abstriche hinsichtlich der Strapazierfähigkeit machen.

Pflanzenfasern

Bei Belägen aus Pflanzenfasern sollten Sie Kokos oder Sisal den weniger strapazierfähigen wie Aloe vorziehen. In der Vergangenheit gab es immer wieder Probleme mit Chemikalien, die das Material gegen Schimmel und Insekten schützen sollen (zum Beispiel PCP). Wenn Sie einen sicher unbelasteten Belag wollen, sollten Sie auf entsprechende Bestätigungen des Herstellers bzw. Importeurs achten.

Kleber

Lösemittelhaltige Teppichkleber sind nach dem Stand der Technik grundsätzlich überflüssig. Wenn sich ein Untergrund nicht für andere Verlegemethoden eignet (wie zum Beispiel Nadelfilz auf Holzböden), kann man ihn meist so vorbereiten, dass die Verklebung unnötig wird (in diesem Fall durch Verlegeplatten).

Da sich die Art des Teppichbodens bzw. des Untergrunds und die Verlegemethode wechselseitig beeinflussen, sollten Sie schon vor dem Kauf wissen, welche Möglichkeiten Sie haben. Die unten stehende Übersicht „Optimale Verlegetechniken für textile Bodenbeläge" kann Ihnen dabei helfen.

Sollte aufgrund der Bedingungen eine feste Verklebung notwendig sein, dann wählen Sie möglichst einen Belag, der mit einem lösemittelarmen Kleber verlegt werden kann. Optimal ist es, wenn der Kleber nach dem Kennzeichnungssystem der Gemeinschaft Emissionsarme Verlegewerkstoffe (GEV) mit der Bezeichnung EMICODE EC 1 (sehr emissionsarm) versehen ist (→ Seite 177).

Optimale Verlegetechniken für textile Bodenbeläge

Material	Untergrund		
	Kunststoffbelag, Linoleum, Stein/Fliesen	Holzdielen*, Parkett*, Spanplatten, ebener Estrich	fest verklebte und abgenutzte textile Beläge oder Nadelfilz
Planschaumrücken	1. Verlegenetz 2. Fixierer (Pulver)	1. Verlegenetz 2. Fixierer (flüssig)	1. Verlegenetz
Prägeschaumrücken	Verlegenetz		
Durchgewebt oder mit textilem Zweitrücken	1. Verspannen (durch Fachbetrieb) 2. Verlegenetz		Verspannen (durch Fachbetrieb)
Pflanzenfasern	Verlegenetz		
Nadelfilz	vollflächig verkleben (bei stark beanspruchten Flächen mit lösemittelfreiem und/oder sehr emissionsarmem Kleber)		

* Holzunterböden sollten auf ihre Wasserverträglichkeit getestet werden.

Anmerkung: Bei Raumgrößen von weniger als 20 m² und ohne Beanspruchung durch Stuhlrollen genügt die lose Verlegung (ggf. Teppichklebeband an den Rändern).

Geruch

Die meisten Teppichböden sollen nach spätestens vier Wochen ihren so genannten Neugeruch verloren haben. Wenn Sie aber einen Geruch absolut nicht ausstehen können, dann sind selbst vier Wochen eine lange Zeit. Außerdem ist es leider nicht sicher, dass die Belästigung dann auch wirklich aufhört. Sollten Sie diesbezüglich Ärger mit Ihrem Belag haben, hilft unter anderem das Deutsche Teppichforschungsinstitut (TFI), Aachen, bei der Reklamation, es führt dafür eine Geruchsprüfung einer eingesandten Probe durch. Wissenschaftliche Untersuchungen über die gesundheitlichen Auswirkungen von Verunreinigungen der Raumluft messen den Geruchsstoffen aus Bodenbelägen jedenfalls eine große Bedeutung zu.

Tipp

Wenn Sie einen Fachbetrieb mit dem Verlegen beauftragen, dann sollten Sie die Art der Verlegung und die dafür verwendeten Materialien zuvor schriftlich vereinbaren.

Öko-Label

Für textile Beläge gibt es eine ganze Reihe von Labeln, die Gesundheits- und Umweltverträglichkeit zusichern wollen. Diese erfassen nur definierte Teilaspekte der tatsächlichen ökologischen Wirkungen.

Die Kriterien, nach denen zum Beispiel das GuT-Zeichen „Teppichboden schadstoffgeprüft" (→ Seite 181) vergeben wird, setzen Standards hinsichtlich der Freisetzung bestimmter Schadstoffe. Dazu gehört auch eine Geruchsprüfung. Die Mitglieder des GuT sind Herstellerfirmen, so dass sich das Zeichen auf der überwiegenden Zahl der Teppichböden befindet. Als Abgrenzung zu schadstoffbelasteten Billigimporten kann es immerhin hilfreich sein. Allerdings ist bei den entsprechend gekennzeichneten Produkten die Verwendung problematischer Materialien wie PVC nicht unbedingt ausgeschlossen und eine Mottenschutzausrüstung ist sogar Voraussetzung für die Erteilung des Zeichens.

Seinerseits Voraussetzung ist das GuT-Siegel für die Vergabe des Teppichsiegels der Europäischen Teppichgemeinschaft oder seines Nachfolgers, des Certificate of Qualitiy. Beide berücksichtigen somit neben qualitiativen Aspekten auch Umwelt- und Gesundheitsbelange.

Als einziges Signet eines einzelnen Herstellers hat es „greenline" bisher zu einiger Bedeutung gebracht. Es erfüllt eine ganze Reihe ökologischer und gesundheitlicher Anforderungen. Beispielsweise wird PVC als Material ausgeschlossen.

Als Fazit lässt sich festhalten: Alle genannten Zeichen können eine zusätzliche Entscheidungshilfe beim Kauf sein.

Ein Teppichsiegel bietet zwar keinen sicheren Schutz, zum Beispiel vor unangenehmen Gerüchen. Aber die Siegel können bei Reklamationen hilfreich sein. Denn sie versprechen Eigenschaften, die eingehalten werden müssen. Ob das Siegel Ihre persönlichen Ansprüche an Ökologie und Gesundheit hinreichend widerspiegelt, müssen Sie selbst entscheiden. Lassen Sie sich gegebenenfalls beim Händler die jeweiligen Vergaberichtlinien erklären oder besser gleich schriftlich geben.

Tipp

Es tut einem Teppichboden nicht gut, wenn er geknickt wird. Falls Sie ihn also selbst transportieren wollen, so sollten Sie ihn um eine Papprolle wickeln lassen. Als Unterlage beim Transport auf dem Autodach kann eine Leiter dienen. So kommt der Teppich ohne Beschädigung zu Ihnen ins Haus.

Textile Beläge verlegen

Textile Beläge sollten Sie mit mindestens zehn Zentimeter Übermaß kaufen, damit Sie beim Verlegen keine Probleme bekommen.

Werkzeuge

- Teppichmesser
- Metallschiene (Teppichschiene) oder Stahllineal
- Zollstock
- Kantenschienen oder spezieller Kantenschneider
- Bohrmaschine
- robuste Schere

Verbrauchsmaterialien

- Klingen für Teppichmesser (Trapez und Haken)
- einseitiges Klebeband
- ggf. Holzleim
- Übergangsschienen nach Bedarf
- ggf. Fußleisten

Textile Beläge zuschneiden

So wird 's gemacht

Vorbereiten

Zunächst stellt sich die Frage, ob ein eventuell vorhandener alter Belag unter dem neuen liegen bleiben soll. Das ist immer dann möglich, wenn es sich bei dem alten Boden um einen relativ unbeschädigten glatten und fest verklebten Belag aus Linoleum oder PVC, Fliesen, Holz oder Stein handelt. Soll der Teppich verspannt werden, dann kann sogar ein kurzfloriger Teppichboden oder ein Nadelvlies-Belag liegen bleiben. Sie können in dem Fall auf eine extra Unterlage verzichten. Voraussetzung ist jedoch, dass der alte Boden vor dem Verlegen des neuen gründlich gereinigt wird, weil er sonst später unangenehm riechen kann (→ „Textile Beläge pflegen“, Seite 105).

Wenn Sie den alten Belag entfernen müssen oder wollen, finden Sie eine entsprechende Arbeitsanweisung unter „Alte Beläge“ (→ Seite 56). Wird bei dieser Arbeit ein eventuell vorhandener Estrich beschädigt oder bleiben Reste darauf zurück, kommen Sie nicht umhin, den Untergrund vor der

Verlegeplan anfertigen

Zwei Gründe sprechen dafür, einen Verlegeplan zu erstellen, bevor Sie mit der Arbeit beginnen:

1. Sie wollen möglichst wenig Verschnitt haben.
2. Es sollen möglichst wenig Stoßfugen entstehen bzw. sie sollen unauffällig bleiben.

Zeichnen Sie den Grundriss des Raumes, den Sie auslegen wollen, maßstabsgerecht auf und markieren Sie die Hauptfensterfront. Das Verlegen beginnt immer an der Fensterseite, so dass die Breite des Belags der Breite der Fensterfront plus ca. zehn Zentimeter Zugabe entsprechen muss. Wenn der Raum so geschnitten ist, dass dadurch unnötig viel Verschnitt oder ungünstige Stoßfugen entstünden, dann kann der Belag auch parallel zur Fensterseite ausgelegt werden. In diesem Fall entspricht seine Länge der Breite der Fensterfront.

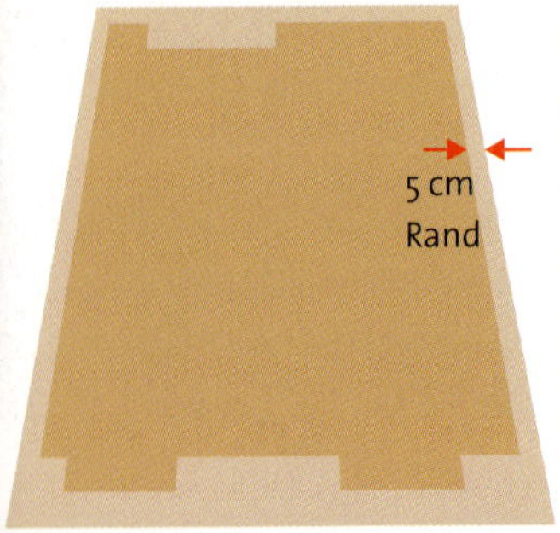

Versuchen Sie, Stöße möglichst so zu legen, dass sie später von Möbeln verdeckt werden. Auf keinen Fall sollten sie in stark strapazierten Bereichen zu liegen kommen. Berücksichtigen Sie beim Vermessen auch die Nischen in Türen, unter Fenstern oder an Heizkörpern. Sollte dadurch allzu viel Verschnitt entstehen, so können Sie weniger auffällige Nischen stattdessen nachträglich mit einem Reststück auslegen.

Bei Teppichen sollten Sie darauf achten, dass der Flor überall im Raum die gleiche Richtung hat. Berücksichtigen Sie das auch bei gleich ausgelegten Räumen, die aneinander angrenzen!

Beim Kauf des Bodenbelags sollten Sie auf alle Maße zehn Zentimeter zugeben, damit Ihnen nicht später irgendwo ein Stück fehlt.

Neuverlegung zu behandeln (→ „Untergrund vorbereiten", Seite 59).

Um sich unnötige Kosten und zusätzliche Arbeit zu ersparen, fertigen Sie unbedingt zu Beginn der Arbeiten einen Verlegeplan an. Wie man das macht, können Sie unter „Verlegeplan anfertigen" (→ Seite 100) nachlesen.

Grob zuschneiden

Schneiden Sie den Belag zunächst gemäß Ihrem Verlegeplan mit einer robusten Schere mit ca. drei bis fünf Zentimeter Übermaß an allen Seiten grob zu. Teppiche mit einem Flor aus Schlingen schneiden Sie am besten entlang einer Florgasse. Durchschneiden Sie nicht die Schlingen, sonst franst der Rand aus! Für langflorige Velours benutzen Sie ein Teppichmesser mit Trapezklinge. Schneiden Sie den Belag damit von der Rückseite aus durch. **1**

Legen Sie den Boden dann flächendeckend aus, so dass er parallel zu den Wänden – bei nicht rechtwinkligen Wänden parallel zu der Hauptfensterfront – ausgerichtet ist.

Wenn Sie mehrere Bahnen für das Auslegen eines Raumes benötigen, so sollten Sie sie um fünf bis zehn Zentimeter überlappend mit gleicher Richtung des Flors auslegen. Schneiden Sie dann mit dem Teppichmesser entlang einer Teppichschiene durch beide Bahnen hindurch. Die Schnittkanten werden nur so exakt aneinander passen. **2**

Achten Sie darauf, dass die Bahnen während des Schneidens genau parallel liegen und nicht verrutschen!

Tipp

Falls die Nähte auszufransen drohen, können Sie sie mit einem Gemisch aus Holzleim und Wasser im Verhältnis 1:1 an der Mittelschicht fixieren.

Am besten lassen Sie den Belag erst einmal über Nacht liegen, damit er sich akklimatisieren kann. Falls Sie ihn mit Fixierer oder Dispersionskleber befestigen wollen, erfolgt der Feinschnitt erst im Anschluss an den entsprechenden Arbeitsschritt. Lesen Sie in diesen Fällen bitte weiter unter (→ „Textile Beläge mit Fixierer verlegen", Seite 104, bzw. „Textile Beläge mit Dispersionskleber verlegen", Seite 105).

Passend zuschneiden

Arbeiten Sie beim Zuschneiden an den Wänden des Raumes entlang. **3** Machen Sie an den Ecken Entlastungsschnitte genau aus der Ecke heraus nach außen, so dass der Teppichboden ohne Falten zu werfen in die Kanten zwischen Boden und Wand hineinpasst. Drücken Sie den Belag fest in die Kante und schneiden Sie mit dem Teppichmesser daran entlang.

Es gibt dafür auch spezielle Kantenschienen, zwischen denen der Belag eingeklemmt und dann passgenau und gerade abgeschnitten wird. Voraussetzung ist eine absolut gerade Wand.

Noch einfacher geht es mit einem Kantenschneider für Teppiche. Er wird fest in den Winkel zwischen Boden und Wand gedrückt. Beim Führen an der Kante entlang schneidet ein eingebautes Messer den Belag.

1

2
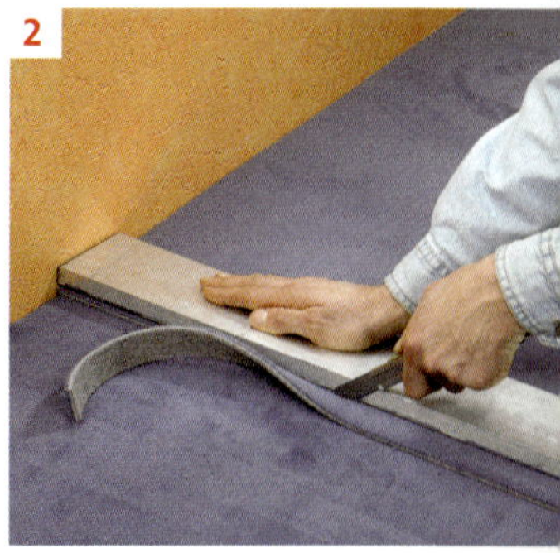

3
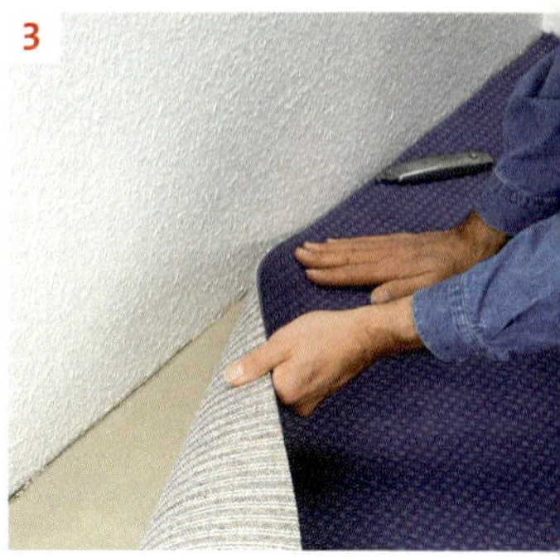

4

An Wandvorsprüngen schneiden Sie den Teppich vorsichtig genau an der Kante ein, bis er glatt am Boden anliegt. Dann erst werden die Kanten auf beiden Seiten geschnitten. **4**

Tipp

Verschnitt sollten Sie nicht einfach wegwerfen, sondern eine ausreichende Menge für eventuelle Reparaturen zurückbehalten (→ „Textile Beläge reparieren“, Seite 107).

Textile Böden lose verlegen

Verbrauchsmaterial

- doppelseitiges Teppichklebeband (wiederaufnehmbar)

Das lose Verlegen des Belags funktioniert nur bei Räumen mit weniger als etwa 20 Quadratmeter Grundfläche. Außerdem darf die Beanspruchung des Belags, beispielsweise durch Stuhlrollen, nicht zu groß sein. Bei Fußbodenheizung muss der Belag vollflächig verklebt werden, weil sich sonst isolierende Luftpolster bilden.

So wird ’s gemacht

Nach dem Zuschneiden des Teppichbodens (→ Seite 101) müssen Sie die Bahnen an Stoßkanten mit doppelseitigem Teppichklebeband am Untergrund ankleben. Dabei wird zunächst das Band mittig entlang der Stoßkante auf den Untergrund geklebt. Dann entfernen Sie die obere Schutzfolie und kleben zunächst die eine, dann die andere Bahn fest. Achten Sie dabei darauf, dass die Bahnen auf Stoß liegen.

Auch an den Rändern und vor allem in den Türen ist die Verwendung beidseitig klebenden Bandes zu empfehlen. Der Belag wird dadurch gegen Verrutschen gesichert. **1** **2**

Verwenden Sie dafür nach Möglichkeit wiederaufnehmbares Klebeband. Sie müssen sonst damit rechnen, dass beim späteren Entfernen der Estrich beschädigt wird!

1

2

Textile Beläge mit Verlegenetz verlegen

So wird 's gemacht

Verlegenetz oder Haftgitter ist als Bahnenware von etwa einem Meter Breite erhältlich. Es ist selbsthaftend und auf beiden Seiten mit einer Folie abgedeckt. Mit einer Schere können Sie die passenden Bahnen leicht zuschneiden. Ziehen Sie dann (nur!) die untere weiße Kunststofffolie ab und kleben das Netz am Boden an. **1**

Schlagen Sie den zugeschnittenen Belag (→ Seite 101) zur Hälfte um und entfernen Sie dann auf dem freigelegten Stück von dem Verlegenetz die obere Folie. Drücken Sie den Teppichboden darauf an und verfahren Sie bei der anderen Hälfte entsprechend. Beginnen Sie damit an der Hauptfensterseite. **2**

1

2

Tipp

Übrigens lässt sich später nicht nur der Teppichboden problemlos wieder aufnehmen. Auch das Klebenetz kann man leicht vom Untergrund ablösen und sogar wiederverwenden (es darf aber nicht mit sich selbst zusammenpappen!).

Ist der zu verlegende Teppichboden zu dünn, so zeichnet sich die Gitterstruktur ab. In solchen Fällen empfiehlt es sich, statt des Verlegenetzes einen mit Wasser anzurührenden oder einen flüssigen wasserlöslichen Teppichfixierer zu verwenden (→ „Textile Beläge mit Fixierer verlegen", Seite 104). Eine andere Möglichkeit ist, zwischen Verlegenetz und Teppichboden eine Zwischenlage aus Filzpappe oder Wollfilz zu verlegen. **3**

Damit wird zugleich eine bessere Wärme- und Trittschalldämmung erreicht. Darauf muss der Teppich allerdings mit Fixierer befestigt werden.

Wenn Sie den Teppich fixiert oder verklebt haben, müssen Sie jetzt nur noch die Ränder befestigen.

3
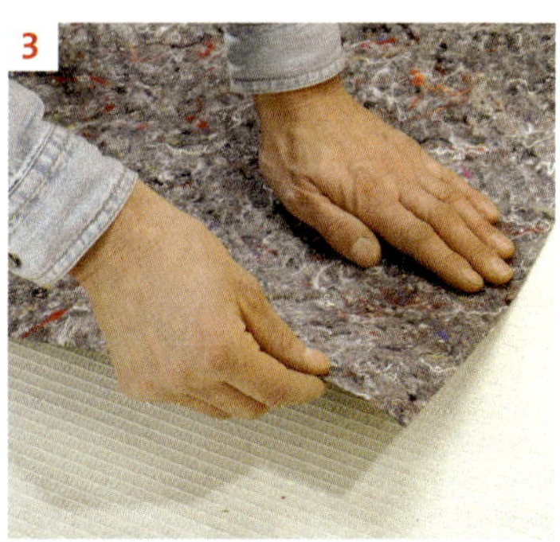

Werkzeug

- Schere

Verbrauchsmaterial

- Verlegenetz oder Haftgitter

Werkzeug

- Schaumstoffrolle

Verbrauchsmaterial

- Teppichfixierer (pulverförmig oder flüssig)
- ggf. Übergangsschienen
- ggf. Profilleisten

1

Textile Beläge mit Fixierer verlegen

So wird 's gemacht

Nachdem Sie den Teppichboden wie auf Seite 101 beschrieben zugeschnitten haben, rühren Sie pulverförmigen Teppichfixierer gemäß den Herstellerangaben mit Wasser an. Flüssiger Fixierer ist bereits gebrauchsfertig, jedoch können Sie nur bei pulverförmigen Fixierern völlig sicher sein, dass später keine Inhaltsstoffe ausgasen. Schlagen Sie den ausgelegten Teppich zur Hälfte zurück. Dann wird die Masse mit einer Schaumstoffrolle auf den Untergrund oder die Zwischenlage aus Filzpappe oder Wollfilz aufgetragen, der Teppich eingelegt und mit einer anderen Rolle gut angedrückt. **1**

Im Anschluss behandeln Sie die andere Hälfte entsprechend. Danach schneiden Sie den Belag rundherum passgenau zu.

Wo der Belag in den Türöffnungen zu angrenzenden Räumen endet, sollten Sie nach der Verlegung Übergangsschienen aus Metall anbringen. Achten Sie darauf, dass die Ausführung für das angrenzende Belagmaterial geeignet ist. Die Übergangsschienen werden meist im Set mit Dübeln und Schrauben verkauft. Die Übergänge liegen stets unter der (geschlossenen) Tür!

Etwas schwieriger sind Profilleisten zu handhaben, die den Übergang zwischen Belag und Fußleiste bzw. der Wand bilden. Wenn Sie sie nicht selbst zurechtschneiden wollen, messen Sie die erforderlichen Längen genau aus und notieren Sie dazu, wie das Ende gesägt sein soll (Winkel von 45°/Innen- oder Außenecke). Der Händler schneidet Ihnen die Leisten entsprechend zu.

durch Fachbetrieb

Textile Beläge verspannen

Das Verspannen ist eine handwerklich sehr anspruchsvolle Arbeit. Der Belag wird dabei auf Nagelleisten befestigt. Bestimmte Beläge mit einem Rücken aus Polypropylen können auch auf Leisten mit Klettbändern verspannt werden (achten Sie auf entsprechende Verlegehinweise!). Das Verspannen sollte nur von Fachleuten ausgeführt werden! Dadurch wird es zwar teurer als andere Verlegemethoden, man vermeidet aber vollständig den Einsatz von Klebern oder Fixierern und damit eine Belastung der Raumluft durch deren Inhaltsstoffe.

Nadelvlies mit Dispersionskleber verlegen

Eine vollflächige Verklebung mit lösemittelfreiem Dispersionskleber ist nur bei Nadelvlies auf stark beanspruchten Böden (zum Beispiel durch Stuhlrollen) oder auf Fußbodenheizungen erforderlich. Sonst kann Nadelvlies wie andere Teppichböden auf kleineren Flächen mit Teppichklebeband, auf größeren Flächen fixiert oder mit Verlegenetz verlegt werden.

Werkzeuge

- Zahnspachtel

Verbrauchsmaterialien

- lösemittelfreier Dispersionskleber (GISCODE D1 und/oder EMICODE EC 1)

So wird 's gemacht

Der Dispersionskleber wird nach dem probeweisen Auslegen und Zuschneiden des Belags nur abschnittweise auf den Untergrund aufgebracht Stückweise, weil er binnen ca. 30 Minuten abbindet. **1**

Dann wird der Kleber mit einen Zahnspachtel durchgekämmt. **2**

Das jeweilige Stück Untergrund wird dann mit dem Nadelvlies belegt und dieser gut angedrückt. **3** Abschließend werden die Fußleisten angebracht.

1

2

3
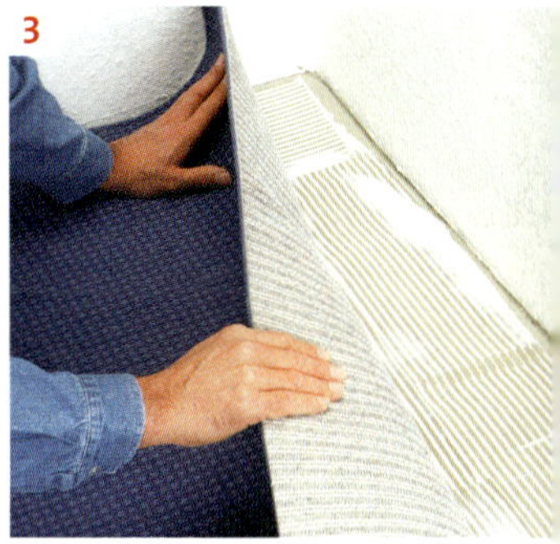

Textile Beläge pflegen

Die richtige Pflege leistet den größten Beitrag für eine lange Lebensdauer des Teppichbodens. Ganz besonders wichtig ist die regelmäßige und häufige Reinigung mit dem Staubsauger. Zum einen wird dadurch loser Schmutz entfernt, bevor er sich fest in die Faser hineintritt. Zum anderen werden scharfkantige Sandkörnchen aus dem Flor entfernt, die beim Begehen die Fasern zerstören können.

Bei den meisten Teppichböden kann die Reinigungswirkung durch die Verwendung von elektrischen Bürstvorsätzen verbessert werden. Wenn Ihr Staubsauger nicht über eine Anschlussmöglichkeit für ein solches Gerät verfügt, gibt es eine Ersatzlösung: Für alle gängigen Staubsauger sind auch Bürstvorsätze ohne Motor erhältlich.

Grundreinigung

Im Gegensatz zum Staubsaugen sollten Sie eine Grundreinigung nur wenn nötig vornehmen, nicht jedoch einzelner Flecken wegen; die beseitigt man am besten gezielt (siehe unten). Alle Grundreinigungen haben den Nachteil, dass die Anti-Schmutz-Imprägnierung des Teppichs herausgewaschen wird und er deshalb nach einer solchen Behandlung grundsätzlich leichter wieder anschmutzt. Von Sprays, mit deren Hilfe die so genannte Anti-Soiling-Imprägnierung wieder aufgebracht werden soll, ist aufgrund der Chemikalienbelastung abzuraten. Für die Grundreinigung eignet sich am besten das **Shampoonieren** mit speziellen Shampooniergeräten. Möglich ist auch die Behandlung mit einem Dampfreiniger. Beides geht bei lose verlegten oder lediglich fixierten Belägen leider nicht, weil der Boden dabei stark durchfeuchtet wird und dann Wellen schlägt. Auch Teppichböden mit einer Nutzschicht oder einem Zweitrücken aus Pflanzenfasern sollten Sie nicht shampoonieren! Sie laufen sonst ein.

Das zum Shampoonieren nötige Gerät können Sie zum Beispiel in Drogerien ausleihen. Sie zahlen lediglich das Reinigungsmittel und eine Ausleihgebühr. Allerdings bietet die Mehrzahl der Drogerien die einfacher zu bedienenden Sprühextraktionsgeräte an.

Das **Sprühextraktionsverfahren** ist ebenfalls für die Grundreinigung gut geeignet. Bei ihm wird Wasser mit Reinigungsmittel vermischt auf den Teppichboden aufgesprüht und im gleichen Arbeitsgang wieder aufgesaugt. Weil der Boden dadurch nur kurz und nicht sehr intensiv durchfeuchtet wird, eignet sich das Verfahren auch für mit wasserlöslichen Fixierern befestigte Beläge, die sich sonst ablösen würden. Ansonsten gelten die gleichen Verwendungsbeschränkungen wie beim Shampoonieren. Im Gegensatz zu jenem Verfahren besteht bei der Sprühextraktion aber die Gefahr, dass der Teppich später schneller wieder anschmutzt.

Bei allen textilen Belägen oder Verlegearten, für die sich die Sprühextraktion oder das maschinelle Shampoonieren nicht eignen (Pflanzenfasern in Nutzschicht oder Zweitrücken oder lose verlegt), bleiben Ihnen an effektiven Verfahren nur die mit **Sprühreiniger und Teppichschaum**. Reinigungspulver leisten demgegenüber wenig. Das Reinigungsmittel bzw. der Schaum muss mit einem Staubsauger möglichst vollständig – zum Beispiel mit einer Turbodüse – entfernt werden, damit nicht zurückbleibende Reste den Schmutz im Teppich festhalten können. Neutralreiniger ist hier ausnahmsweise unangebracht. Er hinterlässt einen klebrigen Film auf der Teppichfaser.

Fleckentfernung

Einzelne Flecken lassen sich um so besser entfernen, je frischer (feuchter) sie sind. Flüssigkeiten saugen Sie zunächst mit einem Lappen oder Papiertuch unter leichtem Tupfen auf. Versuchen Sie sie dann mit einem mit lauwarmem Wasser getränkten Lappen unter leichtem (!) Reiben zu entfernen. Erst danach sollten Sie dem Fleck mit dem aufgeschlagenen

Schaum von Feinwaschmitteln oder mit Teppichschaum unter kräftigerem Reiben von außen nach innen zu Leibe rücken. Achtung: Für Wollteppiche ist das Vorgehen nicht geeignet! Sie würden an der betreffenden Stelle verfilzen.

Fleckentferner ist das letzte der möglichen Mittel. Weil er möglicherweise die Farbe gleich mitentfernt, probieren Sie ihn am besten zunächst an einer Stelle aus, die man nicht sieht.

Textile Beläge reparieren

Über kurz oder lang bekommt jeder Teppichboden Druckstellen von Stuhlbeinen oder Möbelfüßen. Manchmal genügt es, wenn Sie die betroffenen Stellen mit einem Messerrücken oder etwas Ähnlichem gegen den Strich reiben, um so den Flor wieder aufzurichten. Mit einem Dampfbügeleisen geht es noch leichter. Durch den Dampf werden die Fasern weich gemacht. Anschließend kann man sie leicht mit einer harten Bürste wieder aufrichten.

Selbst hartnäckige Flecken oder Brandlöcher sind nicht unbedingt ein Grund dafür, einen Teppichboden auszurangieren. 1 5

Unabhängig von der Art seiner Verlegung lässt sich ausnahmslos jeder textile Belag reparieren. Die einzige Voraussetzung ist, dass Sie einige Stücke des Verschnitts zurückbehalten haben.

Werkzeuge

- Locheisen oder Teppichmesser
- ggf. Metallschiene

Verbrauchsmaterialien

- doppelseitiges Klebeband

1

So wird 's gemacht

Kleine Löcher oder Flecken können Sie mit einem Locheisen ausstanzen. 2

Bei einem verklebten Schaumrücken müssen Sie alle Reste vom Untergrund entfernen. Mit demselben Eisen wird ein Stück aus dem Reststück ausgestanzt und mit doppelseitigem Klebeband in der Lücke befestigt. 3

Achten Sie darauf, dass der Flor in der gleichen Richtung liegt! 4

2

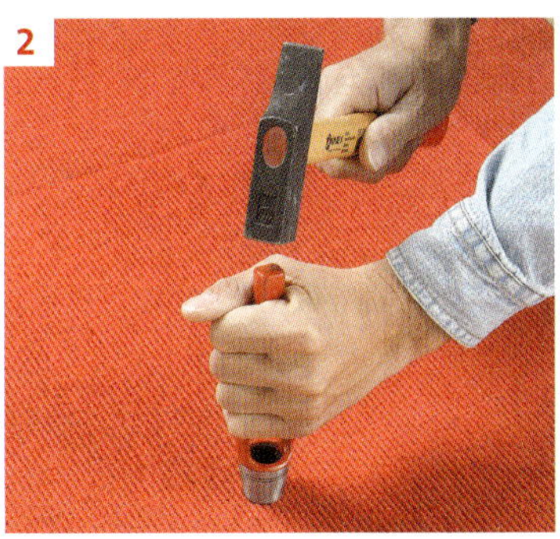

3

4

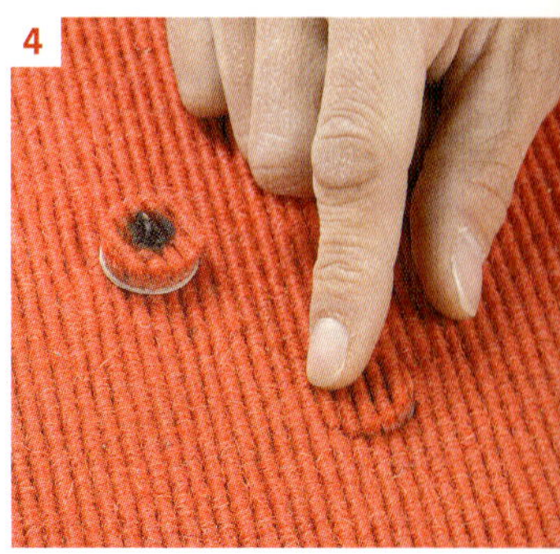

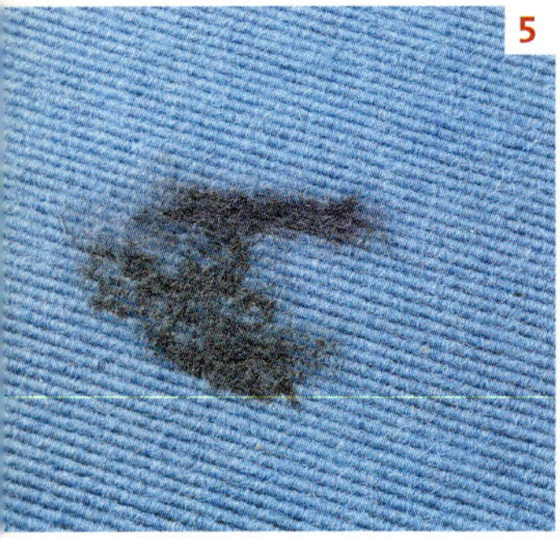

5

Bei größeren Schäden gehen Sie im Prinzip genauso vor. Runde Flicken können Sie zum Beispiel unter Zuhilfenahme einer Dose oder eines Topfdeckels mit einem Teppichmesser ausschneiden. Damit das neue Stück an den Rändern nicht ausfranst, sollten Sie die Schnitte auf einer harten Unterlage und mit einer scharfen Klinge durchführen. Bei rechteckigen Stücken legen Sie ein grob zugeschnittenes Reststück so auf die schadhafte Stelle, dass die Richtung des Flors übereinstimmt und auch die Schlingenreihen in einer Linie stehen. Dann schneiden Sie entlang einer Metallschiene mit dem Teppichmesser durch beide Beläge hindurch. **6**

So erhalten Sie ein exakt passendes neues Stück. **7** **8**

6

7

8

Kosmetik für die „Dritte Haut“ – Innenwände

Entscheidungsraster zum Renovieren von Wänden

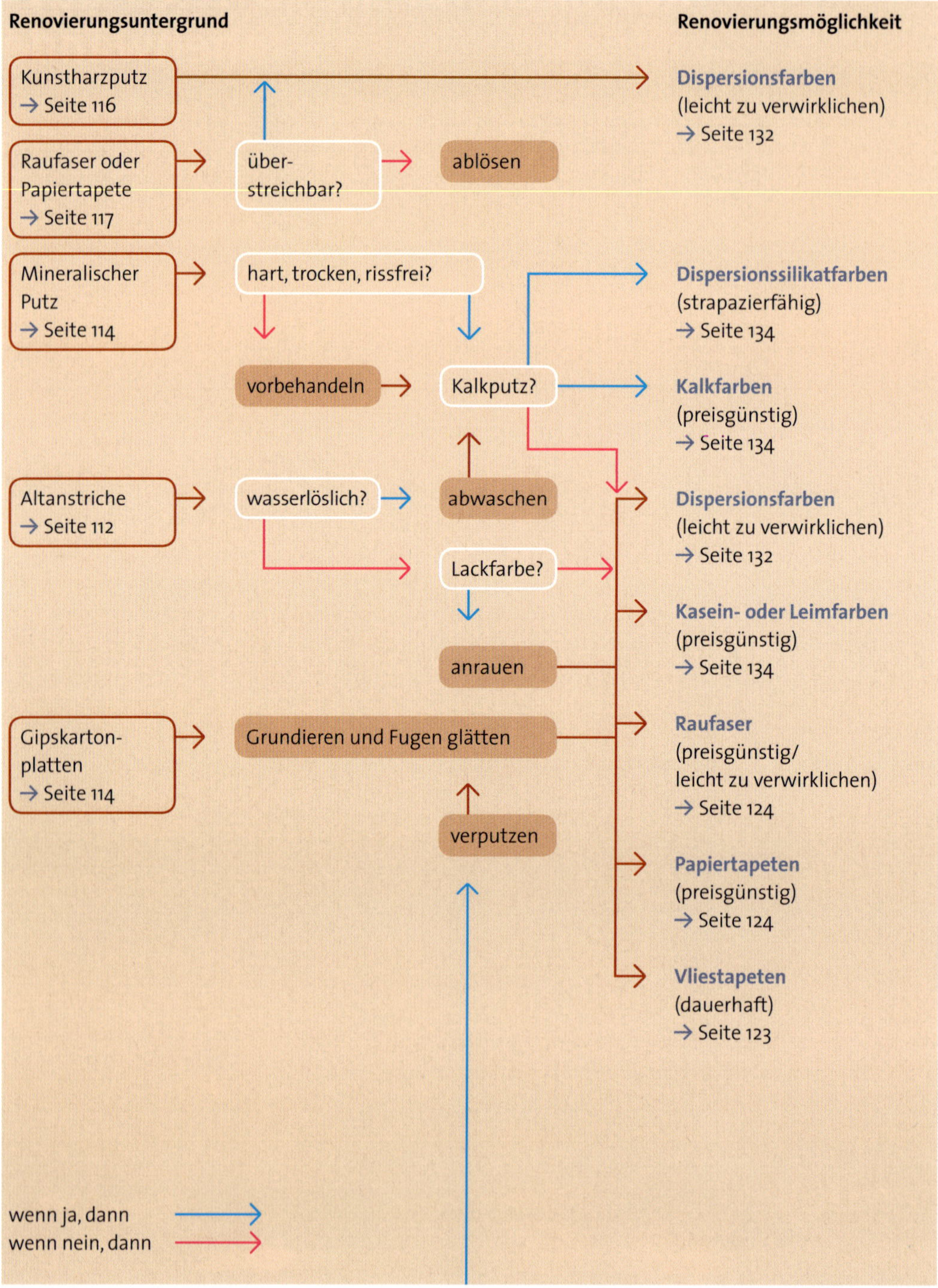

Entscheidungsraster zum Renovieren von Wänden Fortsetzung

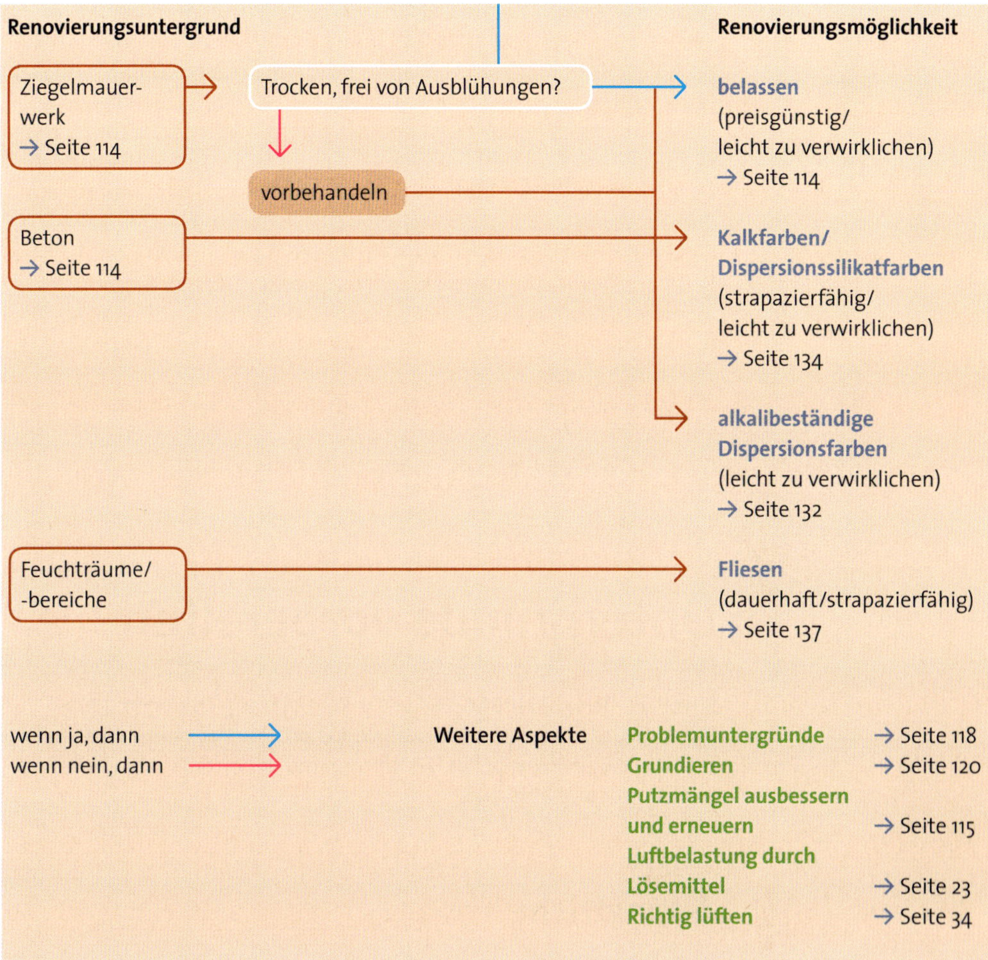

Bei der Renovierung der eigenen vier Wände kann man angesichts des unübersichtlichen Angebots leicht Probleme mit der richtigen Materialauswahl bekommen. Mit Hilfe des Entscheidungsrasters zum Renovieren von Innenwänden können Sie ermitteln, welche Möglichkeiten Sie bei welcher Untergrundbeschaffenheit haben und was Sie tun müssen, um zum gewünschten Ergebnis zu kommen. Am Anfang des Rasters finden Sie zusätzlich Verweise auf Texte, in denen die richtige Vorbehandlung des Renovierungsuntergrunds erläutert wird.

Die Wände sind von entscheidender Bedeutung für die raumklimatischen Bedingungen und die Luftqualität. Als größte Fläche eines Raums können sie besonders gut regulierend auf die Luftfeuchtigkeit wirken, indem sie überschüssige Feuchtigkeit aufnehmen und bei

Bedarf wieder abgeben (Speicherfähigkeit). Rein mineralische Untergründe, wie Ziegel, Beton oder mineralische Putze, sind diesbezüglich optimal. Beläge oder Beschichtungen können durch synthetische Bestandteile (Kunststoffe) die Speicherfähigkeit der Wände beeinträchtigen, und zwar um so stärker, je mehr sie die Oberflächen versiegeln.

Die Art eines Wandbelags oder -anstrichs ist von der Raumnutzung nicht sehr abhängig. Für normal genutzte Wohn- und Schlafräume reicht eine waschbeständige Dispersionsfarbe aus (Nassabriebbeständigkeit Klasse 3). Scheuerbeständige Dispersionen (Nassabriebbeständigkeit Klasse 2) eignen sich gut für stärker beanspruchte Räume, wie Bäder (nicht im Spritzwasserbereich), Flure und Kinderzimmer.

Sonderfälle sind Bereiche in Bädern und Küchen, die dauernder Befeuchtung oder spritzendem Fett ausgesetzt sind. Hier sollten Sie ausschließlich Fliesen einsetzen.

Für die verschiedenen Renovierungsmöglichkeiten finden Sie in den entsprechenden Abschnitten die passende Vorgehensweise. Wichtig für die Entscheidung ist der vorhandene Untergrund.

Untergründe vorbereiten

Bevor Sie sich auf eine Methode zur Renovierung festlegen, sollten Sie die Beschaffenheit des Untergrunds prüfen. Von seinem Zustand sind die Möglichkeiten der Gestaltung und der erreichbaren Nutzungsbeanspruchung abhängig.

Altanstriche

Nur selten findet man als Renovierungsuntergrund blanken Putz oder Mauerwerk vor. Wo nicht tapeziert wurde, sind die Wände meist gestrichen. Von der Art dieses Anstrichs ist es abhängig, wie Sie weiter vorgehen müssen.

Wasserlösliche Anstriche

Ob es sich bei einem alten Anstrich um eine wasserlösliche Leimfarbe handelt, lässt sich einfach durch eine Benetzungsprobe herausfinden: Schon kleinste Mengen Wasser durchfeuchten das Material und hinterlassen dunkle Flecken, die rasch aufquellen und mit dem Finger abreibbar sind. Heute werden Leimfarben nur noch selten verwendet. Sie lassen sich – außer wiederum mit Leimfarbe – weder überstreichen noch tapezieren. Vor jeder weiteren Behandlung müssen sie gründlich mit Wasser und Bürste oder Schwamm abgewaschen werden. **1**

Etwaige Reste bilden einen problematischen Untergrund, der nur mit lösemittelhaltigem Tiefgrund verfestigt werden kann (→ „Luftbelastung durch Lösemittel“ und „Analyse Lösemittel“, Seite 23).

Wasserunlösliche Altanstriche

Außer Leimfarben sind alle Anstriche wasserunlöslich. Sie haben es dann in der Regel mit einer Kunststoffdispersionsfarbe, waschfest oder scheuerbeständig (Latexfarbe) zu tun. Seltener findet man Naturharzdispersionen oder Dispersionssilikatfarben vor.

Wenn Sie einen wasserunlöslichen Altanstrich überstreichen oder darauf tapezieren wollen, müssen Sie ihn zunächst auf seine Tragfähigkeit testen. Ritzen Sie dazu ein kleinmaschiges Gitternetz in die Fläche. Kleben Sie ein Stück Klebeband darüber und reißen Sie es gleich wieder ab: Bleibt keine oder nur sehr wenig Farbe daran hängen, so ist der Untergrund ausreichend tragfähig. 2

Bei leicht kreidenden Altanstrichen können Sie 1:1 mit Wasser verdünnte Dispersionsfarbe als Grundierung verwenden (→ „Grundieren von Putzen“, Seite 120). Um festzustellen, ob der Anstrich kreidet, empfiehlt sich die Wischprüfung mit einem Lappen oder mit der Hand: Ist die Hand oder das Tuch leicht weiß, dann kreidet der Anstrich. 3

Bei blätternden oder rissigen Schichten müssen Sie lose Teile mit einem Spachtel abkratzen und die beschädigte Fläche anschließend mit Füllspachtelmasse wieder glätten (→ „Putze ausbessern und erneuern“, Seite 115). 4

Wenn sich zusammen mit dem Altanstrich der Putz ablöst, lässt sich eine Behandlung mit Tiefgrund nicht vermeiden. In diesem Fall kommen Sie jedoch mit lösemittelfreier Grundierung aus (→ „Grundieren mit Tiefgrund“, Seite 120).

Zu glatte Flächen, wie Lackierungen, müssen vor dem Streichen oder Tapezieren durch Schleifen angeraut werden. Schmutz, Fett oder Wachsreste entfernen Sie mithilfe von Spülmittellösung durch Abkratzen oder -bürsten (zum Beispiel mit Stahlwolle). 5

Ist die alte Beschichtung sauber, trag- und saugfähig, bildet sie einen idealen Untergrund für Farbanstriche oder Tapeten.

1
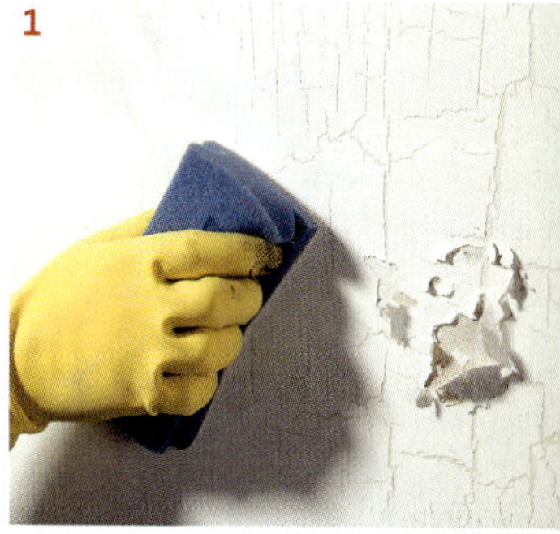

2

3
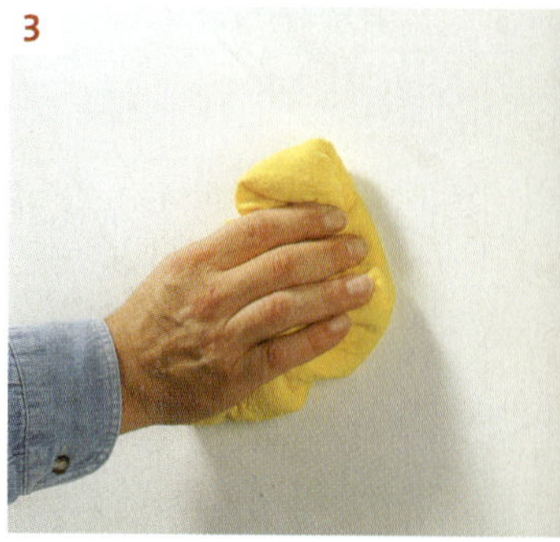

4

5

Mineralische Untergründe

Gipskartonplatten

Gipskartonplatten sind für alle Renovierungsarbeiten außer für Kalk- und Silikatfarben ein idealer Untergrund. Fugen und Schraubenlöcher müssen mit Spachtelmasse auf Gipsbasis glatt verspachtelt sein und dürfen sich nicht durchzeichnen. Obwohl bei neu verbauten Platten vielfach eine Behandlung mit lösemittelhaltigem Grundanstrichstoff empfohlen wird, reicht dafür auch Tiefgrund LF (= lösemittelfrei) oder sogar verdünnte Dispersionsfarbe aus.

Beton

Beton kommt als Anstrichgrund in Innenräumen nur gelegentlich vor, zum Beispiel als Raumdecke. Er ist immer stark alkalisch (→ Putze ausbessern und erneuern“, Seite 115). Als Anstriche kommen deshalb nur alkalibeständige Dispersionsfarben (→ Seite 132) oder Dispersionssilikatfarbc (→ Seite 134) in Frage. Sind noch Trennmittelrückstände, Sinterschichten (glänzende, harte Stellen) oder Ausblühungen vorhanden, dann überlassen Sie die Arbeiten am besten Fachleuten!

Ziegelmauerwerk

Die ökologisch sinnvollste Behandlung von Ziegelmauerwerk ist, es so zu lassen, wie es ist. Eine solche einzelne Wand vermittelt oft auch einen sehr ästhetischen Raumeindruck. Die hervorragenden Speicherfähigkeiten der Ziegel haben außerdem einen sehr positiven Einfluss auf das Raumklima. Für Kinderzimmer ist Mauerwerk allerdings nicht gut geeignet. Auch kann sich in den Querfugen Staub ansammeln (öfter mit dem Staubsauger reinigen).

Falls Sie es streichen wollen, muss das freiliegende Mauerwerk unbedingt trocken und frei von Ausblühungen sein. Andernfalls müssen Sie es trocknen lassen und dann abbürsten. Wenn es in einem sehr schlechten Zustand ist, sollte es mit einer lösemittelhaltigen Grundierung behandelt werden. Lassen Sie diese Arbeit von einem Fachbetrieb ausführen und lüften Sie danach gut und lange. Anstriche müssen wegen des Mörtels alkalibeständig sein und sollten diffusionsoffen sein, um die guten Speicherfähigkeiten nicht zu beeinträchtigen. In Frage kommen dafür spezielle Dispersionsfarben (→ Seite 132), Dispersionssilikatfarben (→ Seite 134) und Kalk-Weißzement-Farben (→ Seite 134). Zum Tapezieren müssen Sie das Mauerwerk zunächst verputzen bzw. verputzen lassen.

Mineralische Putze

Für Innenräume mit normaler Beanspruchung und mittlerer bis höherer Luftfeuchtigkeit, wie Küche und Bad, werden meist Gipsputze verwendet. Im Gegensatz zu Kunstharzputzen (→ Seite 116) nehmen sie Wasser rasch auf, erkennbar an dunklen Flecken. Um darauf tapezieren oder streichen zu können, müssen sie trocken und rissfrei, hart und normal saugfähig sein. Unebenheiten und Löcher müssen Sie mit Spachtelmasse auf Gipsbasis beseitigen. Gipsputze sind – gegebenenfalls vorbehandelt – für alle Anstriche außer (Dispersions-)Silikatfarben geeignet.

Frische Putze prüfen Sie vor dem Streichen am besten mit Indikatorpapier auf der angefeuchteten Fläche. Zeigt sich eine starke alkalische Reaktion (tiefe Blaufärbung), so muss eine Dispersionsfarbe alkalibeständig sein (→ „Flüssige Kunststoffdispersionen“, Seite 132). Das Gleiche gilt für die Abtönfarben (beim Händler nachfragen).

Im Gegensatz zu Gipsputzen sind Kalkmörtel- oder Kalkzementputze hervorragende Untergründe für Dispersionssilikatfarben (→ Seite 134).

Tipp

Kalkmörtel dürfen Sie nicht mit Gipsspachtelmasse ausbessern, wenn Sie später mit (Dispersions-)Silikatfarbe streichen wollen. Sie müssen in diesem Fall zum Auffüllen ebenfalls Kalkmörtel verwenden, sonst hält die Farbe nicht!

Putz ausbessern und erneuern

Eine gesamte Wandfläche so neu zu verputzen, dass eine glatte und ebene Oberfläche entsteht, erfordert einige Übung mit Kelle und Glätter. Falls Sie die nicht haben, lassen Sie diese Arbeit besser von einem Fachbetrieb ausführen. Kleinere Flächen oder Löcher und Risse können Sie auch selbst angehen.

Ein **weicher Putz mit Ausblühungen** war lang anhaltender Durchfeuchtung ausgesetzt. Er muss trocken und warm gehalten werden. Ausblühungen sollten Sie anschließend trocken abbürsten. Wird der Putz nicht mehr fest, so muss er vollständig erneuert werden.

Bei **nicht haftenden Anstrichen** fehlt möglicherweise der Grundanstrich, oder es hat sich eine Sinterschicht gebildet, die zunächst abgekratzt werden muss. Der Anstrich muss anschließend neu aufgebaut werden.

Soll auf tragfähigen, aber zu **stark saugenden Untergründen** tapeziert werden, genügt in den meisten Fällen ein Vorstrich mit verdünntem Kleister (→ „Grundieren stark saugender Untergründe“, Seite 120). Ob ein Untergrund zu stark saugt, können Sie mit etwas Wasser testen. Es verschwindet in einem solchen Fall praktisch sofort und hinterlässt scheckige Flecken.

Risse im Putz können bei seiner Verarbeitung entstanden sein oder aber bautechnische Ursachen haben. Im ersten Fall reicht es aus, die Risse aufzuweiten und mit Spachtelmasse auf Gipsbasis auszufüllen. **1** **2** (→ Seite 116)

Bei Setzrissen oder Ähnlichem ist es ratsam, dabei ein rissüberbrückendes Gewebeband mit einzuspachteln. Das Gebäude kann dann in gewissen Grenzen „arbeiten“, ohne dass die Risse wieder aufbrechen. Größere Schäden müssen allerdings von einem Fachbetrieb saniert werden.

Werkzeuge

- Gipsbecher aus Gummi oder Eimer
- Stoßspachtel oder Kelle
- je nach Flächengröße: Edelstahl-Glätter oder Japanspachtel
- ggf. Pinsel oder Streichbürste (zum Nachstreichen)

Verbrauchsmaterialien

- Füllspachtelmasse auf Gipsbasis oder Fertigspachtel (als Pulver zum Anrühren)
- ggf. Schleifpapier (Körnung P80)

1

2

3

So wird 's gemacht

Füllen Sie die gemäß Herstellerangaben benötigte Menge Wasser in ein Gefäß. Geben Sie dann so viel Pulver hinzu, dass nur noch an wenigen Stellen Wasser zu sehen ist. Lassen Sie es wenige Minuten einsumpfen, bevor Sie es zu einer homogenen klümpchenfreien Masse verrühren. Fügen Sie unter Rühren das restliche Pulver hinzu. Rühren Sie nicht unnötig darin herum, sonst wird die Masse wieder dünnflüssig!

Tipp

Setzen Sie nur so viel Masse an, wie Sie in einer halben Stunde verarbeiten können. Sie wird schnell hart. Um ein Gefühl für die Mengenverhältnisse und Ihr Arbeitstempo zu bekommen, kann es hilfreich sein, zuerst mit kleinen Mengen zu experimentieren.

Nehmen Sie eine Kelle bzw. einen Spachtel der Masse auf, streichen Sie sie auf Ihrem Glättwerkzeug zu einem Klumpen ab und ziehen Sie ihn mit leicht schräg gestelltem Glätter über die betreffende Wandstelle. **3**

Säubern Sie den Glätter mit der Kelle von Resten und ziehen Sie die aufgetragene Masse glatt ab. Sammeln Sie die Reste jeweils auf der Kelle für den nächsten Auftrag. Lassen Sie die Reste nie im Gefäß zurück! Die übrige Masse würde sofort erhärten. Auch müssen Sie vor jedem neuen Anrühren von Spachtelmasse Werkzeuge und Gefäße gründlich mit Wasser reinigen. Sollte sie Ihnen nicht so glatt geraten, wie Sie sie zum Kleben feinerer Tapeten oder für Anstriche auf Putz benötigen, waschen Sie mit Deckenbürste oder Pinsel und Wasser nach, wenn die verputzten Stellen leicht angezogen haben. Sie können den Putz auch so trocknen lassen, wie er ist. Anschließend stoßen Sie Grate mit dem Spachtel ab und/oder schleifen die Oberfläche mit Schleifpapier und -klotz glatt. Größere verputzte Flächen sollten Sie grundieren (→ „Grundieren von Putzen", Seite 120).

Kunstharzputze

Heute werden als Wandoberflächen gern Kunstharzputze verwendet. Besonders Zierputzoberflächen sind oft aus diesem Material, wie zum Beispiel Reibeputz. Er besteht im Wesentlichen aus organischen Bindemitteln, Pigmenten und anorganischen Füllstoffen und kann problemlos mit allen Arten von Dispersionsfarben überstrichen werden.

Tapezieren auf einem Zierputz ist dagegen nicht so einfach. Die notwendige glatte Fläche muss durch Entfernen des Putzes und Neuaufbau des Untergrunds hergestellt werden. Diese Arbeit sollte deshalb ein Fachbetrieb ausführen. Eine Alternative ist das Verkleben eines so genannten Malervlieses. Dabei handelt es sich um ein Mischgewebe aus Zellstoff und synthetischen Textilfasern (→ „Vliestapeten", Seite 123).

Es wird auf einem Kunststoff-Fertigspachtel angebracht, der zuvor auf den Putz gespachtelt wird und die Unebenheiten ausgleicht.

Während die Vliestapete gesundheitlich unproblematisch ist, birgt die Spachtelmasse das Risiko der Freisetzung flüchtiger organischer Luftschadstoffe. Die Wasserdampfdiffusionsfähigkeit der Wandoberfläche wird vermutlich nicht mehr beeinträchtigt, als sie es durch den Kunstharzputz ohnehin schon ist.

Die glatte Oberfläche der Vliestapete eignet sich sowohl zum anschließenden Tapezieren, als auch zum Streichen mit Dispersionsfarben.

Alte Tapeten

Raufaser

Wenn die Struktur nicht durch zu viele Anstriche zugeschlämmt ist und die Raufaser noch fest auf dem Untergrund sitzt, kann man sie einfach mit Dispersionsfarbe überstreichen (→ Seite 135), es sei denn, sie wäre zuvor mit (Dispersions-)Silikatfarben gestrichen worden – was selten der Fall ist. Jedenfalls muss die neue Beschichtung mit dem gleichen Material erfolgen.

Aufgeplatzte Nähte lassen sich mit Farbe leicht wieder ankleben: Mit einem Pinsel unter die Naht streichen, kurz anweichen lassen und andrücken; dann vorsichtig überstreichen bzw. rollen. Soll neu tapeziert werden, so muss die Raufasertapete restlos entfernt werden.

Papier- und andere Tapeten

Testen Sie an einer Bahn, ob es sich eventuell um eine spaltbare oder restlos trocken abziehbare Tapete handelt. Bei einer spaltbaren kann die untere auf der Wand verbleibende Schicht als Makulatur (Grundlage) für die neue Tapete dienen. Trocken abziehbare Tapeten lassen sich restlos von der Wand entfernen. Alle anderen Tapeten ritzen Sie mit einem Tapetenkratzer oder Ähnlichem an, sodass Einweichwasser eindringen kann. Setzen Sie statt der handelsüblichen Tapetenablösehilfen dem möglichst heißen Wasser einen guten Schuss Spülmittel zu und reiben Sie die Lösung mit einer Deckenbürste ein. Nach 10 bis 15 Minuten Einweichzeit können Sie die Tapete dann abziehen.

Wenn Sie die Fläche anschließend verputzen wollen, sollten Sie die Papierfetzen besonders sorgfältig entfernen. Sie quellen sonst auf und bilden Blasen. Die alte Tapete gehört übrigens nicht ins Altpapier, sondern in den normalen Hausmüll bzw. Bauschutt.

Viele Tapetenarten, zum Beispiel Glasfaser-, Struktur-, Präge-, PVC-(Vinyl)- oder auch Textiltapeten können mit Dispersionsfarben überstrichen werden (→ Seite 135).

Problemuntergründe

Wasser-, Rost-, Rußflecken

Lose Partikel bürsten Sie trocken ab. Für die weitere Bearbeitung müssen die Flecken mit lösemittelhaltigen Absperrmitteln vorbehandelt werden. Sottflecken an Schornsteinen werden vor dem Tapezieren mit Aluminiumfolie überklebt.

Nikotin

Aromatenarme, mit Lösemittel verdünnbare Nikotinfarbe, mit der man das Durchschlagen von Nikotin verhindern kann, ist wegen ihrer Inhaltsstoffe gesundheitlich bedenklich. Die gesundheitsverträglichere Alternative ist zwar wasserverdünnbar, sie deckt jedoch erst nach dem zweiten oder dritten Anstrich ausreichend. Einige dieser Produkte sind mit dem Blauen Engel ausgezeichnet. Beide Varianten sind sehr teuer.

Schimmel

Werkzeuge

- Atemschutzmaske (Staubfilter P2)
- Schutzbrille
- Gummihandschuhe
- Sprühflasche
- ggf. sauer vernetzende Silikondichtmasse (schimmelresistent)

Verbrauchsmaterialien

- (Isopropyl-)Alkohol (70–80 %)
- Papiertücher

Schimmelbefall sollten Sie nicht auf die leichte Schulter nehmen. Die Sporen sind häufig Ursache von Allergien und anderen ernsten Atemwegserkrankungen. Gehen Sie das Problem in dieser Reihenfolge an:

1. Die Ursachen erforschen.
2. Die Ursachen möglichst abstellen.
3. Den Schimmel entfernen (lassen).
4. Die Wand weiter behandeln.

Schimmel kann überall dort wachsen, wo an kalten Stellen der Wand eine übermäßige Feuchtigkeit entsteht. Das kann eine Ursache in bautechnischen Mängeln haben. Oft ist dies jedoch auf falsches Lüften und Beheizen zurückzuführen (→ „Richtig lüften", Seite 34).

Häufig werden die oberen Ecken eines Raumes oder der Fenstersturz befallen. **1** Auch die Wandflächen hinter großen Möbelstücken kühlen aus, wenn zu wenig Platz zur Ventilation gelassen wurde (fünf bis zehn Zentimeter abrücken).

1

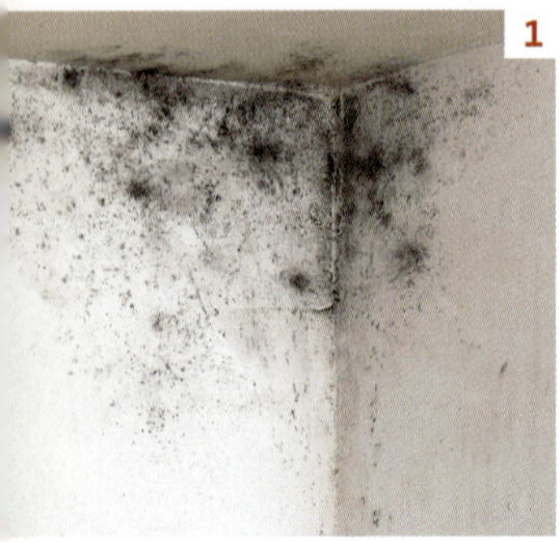

So wird 's gemacht

Beseitigen Sie möglichst nur kleinere Schimmelflächen bis maximal etwa einen halben Quadratmeter selbst und gehen Sie beim Entfernen des Schimmels unbedingt vorsichtig zu Werke. Tragen Sie auf jeden Fall einen Atemschutz mit Partikelfilter P2 und Schutzhandschuhe. Arbeiten Sie am besten mit geöffnetem Fenster. Allergiker und Personen mit geschwächtem Immunsystem sollten die Arbeiten nicht ausführen. Vorsichtshalber sollten auch

Kinder und alte Menschen bei den Arbeiten nicht in der Nähe sein. Überlassen Sie die Entfernung größerer Kolonien unbedingt einer Fachfirma.

Viele handelsübliche Anti-Schimmel-Mittel enthalten Chemikalien, die auch für den Menschen schädlich sein können. Die Ursachen für Schimmel beseitigen sie nicht. Die STIFTUNG WARENTEST hat verschiedene Mittel gegen Schimmel getestet (test 05/2002), darunter auch Hausmittel. „Gut" schnitten nur wenige Mittel ab. Ein Hausmittel mit sehr guter schimmelabtötender Wirkung ist zum Beispiel 70–80 %iger Alkohol. Sprühen Sie befallene Stellen ein (Achtung: feuergefährlich!). **2**

Wischen Sie sie nach dem Einwirken (mindestens 30 Minuten) feucht mit Papiertüchern ab. Die Papiertücher sofort in eine Plastiktüte stecken und entsorgen. Schimmelflecken niemals trocken abwischen oder absaugen! Die gefährlichen Schimmelsporen könnten sonst verwirbeln.

Befallene Tapeten und auch Putze müssen entfernt und nach dem Austrocknen der Fläche erneuert werden.

Streichen Sie Ihre Wohnung möglichst nicht mit fungizidhaltigen Anstrichmitteln. Deren Inhaltsstoffe können die Raumluft noch lange belasten. Ist ihr Einsatz unvermeidbar, dann sollte er sich auf kleine Flächen beschränken.

Wenn die Ursache des Befalls nicht oder nicht vollständig beseitigt werden kann, sollten Sie nicht erneut tapezieren. Sofern es sich bei dem Untergrund um einen Kalkputz handelt, können Sie ihn mit Dispersionssilikatfarbe streichen (→ Seite 134). Anderer Putz (Gipsputz) sollte entfernt und durch einen Kalkputz ersetzt werden.

Bei von Schimmel befallenen Silikondichtungen hilft nur das Herausschneiden mit einem Cuttermesser und Erneuern.

Wenn Sie die Arbeiten an Handwerker in Auftrag geben, sollten Sie alle genannten Schutzmaßnahmen schriftlich zum Bestandteil des Auftrags machen und die Einhaltung kontrollieren.

Weiter gehende Informationen zum Thema „Schimmel" erhalten Sie in den Ratgebern „Wohnen ohne Gift" der STIFTUNG WARENTEST und „Feuchtigkeit und Schimmelbildung" sowie „Gesundes Wohnen – Schadstoffe beseitigen" der Verbraucherzentralen (→ Seite 190). Die STIFTUNG WARENTEST bietet umfangreiche Tipps zur Bekämpfung von Schimmel in Wohn- und Kellerräumen per Download im Internet an.

2

Analyse Schimmelpilze

Die Screening-Tests der STIFTUNG WARENTEST zur Analyse von Schimmelpilzen helfen, verdeckten Schimmel aufzuspüren oder die Belastung einzuschätzen. Zum Beispiel können Sie damit klären, ob es sich bei verdächtigen Flecken an der Wand um Schimmel handelt. Wenn Sporen vorhanden sind, wird auch die Art der Pilze bestimmt. Die Teilnehmer erhalten eine spezielle Nährbodenplatte und führen die Probenahme, nach exakter Anleitung, selbst durch. Anschließend senden sie die Nährbodenplatte zur Laboranalyse ein. Infos zum Mitmachen auf Seite 188.

Grundieren

Grundieren von Putzen

Verbrauchsmaterialien

- weiße Dispersionsfarbe

Werkzeug

- Deckenbürste (Quast)

So wird 's gemacht

Eine reichlich mit Wasser verdünnte weiße Dispersionsfarbe (ca. 1:1) setzt die zu hohe Saugfähigkeit des trockenen Putzes herab. Andernfalls wird das Bindemittel des nachfolgenden Anstrichs in den Untergrund gesogen und er beginnt zu kreiden. Lassen Sie jede Grundierung gut trocknen (zur Verarbeitung → „Flüssige Kunststoffdispersionen", Seite 132, und „Streichen", Seite 135).

Grundieren stark saugender Untergründe

Verbrauchsmaterialien

- einfacher Kleister

Werkzeug

- Deckenbürste (Quast)

So wird 's gemacht

Wenn beim Tapezieren der Kleister von der Wand aufgesaugt wird, hält keine Tapete. Dagegen hilft, die gesamte Wand einmal mit verdünntem Kleister einzustreichen und trocknen zu lassen. Benutzen Sie dazu am besten eine Deckenbürste.

Grundieren mit Tiefgrund

Verbrauchsmaterialien

- Tiefgrund LF (lösemittelfrei)

Werkzeug

- Deckenbürste (Quast)

So wird 's gemacht

Die dünnflüssige Kunststoffdispersion dringt in saugende mineralische Untergründe ein und verfestigt sie. Großflächig eingesetzte Tiefgrundierungen können sich aber negativ auf das Raumklima auswirken. Sie setzen die Fähigkeit herab, die Luftfeuchtigkeit im Raum zu regulieren und können flüchtige organische Verbindungen, Konservierungsstoffe und Restmonomere von Kunstharzen freisetzen. Es sind auch Produkte mit dem Blauen Engel erhältlich. Lösemittelfreier Tiefgrund kann ggf. mit Wasser verdünnt werden. Am besten reiben Sie den Anstrich mit einer Deckenbürste (oder einem Quast) in den Untergrund ein. Beim Trocknen darf sich keine glänzende Schicht bilden. Auf ihr haften weder Farbe noch Tapeten. Probieren Sie es zunächst an einer Stelle aus und mischen Sie dem Tiefgrund gegebenenfalls mehr Wasser bei.

Waschen Sie die Deckenbürste anschließend aus. Reste des Tiefgrunds entsorgen Sie wie vom Hersteller angegeben.

Vorstrich für Dispersionssilikatfarben

So wird 's gemacht

Die Verarbeitung von Dispersionssilikatfarben ist nur auf kalkhaltigen Untergründen möglich. Auf frischem Putz oder stark saugenden Untergründen müssen Sie eine Silikatgrundierung verwenden. Dabei handelt es sich um eine farblose, wasserverdünnbare und stark alkalisch reagierende Flüssigkeit (Vorsicht: ätzend!). Sie reagiert chemisch mit dem Kalk aus dem Untergrund und bildet dabei eine Schicht aus wasserunlöslichem Calciumsilikat (zur Verarbeitung → „Dispersionssilikatfarben", Seite 134, und „Streichen", Seite 135). Es sind Produkte mit dem Blauen Engel im Handel erhältlich.

Verbrauchsmaterialien

- Grundanstrich (auf Wasserglasbasis)

Verputzen

Als Wandgestaltung immer noch beliebt sind Zier- oder Reibeputze. Die meisten Produkte enthalten neben mineralischen Stoffen einen Anteil an Kunstharzen.

Im Vergleich zu mineralischen Putzen (→ Seite 114) haben Kunstharzputze eine geringere Fähigkeit, Wasserdampf zu speichern. Auch besteht das Risiko, dass sie Schadstoffe in die Raumluft abgeben, zum Beispiel Weichmacher. Zudem ist stark strukturierter Zierputz ein Staubfänger. Er wirkt im Laufe der Zeit schmutzig und lässt sich wegen seiner rauen Oberfläche selbst mit dem Staubsauger nur schwer reinigen. Wenn Sie trotzdem eine solche Wandgestaltung wünschen, dann sollten Sie statt des Kunstharzputzes einen rein mineralischen Gipsputz verwenden (zum Beispiel Münchner Reibeputz). Er ist als Pulver erhältlich, dem lediglich nach Anleitung Wasser zugesetzt werden muss. Von der Verarbeitung und den Gebrauchseigenschaften her gibt es kaum Unterschiede. Lediglich auf arbeitenden Untergründen hat der flexiblere Kunstharzputz Vorteile.

Da die Verarbeitung und Oberflächengestaltung dennoch nicht einfach zu bewerkstelligen sind, sollten Sie diese Arbeiten einem Fachbetrieb überlassen.

Tapezieren

Tapeten sind schon seit Langem der Standard-Wandbelag. Insbesondere Raufaser erfreut sich nach wie vor großer Beliebtheit. Und das zu recht. Sind es doch gut zu gestaltende und im Allgemeinen ökologisch unproblematische Produkte – vorausgesetzt, es handelt sich bei den Materialien vorwiegend um Papier und bei dem Kleber um einfachen Kleister aus Methylzellulose. Ggf. muss noch der Untergrund vorbereitet werden. Dafür gibt es eine Reihe von Produkten, bei deren Auswahl die Feuchtespeicherfähigkeit der Wand nicht negativ beeinflussen sollte.

Kleber

Einfacher Kleister

Grundsätzlich werden Tapeten mit Klebern befestigt, die auf das Gewicht und die Saugfähigkeit der jeweiligen Tapeten bzw. des Untergrunds abgestimmt sind. Wirklich frei von problematischen Stoffen ist jedoch nur der einfache Kleister aus Methylzellulose. Für normale Papiertapeten wäre jeder andere Kleber überqualifiziert.

Kunstharzverstärkter Spezialkleister

Zum Verkleben schwerer Papiertapeten, von Raufaser- und auch Vinyltapeten soll nach Empfehlungen der Hersteller ein kunstharzverstärkter Kleister verwendet werden. Durch den Kunstharzanteil besteht die Möglichkeit, dass Bestandteile – zum Beispiel Weichmacher – ausdünsten und außerdem das Dampfdiffusionsverhalten der Wände negativ beeinflusst wird. Man kann bei Raufaser und Papiertapeten auf einen solchen Kleber verzichten und statt dessen einfachen Kleister verwenden. Voraussetzung dafür ist ein geeigneter, gegebenenfalls vorbehandelter Untergrund (→ „Grundieren“, Seite 120). Der Kleister muss in diesen Fällen mit weniger Wasser angesetzt werden. Das gilt besonders für Raufaser an Decken (Hinweise des Herstellers beachten!).

Dispersionskleber

Spezialtapeten mit Gewebekaschierung, wie Glasfaser-, Textil- oder Grastapeten, aber auch Kork- und Untertapeten zur Wärmedämmung sowie Metalltapeten müssen wegen ihres Gewichts oder ihrer mangelnden Saugfähigkeit mit Dispersionskleber fixiert werden. Der Naturfarbenhandel bietet solche Kleber auf Basis natürlicher, nachwachsender Rohstoffe an, in einigen dieser Produkte können aber allergieerzeugende Stoffe enthalten sein. Dafür besteht bei den Kunstharzprodukten das Risiko, dass Weichmacher oder Mittel gegen

Schimmelbefall in die Raumluft gelangen. Außerdem wird die Dampfdiffusionsfähigkeit der Wände beeinträchtigt, soweit das nicht sowieso schon durch die Art der Tapete der Fall ist.

Materialien für Untergründe

Wechselgrund

Bei Wechselgrund handelt es sich um eine Kunststoffdispersion mit Wachsanteilen. Als Grundierung vor dem Tapezieren verstrichen, ermöglicht er bei späteren Renovierungen ein einfaches Entfernen der Tapete. Das funktioniert durchaus mehrfach. Bei spaltbaren oder trocken abziehbaren Tapeten ist der Einsatz überflüssig.

Neben der möglichen Freisetzung flüchtiger organischer Verbindungen kann Wechselgrund die Wasserdampfdiffusionsfähigkeit der Wand negativ beeinflussen.

Streichmakulatur

Streichmakulatur (Feinmakulatur) wird bei leicht rauen Untergründen und bei leichten bis mittelschweren Papierwandbekleidungen eingesetzt, um den Untergrund zu glätten. Es handelt sich dabei um ein unproblematisches Produkt aus mineralischen Stoffen, Zellstofffasern und Zelluloseether. Es wird mit einer Streichbürste auf die Wand aufgebracht.

Rollenmakulatur

Bei Rollenmakulatur handelt es sich um dünnes Tapetenrohpapier. Sie ist zum Vorkleben bei allen transparenten Tapeten erforderlich, wie beispielsweise Gras- oder Seidentapeten. Unter schweren, auf Stoß geklebten Tapeten verhindert Makulatur ein Aufplatzen der Nähte.

Die Festigkeit der Verklebung muss immer gleich hoch oder höher sein als bei der nachfolgenden Tapete. Sie kann mit normalem Kleister in einem wasserärmeren Mischungsverhältnis erfolgen.

Vliestapeten

Vliestapeten schaffen – wie Rollenmakulatur – eine glatte Oberfläche. Sie bestehen aus einem Mischgewebe aus Zellulose- und synthetischen Textilfasern. Im Unterschied zu Makulatur kann auf Vliestapeten auch mit Dispersionsfarben gestrichen werden (→ Seite 132). Außerdem sind sie reißfest, rissüberbrückend und sie behalten ihre Form. Die Verarbeitung ist einfacher als bei anderen Tapeten gewohnt. Ein spezieller Kleister, mit dem die Tapete später leicht wieder abziehbar ist, wird mithilfe einer Rolle direkt auf die Wand aufgetragen. Die trockene Vliestapete wird dann direkt von der Rolle in den Kleister eingelegt und anschließend abgeschnitten.

Als Kleber ist ein Pulver mit Wasser anzurühren. Für schwere Vliestapeten muss das Mischungsverhältnis angepasst werden. Die angebotenen flüssigen Dispersionskleber sind in der Regel unnötig.

Wandbeläge

„Wände müssen atmen“ heißt es. Schon deshalb sollten Sie keine Wandbeläge verwenden, die die Wasserdampfdiffusionsfähigkeit behindern, wie Kunststoff- oder Metalltapeten. Die sind auch unter ökologischen Gesichtspunkten nicht zu empfehlen, da sie bei der Produktion mehr Material und/oder Energie verbrauchen und auch größere Abfallprobleme verursachen als Papiertapeten. (→ „Ökologischer Vergleich von Wandbelägen“, Seite 125). Zudem können Kunststofftapeten problematische Weichmacher enthalten.

preisgünstig
leicht zu verwirklichen

Raufaser

Raufasertapeten bestehen aus zwei Papierschichten mit dazwischenliegenden Holzfasern. Die grobkörnige Variante lässt sich häufiger überstreichen, ohne dass die Struktur zugeschlämmt wird. Sie eignet sich besonders gut für das Tapezieren von Decken.

Außer in direkten Spritzwasserbereichen oder an besonders verschmutzungsgefährdeten Stellen kann Raufaser in der gesamten Wohnung verwendet werden. Abweichend von anderen Tapetenarten beträgt das Rollenmaß 0,53 m × 33,5 m. Sorten mit dem Blauen Engel bestehen zu mindestens 80 % aus Altpapier.

Sie können beim Verkleben von Raufaser auf kunstharzverstärkten Spezialkleister verzichten, wenn Sie normalen Tapetenkleister in einem wasserärmeren Mischungsverhältnis ansetzen (1:50 bis 1:20). Für die Verklebung von Raufaser an Decken sollte der Kleister noch ein wenig fester sein.

preisgünstig

Papiertapeten

Bedruckte Papiertapeten bestehen aus ein- oder zweischichtigen holzfreien oder holzschliffhaltigen Papieren.

Für die Verarbeitung entscheidend sind vor allem das verwendete Papier und das Papiergewicht. Mittelschwere Tapeten haben ein Papiergewicht von ca. 120 bis 140 g/m². Leichte wiegen weniger und schwere bis ca. 180 g/m².

Sehr leichte sowie sehr schwere Tapeten sind schwieriger zu verkleben als mittelschwere. Erstere reißen leicht ein, für Letztere muss unter Umständen zuvor Makulatur auf die Wand gebracht werden, damit der Untergrund genügend Glätte und Haftung bietet und sich die Nähte nicht öffnen (→ „Materialien für Untergründe“, Seite 123, und „Kleber“, Seite 122).

Ökologischer Vergleich von Tapeten

	Raufaser *	Papier-tapeten	Vlies-tapeten	Textiltapeten Naturfaser-tapeten	Glasfaser-tapeten	Vinyl-tapeten
Energieverbrauch **	gering	gering	mittel	mittel	hoch	mittel
Ressourcen-verbrauch **	gering	gering – mittel	mittel	mittel	mittel	hoch
Umweltbelastung durch Schadstoffe ***	gering	gering	gering – mittel	mittel	hoch	hoch
Haltbarkeit/ Reparierbarkeit	sehr hoch ****	gering	mittel	mittel	sehr hoch	mittel
Entsorgung	gut	gut	gut – mittel	gut – mittel	mittel	schlecht
Gesundheitliche Verträglichkeit	gut	gut	gut	mittel	mittel	mittel
Preis	gering	gering – hoch	mittel	mittel – hoch	hoch	hoch

* mit dem Blauen Engel
** bei der Herstellung
*** auch Kohlendioxid-Ausstoß berücksichtigt
**** durch Überstreichen

Bedruckte Papiertapeten sind meist waschbeständig bis hoch waschbeständig und verfügen über eine ausreichende bis gute Lichtbeständigkeit.

Für strukturierte Oberflächen gibt es auch geprägte Papiertapeten, sodass man nicht auf geschäumte Vinyl- oder Acryl-Strukturtapeten angewiesen ist; deren Herstellung und Entsorgung ist umweltbelastend, ihr Dampfdiffusionsverhalten ungünstig. Selbst die beliebten Reliefstrukturen von Glasfasertapeten sind als Papierausführung erhältlich. Besonders gut zu verarbeiten ist dupliertes Papier. Hier ist die Prägung durch zwei aufeinander geklebte Schichten besonders widerstandsfähig.

Achten Sie beim Kauf bedruckter Tapeten unbedingt darauf, dass alle dieselbe Seriennummer haben. So können Sie Farbabweichungen einigermaßen sicher vermeiden. Die umweltverträglichsten Tapeten tragen den Blauen Engel. Sie enthalten mindestens 60 % Altpapier. Zum Verkleben reicht normaler Kleister aus (→ „Kleber“, Seite 123).

Glasfasertapeten

strapazierfähig

Bei Glasfasertapeten handelt es sich um Glasfasergewebe auf einem Papierträger. Die Tapete wird – wie Raufaser – nach dem Anbringen und anschließenden Trocknen mit Wandfarbe überstrichen. Das robuste Material wird zwar immer beliebter, es ist aber für normale Wohnbedingungen überqualifiziert und außerdem ziemlich teuer. Darüber hinaus muss das Gewebe in Dispersionskleber eingebettet werden, der Kunstharze enthält und dessen Bestandteile in die Raumluft ausgasen können.

Beim Kleben und späteren Entfernen der Tapete gelangen feine Glasfasern in die Luft, die zwar nicht lungengängig sind, aber Hautreizungen und Juckreiz verursachen können. Im Gebrauch sind Glasfasertapeten unproblematisch, weil die Farbschicht die Fasern bindet. Allerdings sind sie aufgrund ihrer stark strukturierten Oberfläche Staubfänger.

Der Schmelzprozess für die Glasfasern benötigt viel Energie. Aus ökologischen Gründen sollten Sie deshalb auf Glasfasertapeten verzichten und gegebenenfalls auf duplierte Papier-Prägetapete mit entsprechender Reliefstruktur zurückgreifen.

Gängige Tapetensymbole

gute Lichtbeständigkeit

ausreichende Lichtbeständigkeit

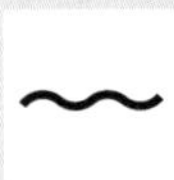

wasserbeständig
Frische Kleisterflecken können mit einem feuchten Schwamm abgetupft werden.

waschbeständig
Leichte Verschmutzungen können mit einem feuchten Schwamm entfernt werden.

hoch waschbeständig
Verschmutzungen, außer Öle, Fette usw. können mit leichter Seifenlauge und Schwamm entfernt werden.

scheuerbeständig
Verschmutzungen, die wasserlöslich sind, können mit milder Seifenlauge oder einem milden Scheuermittel mit einem Schwamm oder einer weichen Bürste gereinigt werden.

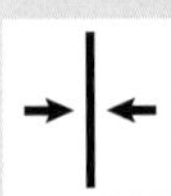

gerader Ansatz
Gleiche Muster in gleicher Höhe nebeneinander.

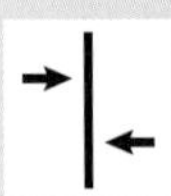

versetzter Ansatz
Das Muster der nächsten Bahn jeweils um die Hälfte verschieben.

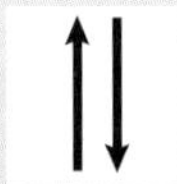

gestürzt kleben
Jede zweite Bahn auf den Kopf stellen.

Tapete einkleistern

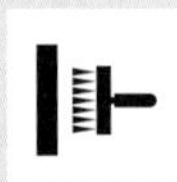

Wand einkleistern
Nicht die Tapetenrückseite, sondern der Untergrund wird mit Kleister oder Kleber eingestrichen.

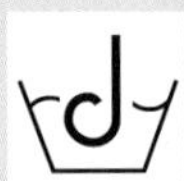

vorgekleistert
Die Tapetenrückseite ist vorbeschichtet mit Kleister, der durch kurzes Wässern aktiviert wird.

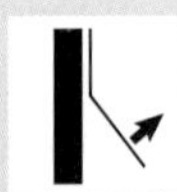

restlos trocken abziehbar
Die Tapete lässt sich beim Renovieren ohne Rückstand trocken von der Wand abziehen.

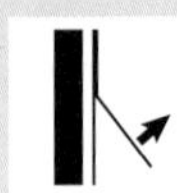

spaltbar trocken abziehbar
Die Oberschicht der Tapete lässt sich trocken abziehen. Die Unterschicht bleibt als Makulatur auf der Wand.

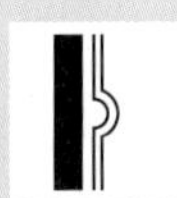

dupliert
Prägetapeten aus zwei gegeneinander kaschierten Papierschichten. Die Prägung bleibt beim Tapezieren erhalten.

Quelle: www.livingwalls.de/tipps_tapetensymbole.htm (modifiziert durch den Autor)

dauerhaft

Textil- und Naturfasertapeten

Ähnlich wie bei den Glasfasertapeten handelt es sich bei den Textil- und Naturfasertapeten um Gewebe, die auf einen Papierträger aufkaschiert sind. Auch hier kann der Kleber, mit dem das Gewebe fixiert wurde, Stoffe in die Raumluft freisetzen (→ „Materialien für Untergründe“, Seite 123, und „Kleber“, Seite 122).

Diese Wandbeläge sind nicht so widerstandsfähig wie Glasfasertapeten und werden auch nicht überstrichen (was aber grundsätzlich möglich ist). Sie taugen für den gesamten Wohnbereich, sind jedoch ebenfalls Staubfänger. Eine Verbesserung des Raumklimas wird durch solche Tapeten nicht erreicht, eher können Faserpartikel Allergikern zu schaffen machen oder eventuelle Imprägnierungen die Raumluft belasten.

Wandbeläge anbringen

So wird 's gemacht

Materialberechnung

Die benötigte Anzahl der Tapetenrollen (Euronorm: 0,53 m × 10,05 m) können Sie für bedruckte Papiertapeten nach folgender Methode überschlagen:
Raumumfang × Raumhöhe ÷ 5
= Anzahl der Tapetenrollen.

Ziehen Sie normal große Fenster- und Türöffnungen nicht von der berechneten Fläche ab. Möglicher Verschnitt, wie er bei großmustrigen Tapeten entsteht, ist in der Faustformel enthalten.

Bei **Raufaser** (Standardmaß: 0,53 m × 33,5 m) müssen Sie genauer rechnen. Ermitteln Sie zuerst großzügig die zu beklebende Fläche (Raumhöhe mal Raumumfang). Die sich ergebende Quadratmeterzahl teilen Sie durch 17,76 (das entspricht der Fläche einer Rolle Raufaser). Als Ergebnis erhalten Sie die benötigte Rollenzahl.

Kontrolle der Rollen

Kontrollieren Sie beim Kauf, ob die Fertigungsnummern der Tapetenrollen übereinstimmen. Rollen aus unterschiedlichen Serien sollten so verklebt werden, dass eventuelle Farbabweichungen nicht auffallen können (zum Beispiel auf verschiedenen Wänden). Umtauschen können Sie eine angebrochene Rolle meist nur, wenn Sie den Schaden zusammen mit den aufgestempelten Angaben des Endstücks vorweisen können.

Tipp

Erkundigen Sie sich, ob der Händler ungeöffnete Rollen zurücknimmt. Wenn ja, kaufen Sie eine oder zwei Rollen mehr. Sie haben dann das Problem nicht, bei einem eventuellen Nachkauf dieselben Seriennummern wieder zu bekommen.

Werkzeuge

- Tapeziertisch
- scharfe Schere
- Cuttermesser
- Tapezierbürste oder Moosgummiwalze
- Nahtroller zum Andrücken der Nähte (nicht für geprägte Tapeten!)
- Lot
- Bleistift
- Zollstock
- Schwamm
- Leiter
- Eimer
- Heizkörperpinsel oder Rührbesen (zum Umrühren)
- Deckenbürste (Quast)
- ggf. langes Stahllineal (Tapezierschiene)

Verbrauchsmaterialien

- Tapetenrollen
- Methylzellulose-Kleisterpulver

Verarbeitungshinweise

Auf dem Beipackzettel zu bedruckten Tapeten finden Sie Verarbeitungshinweise. Sie bedeuten Folgendes:

Ansatzfrei: Muster braucht beim Kleben nicht beachtet zu werden.

Gerader Ansatz: Gleiche Muster in gleicher Höhe nebeneinander setzen.

Versetzter Ansatz: Das Muster jeder zweiten Bahn um die Hälfte des angegebenen Rapports (Musterlänge) verschieben.

Gestürzt kleben: Jede zweite Bahn gestürzt (auf den Kopf gedreht) kleben, um Sprünge in der Färbung zu vermeiden.

Tipp

Beim Zuschnitt von Raufaser oder festen Papiertapeten können Sie Zeit sparen, wenn Sie die Bahnen entlang einer Metallschiene (Tapezierschiene) abreißen oder mit einem Messer schneiden.

1

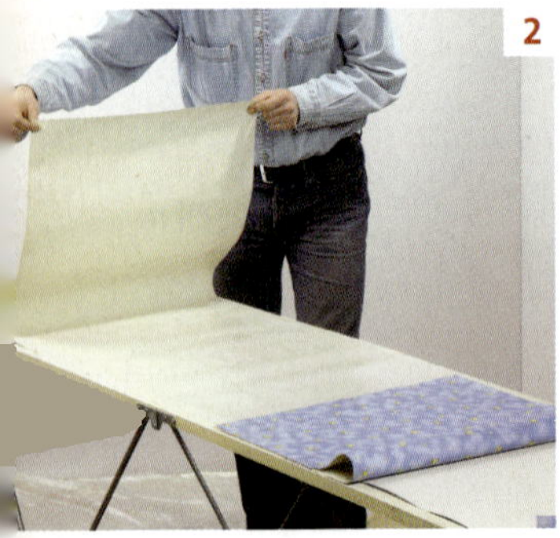

2

3

Vorbereiten

Prüfen Sie den Untergrund und behandeln Sie ihn ggf. vor, ehe Sie mit dem Tapezieren beginnen (→ „Grundieren", Seite 120). Nehmen Sie die Blenden von Schaltern und Steckdosen ab (vorher Sicherungen ausschalten!). Verschließen Sie alle Löcher, die Sie nicht mehr benötigen, mit Spachtelmasse.

Zuschneiden

Bei musterlosen oder ansatzfreien Tapeten reicht es aus, beim Zuschnitt zu der ausgemessenen Raumhöhe ca. 10 cm Sicherheitsverschnitt hinzuzurechnen. Bei Mustertapeten geben Sie bei der zweiten Bahn die Höhe des Rapports (die Musterlänge) hinzu. Die dritte Bahn stimmt dann wieder mit der ersten überein, die vierte mit der zweiten und so weiter.

Das Muster ist auch beim Zuschnitt der kleineren Stücke über Fenster und Türen zu beachten. Oft reichen dafür die Reststücke aus, die sich beim Zuschneiden der Bahnen ergeben.

Markieren Sie bei einem Muster, das Verwechslungen zulässt, vor dem Einkleistern mit Bleistift auf der Rückseite, wo oben ist. 1

Einkleistern

Streichen Sie die Bahnen immer nur auswärts über die Kanten ein. Mit einem Blick gegen das Licht können Sie leicht erkennen, ob Sie Stellen vergessen haben. Ist die Bahn vollständig, gleichmäßig und satt eingekleistert, wird sie zusammengelegt. Dabei ist es günstig, oben zwei Drittel, unten ein Drittel einzuklappen. Achten Sie besonders darauf, die Kanten bündig übereinander zu legen, sodass die Bahn gerade liegt. Die Schlaufen dürfen nicht geknickt werden. 2

Die Einwirkdauer des Kleisters ist auf der Verpackung angegeben und hängt von der Qualität der Tapete ab. Alle Bahnen sollten möglichst gleich lange einweichen. Zu kurzes Einwirken fördert Blasenbildung, zu langes kann Musterabweichungen sowie Spannungen beim Trocknen hervorrufen. Auch reißen zu stark eingeweichte Papiertapeten beim Auseinanderfalten leicht ein. Raufasertapete ist in der Handhabung wesentlich unkomplizierter. Knicke und Falten werden unsichtbar, sogar Risse verschwinden beim Überstreichen, wenn die Kanten wieder vorsichtig aneinander gelegt werden.

Verkleben

Tapezierrichtung ist immer mit dem Lichteinfall, Sie beginnen also in einer Raumecke an der Fensterseite.

Bringen Sie auf jeder Wand mithilfe eines Lots ungefähr in Tapetenbreite von der Zimmerecke entfernt eine senkrechte Markierung an und richten Sie daran die erste Bahn aus. Die Tapete muss überall mindestens bis in die Ecke hineinreichen. Überstehendes lassen Sie um die Ecke herumlappen und schneiden es dann ab. 3

Sollte eine Bahn nicht auf Anhieb richtig sitzen, dann lösen Sie sie noch einmal ganz und starten neu. Sonst bekommen Sie Bögen in der Senkrechten, die sich beim weiteren Tapezieren fortsetzen und Probleme verursachen.

Arbeiten Sie beim Andrücken immer senkrecht von innen nach außen und drücken Sie dabei Kleisternester und Luftblasen heraus. Dazu können Sie entweder eine Gummiwalze oder eine Tapezierbürste verwenden. Bei empfindlichen Tapeten, zum Beispiel mit Prägung, empfiehlt sich eine Bürste. Noch sicherer ist ein Flanelltuch.

Die nächste Bahn wird, gegebenenfalls unter Beachtung des Musters, immer genau an die Naht der vorangegangenen angelegt (auf Stoß).

Wenn Sie in einer Ecke angelangt sind, schneiden Sie die nächste Bahn – im eingekleisterten Zustand – mit ein bis zwei Zentimetern Zugabe zurecht und tapezieren sie in die Ecke hinein. Bei der nächsten Wand setzt die neue Bahn genau in der Ecke an. Bedruckte Tapeten und Vliestapeten enden dagegen genau in der Ecke und die neue Bahn wird auf Stoß daran angesetzt.

Um Außenecken, zum Beispiel Fensterlaibungen, kleben Sie zwei Zentimeter um die Ecke und kleben einen angepassten Streifen überlappend in die Laibung hinein. An solchen komplizierten Stellen werden oft mehrere Schnitte nötig. Sie müssen alle nacheinander ausgeführt werden, indem die Tapete jeweils wieder so weit gelöst wird, dass sie bequem geschnitten werden kann. 4 5

Bei Halterungen und Rohren, zum Beispiel von Heizungen, schneiden Sie die Bahnen von unten (!) mit einer Schere ein. Hinter Heizkörpern werden die Bahnen mit einer langstieligen Malerrolle (Mäuschen) angedrückt.

Steckdosen und Schalter überkleben Sie mit der Tapete, schneiden sie kreuzweise ein und schneiden später die Ecken ab. Schalten Sie vorher die Sicherungen aus! 6

Tipp

Markieren Sie Dübellöcher, die Sie weiter benutzen möchten, während des Tapezierens mit eingeschobenen umgedrehten Nägeln.

Drücken Sie die Nähte mit einem glatten Nahtroller an (nicht bei Prägetapeten!). Wischen Sie etwaige Kleisterflecken mit einem feuchten Schwamm ab. Eventuell sichtbare Überlappungen werden mittels Doppelschnitt entfernt: Dazu führen Sie mit einem sehr scharfen Cuttermesser entlang einer Metallschiene einen tiefen Schnitt aus. Klappen Sie beide Tapeten hoch und entfernen Sie die darunter liegenden Schnittstücke. Beim Zurückklappen passen die Tapetenkanten genau aneinander. 7

4

5

6

7

Trocknen

Am besten trocknen Tapeten bei einer Raumtemperatur von ca. 18 °C. Die Heizkörper sollten nach Möglichkeit abgestellt sein. Starke Luftbewegungen, wie Durchzug und gar ein Warmluftgebläse, sind zu vermeiden. Größere Kleistereinschlüsse können Sie mit einer Spritze mit nicht zu dünner Kanüle heraussaugen oder mit einer Nähnadel anstechen, den Kleister herausdrücken und abtupfen.

Tapetenschäden beseitigen

Eine beschädigte Tapete ist noch lange kein Grund neu zu tapezieren. Nicht nur bei Raufaser, sondern auch bei bedruckten Papiertapeten können Blasen und selbst Risse so beseitigt werden, dass später nichts zu sehen ist.

Luftblasen, die nach dem Tapezieren zurückbleiben und die sich nicht mehr herausdrücken lassen, können Sie mit einem Cuttermesser kreuzweise einschneiden. 1

Tapezieren von Decken mit Raufaser

Mengenbemessung
Breite × Länge : 17,76
= Anzahl der Rollen

1

2

Bei Decken kleben Sie die Bahnen möglichst in Richtung des einfallenden Lichts. Wegen der stärkeren Belastung muss der Kleister für Decken eine höhere Klebkraft haben. Setzen Sie ihn nach Herstellerangabe für schwere Tapeten mit entsprechend weniger Wasser an. Kleben Sie die erste Bahn möglichst gerade so an der Kante entlang, dass zur Wand nirgendwo eine Stelle frei bleibt. Wenn sich dabei zu große Überstände auf der Wandseite ergeben, schneiden Sie sie mit einer Schere ab.

Am einfachsten geht das Tapezieren von Decken zu zweit. Sie arbeiten dabei gleichzeitig von der Mitte aus. Dazu brauchen Sie eine genügend lange (und breite!) Bohle, die Sie auf zwei Stehleitern sicher auflegen können. Beide Personen platzieren sich unter der Mitte der zu beklebenden Fläche. Sie falten die Tapete auseinander und suchen die Mitte der Bahn, indem Sie damit zu einer Wand Maß nehmen. 1

Seien Sie schon beim Zurechtschneiden der Bahnen etwas großzügig mit der Verschnittzugabe, dann ist es einfacher. Zurück in der Startposition: Beide legen die Tapete mit einer Seite ein Stück weit dort an, wo sie hin soll. Jeder braucht dazu beide Hände frei, der Rest der Bahn hängt einfach herunter. Nun halten beide wieder eine Hand auf den Startpunkt und wischen mit einer bogenförmigen Bewegung zur frei hängenden Seite die Tapete in ihrer Breite auf die Fläche. Beide arbeiten sich nun zu „ihren" jeweiligen Wänden hin vor, indem sie stets ein Stück weit mit beiden Händen genau anlegen und dann nachwischen. 2

Nun geht es weiter wie an der Wand: Drücken Sie mit der Rolle die Bahn an und gehen Sie die Nähte mit dem Nahtroller nach. In den Kanten von Decke zu Wand werden die Tapeten mit einer Schere abgeschnitten.

Tipp

Eine Alternative zum Tapezieren der Decke mit Raufaser ist das Streichen mit so genannter „flüssiger Raufaser". Deren Verarbeitung ist wesentlich einfacher, kann aber eine unregelmäßige Oberflächenstruktur zur Folge haben (→ „Flüssige Raufaser", Seite 133).

Die entstehenden Ecken kleistern Sie mit einem Pinsel ein und warten, bis sie gut eingeweicht sind. Dann drücken Sie sie vorsichtig an und entfernen überschüssigen Kleister mit einem feuchten Lappen. **2**

Kleine Beschädigungen oder Verschmutzungen können Sie mit einem Stückchen ausgerissener Tapete aus einem Reststück mit Kleister überkleben. Achten Sie dabei ggf. auf das Muster! **3**

Größere Löcher werden mit der Doppelnahtschnittmethode überklebt. Legen Sie dazu ein Reststück der gleichen Tapete so auf die beschädigte Stelle, dass das Muster passt. Dann schneiden Sie mit einem Cuttermesser entlang einer Stahlschiene durch beide Tapeten hindurch ein rechteckiges Stück aus. **4** Lösen Sie das beschädigte Stück Tapete ab und kleben Sie das eingekleisterte neue Stück an dessen Stelle ein. Es passt genau.

Entsorgung

Tapetenverschnitt kommt nicht etwa ins Altpapier, sondern – wie auch übrig gebliebener Methylzellulose-Kleister – in die Restmülltonne des Hausmülls oder zu den Bauabfällen. Angerührten Kleister entsorgen Sie am besten in einem alten Gefäß oder einer dichten Plastiktüte.

Streichen

Die am häufigsten verwendeten Wandfarben sind heute Dispersionsfarben. Die gängigen Produkte enthalten ein Bindemittel aus Kunst- oder auch Naturharzen. Sie sind in Wasser dispergiert (feinst verteilt). Wenn überhaupt, dann wird nur eine sehr geringe Menge organischer Lösemittel zum Lösen der an sich festen Harze benötigt. Wer Wert auf eine weitestgehend unbeeinträchtigte Innenraumluft legt, der sollte sich nach lösemittelfreien oder – noch besser – emissionsfreien Farben umsehen. Mittlerweile sind auch etliche Produkte mit dem Blauen Engel erhältlich. Die Stiftung Warentest hat Wandfarben untersucht. Im Test von 66 weißen Dispersionsfarben in test 10/2004 schnitten die meisten im Gesamturteil „gut“ ab. Die Note für die Gesundheits-

und Umwelteigenschaften war bei den meisten „gut“ bei manchen sogar „sehr gut“. Unter den sehr guten befanden sich einige als natürlich und umweltschonend beworbene, aber auch herkömmliche Marken. Die schonenden Natur- oder Naturharzfarben trugen aber trotzdem keinen Blauen Engel. Denn nach den Richtlinien für die Vergabe des Umweltzeichens müssen die Hersteller auf Werbeaussagen wie Bio, Öko oder Natur verzichten.

Verwendbar sind Dispersionen auf Putz, Mauerwerk, Beton, Gipskartonplatten, Holz, Pappe, Tapeten und Textilien. Durch ihre Beständigkeit, gute Haftung und Dampfdiffusionsfähigkeit haben sie die früher häufig verwendeten Leim-, Kalk- und Kaseinfarben fast verdrängt.

Fast alle Dispersionsfarben können mit Volltonfarben abgetönt werden.

leicht zu verwirklichen

Flüssige Kunststoffdispersionen

Kunststoffdispersionen können neben – im Vergleich zu Lackfarben – geringen Mengen an Lösemitteln und/oder Weichmachern auch flüchtige Konservierungsmittel enthalten. Die Deckkraft dieser Farben hängt von ihrem Pigmentanteil ab. Für ein strahlendes Weiß sorgt Titandioxid. Die Hersteller geben meist an, wenn ihr Titandioxid aus einer Produktion stammt, in der die dabei entstehende umweltbelastende Dünnsäure umweltschonend im Kreislauf geführt wird. Farben mit dem Blauen Engel müssen zusätzlich strenge Grenzwerte für Formaldehyd und andere flüchtige Inhaltsstoffe einhalten.

Mit der Deckkraft einer Farbe steigt ihr Anteil an Pigmenten und damit in der Regel auch ihr Preis. Kaufen Sie deshalb nicht unbedingt die billigste Farbe. Möglicherweise brauchen Sie sonst die doppelte Menge und haben auch noch die doppelte Arbeit.

Alkalibeständige Dispersionen sind auch auf Kalkmörtel und Beton verwendbar. Auf jeden Fall sollten Sie im Innenbereich ausschließlich Dispersionen „für innen“ verwenden. Sie sind im trockenen Zustand wasch- bis scheuerbeständig (Nassabriebklassen 3 bis 2). Dispersionen „für außen“ oder „für innen und außen“ sowie Latexfarben sind für Innenbereiche überqualifiziert und deshalb ökologisch nicht optimal.

Kosten: zwischen 0,16 Euro und 0,60 Euro pro m² (einfacher Anstrich)

leicht zu verwirklichen

Feste Farben

Von ihrer Zusammensetzung her handelt es sich bei den festen oder kompakten Farben um Kunststoffdispersionen. Sie bilden eine wasserarme pastöse Masse, die beim Rollen weniger spritzt. Ihre Ergiebigkeit ist sehr hoch, was den höheren Preis etwas relativiert. Durch ihre Zähflüssigkeit sind die Farben nicht nachträglich abtönbar, und die Auswahl an fertigen Tönen ist gering.

Wie die flüssigen Dispersionen sind auch die kompakten Farben als Blauer-Engel-Produkte erhältlich.

Kosten: zwischen 0,44 Euro und 0,68 Euro pro m² (einfacher Anstrich).

Flüssige Raufaser

leicht zu verwirklichen

Bei flüssiger Raufaser handelt es sich genau genommen um Dispersionsfarben, denen Holzspäne zugesetzt wurden. Ihre Verarbeitung geschieht deshalb auch analog zu den Dispersionen, erspart also gegenüber der Raufasertapete einen Arbeitsgang. Leider gerät die Oberfläche leicht inhomogen. Es ist auch zu bedenken, dass eine damit beschichtete Oberfläche zwar überstrichen, nicht jedoch übertapeziert werden kann. Die Farbe muss stattdessen abgebeizt werden. Flüssige Raufaser kann dennoch eine sinnvolle Alternative zum sehr aufwändigen Tapezieren von Raumdecken sein.

Wie bei den Dispersionsfarben sind auch hier Produkte mit dem Blauen Engel erhältlich.

Kosten: zwischen 0,23 Euro und 0,53 Euro pro m².

Naturharzdispersionen

leicht zu verwirklichen

Die Bindemittel von Naturharzdispersionen bestehen aus nachwachsenden bzw. nicht-knappen mineralischen Rohstoffen. In Deckfähigkeit und Abriebfestigkeit erreichen sie die Kunststoffdispersionen im Allgemeinen nicht. Einige enthalten auch einen etwas höheren Anteil an organischen Lösemitteln. Manche Naturfarbenhersteller verwenden dafür stark riechende Zitrus- oder Balsamterpene, die schleimhautreizend wirken und ein allergisches Potenzial besitzen. Falls Sie eine solche Farbe kaufen wollen, riechen Sie zunächst daran und fragen Sie sich, ob Sie mit dem Geruch über längere Zeit leben können. Es gibt auch lösemittelfreie Naturharzdispersionen. Auf synthetische Zusatzstoffe wie Weichmacher wird bei Naturharzdispersionen verzichtet. Als Konservierungsstoff dient meist Borax, das aber nicht ausdünstet.

Naturharzdispersionen sind in Biobauläden erhältlich. Sie kosten etwa doppelt so viel wie gute Kunstharzdispersionen. Lösemittelfreie Naturharzdispersionen sind am oberen Ende der Preisskala angesiedelt.

Kosten: ca. 0,52 Euro bis 1,06 Euro pro m² (einfacher Anstrich).

Latexfarben

strapazierfähig

Was unter diesem Namen in Baumärkten firmiert, unterliegt keiner Norm bezüglich der Zusammensetzung oder der Eigenschaft des Trockenfilms. Es handelt sich vielmehr um Kunststoffdispersionsfarben, die meistens durch Verwendung eines Bindemittel-Mischpolymerisats aus Butadien und Styrol einen scheuerbeständigen und elastischen Anstrich ergeben. Dieser kann seidenglänzend, aber auch matt auftrocknen.

Bedenklich sind vor allem die zugesetzten Weichmacher, die noch über eine längere Zeit in die Raumluft abgegeben werden können, sowie die herabgesetzte Dampfdiffusionsfähigkeit der Wände. Selbst die mit dem Blauen Engel ausgestatteten Produkte sollten deshalb vorrangig der Außenanwendung vorbehalten sein.

Der Preis ist etwa doppelt so hoch wie für gute Dispersionsfarben.

strapazierfähig

Dispersionssilikatfarben

Dispersionssilikatfarben haben gegenüber anderen Dispersionen einige Vorteile. Sie sind außerordentlich diffusionsfähig und können damit besonders gut die Raumluftfeuchte regulieren. Außerdem bieten sie Schimmel durch ihren weitgehend anorganischen Aufbau keinen Nährboden und geben keine problematischen Stoffe in die Raumluft ab. Allerdings kommt als Untergrund für sie nur ein Kalkputz, Beton, Kalksandstein oder Raufaser in Frage.

Das Bindemittel besteht aus mineralischem Kaliwasserglas mit maximal 5 % Kunstharzen. Sie sind leichter zu verarbeiten als reine Silikatfarben, die hauptsächlich für Außenanstriche verwendet werden. Beim Trocknen der Farbe verbindet sich das Kaliwasserglas mit dem Kalk des Untergrunds zu einem widerstandsfähigen, aber hoch diffusionsfähigen matten Film.

Eine Abtönung von Dispersionssilikatfarben ist nur mit speziellen Pasten möglich. Dunkle Töne kann man gar nicht herstellen. Sie müssen vom Hersteller angemischt werden. Dispersionssilikatfarben sind mit normalen Dispersionen überstreichbar, nicht aber umgekehrt. Entsprechende Altanstriche müssen erst abgebeizt werden. Verdünnt wird die Farbe mit speziellem Wasserglas-Grundanstrich.

Wie Kunststoffdispersionen, so sind auch Dispersionssilikatfarben mit dem Blauen Engel erhältlich.

Sicherheitstipp

Mit der Deckenbürste auf Putz aufgetragen, ergibt sich mit Dispersionssilikatfarben nicht nur eine schöne Struktur. Außerdem sind Sie sicherer vor den ätzenden Spritzern als beim Rollen. Auf jeden Fall müssen Sie bei der Verarbeitung Handschuhe und Schutzbrille tragen, die Haut mit Fettcreme schützen sowie alle Keramik- und Glasflächen abdecken oder abkleben!

preisgünstig

Kalk-, Kasein- und Leimfarben

Diese althergebrachten Anstrichmittel sind im Naturfarbenhandel als Fertigpulver zum Anrühren mit Wasser erhältlich. Sie sind schadstofffrei und bestehen aus nachwachsenden und/oder nicht-knappen mineralischen Rohstoffen. Leider ist ihre Anwendung mit einigen Nachteilen verbunden. Unter anderem müssen sie später abgewaschen werden, damit eine andere Wandbeschichtung möglich wird.

Kalkfarben lassen sich – wie Dispersionssilikatfarben – nur auf einem Untergrund aus Kalkmörtel verarbeiten. Sie sind zwar nahezu waschfest, decken aber andererseits sehr schlecht. Zum Abtönen eignen sich nur kalkbeständige Pigmente. Volltonfarben können nur in geringen Mengen zugegeben werden, sodass lediglich Pastelltöne erreicht werden.

Leimfarben verfügen dagegen über ein gutes Deckvermögen, auch auf Tapeten. Sie lassen sich sogar mit Volltonfarben abtönen, bleiben jedoch wasserlöslich und können mit keiner anderen als wieder mit Leimfarbe erneut überstrichen werden (→ „Untergründe vorbereiten", Seite 112).

Achten Sie darauf, dass pflanzliche (Zellulose oder Stärke) und nicht etwa tierische Leime (Gelatine) verwendet wurden. Letztere können selbst in verstrichenem Zustand noch verderben.

Wer Konservierungsstoffe vermeiden will, kann auch auf **Kaltwasserfarben** zurückgreifen. Das sind fertige Gemische von Bindemittel (Zelluloseleim) mit Pigment-/Füllstoff-Mischungen. Die trockene Masse müssen Sie gemäß der Verpackungsanweisungen selbst mit Wasser mischen.

Kaseinfarben sind zwar ebenfalls leicht anzurühren, sie dürfen nach dem Streichen aber auf keinen Fall feucht werden. Deshalb eignen sie sich nicht für Feuchträume.

Streichen mit Dispersionsfarben

So wird 's gemacht

Stellen sie zunächst eine Materialberechnung an:

Raumumfang mal -höhe ergibt die zu streichende Fläche.

Ziehen Sie auch hier sicherheitshalber keine normal großen Fenster und Türen ab.

Die Untergründe sollten Sie zuvor überprüft und vorbereitet haben (→ „Untergründe vorbereiten", Seite 112). Für unebene und nicht weiße Untergründe müssen Sie mehr Farbe kalkulieren, als die Hersteller angeben (bis zum Doppelten für zwei Anstriche!).

Dispersionsfarben können verderben. Sie sind meist nur etwa zwei Jahre haltbar. Achten Sie deshalb auch beim Einkauf auf das Haltbarkeitsdatum. Und wenn der Inhalt zu Hause nach dem Öffnen übel riecht oder ein zäher Brei statt flüssiger Farbe ist, tauschen Sie den Eimer um.

Vorbereitung

Räumen Sie vor Beginn alle Wände frei. Entfernen Sie auch die Abdeckungen von Schaltern und Steckdosen (Sicherungen ausschalten!). Stellen Sie die Möbel in die Mitte des Raumes und legen Sie eine Folie darüber. Den Boden müssen Sie ebenfalls abdecken. Zum Schutz von Holzfußböden eignet sich Pappe besonders gut. Kleben Sie mit dem Kreppband Fußleisten, Tür- und Fensterrahmen möglichst randgenau ab. **1**

Beim Abtönen der Farbe sollten Sie darauf achten, dass Sie definierte Mengen mischen. Dann treffen Sie später leichter wieder den genauen Farbton. Probieren Sie die Farbe zunächst an einer Stelle aus, die sonst von einem Möbel verdeckt ist. Trocknen Sie sie vor der Prüfung mit einem Haartrockner.

Arbeiten Sie bei offenem Fenster und möglichst am Tag. Bei Tageslicht sehen Sie Fehler am besten.

1

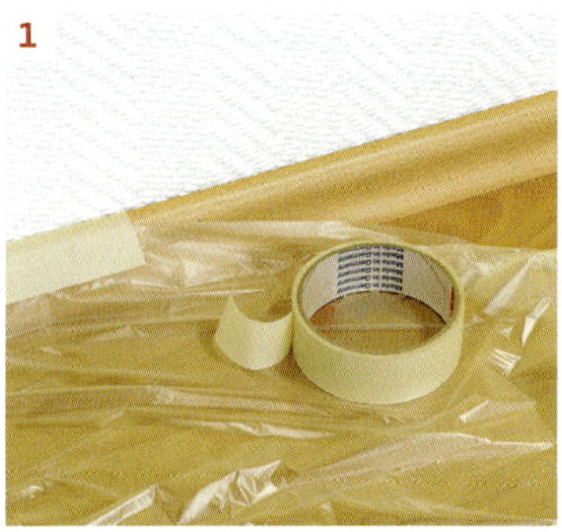

Werkzeuge

- Heizkörperpinsel
- kleine Rolle (Mäuschen)
- Malerrolle
- Abstreifgitter
- Stehleiter
- Teleskopstab oder Besenstiel

Verbrauchsmaterialien

- Abdeckfolie oder Malerkrepp oder Zeitungspapier
- Pappe (bei Parkettboden)
- Krepp-Klebeband
- Wandfarbe

2

3

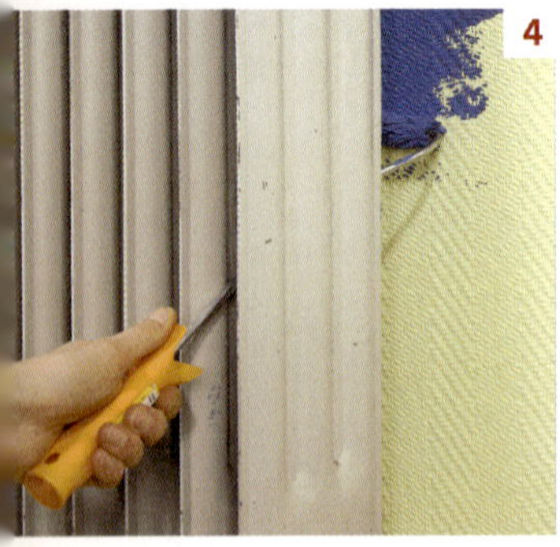

4

Zuerst wird die Decke gestrichen: Mit dem Heizkörperpinsel und dem Mäuschen streichen Sie die Ecken und Wandbegrenzungen vor. **2**

Mit einer großen Rolle wird dann die Fläche gerollt. Neue Rollen anfeuchten, ausdrücken und erst dann in den Farbeimer tauchen. Nehmen Sie reichlich Farbe auf und verteilen Sie sie etwas am Abstreifgitter. Ob die Farbmenge ausreicht, können Sie am schmatzenden Geräusch der Rolle auf der Fläche erkennen.

Man arbeitet abschnittweise im Kreuzgang, trägt also zwei bis drei Rollenbreiten auf einem Meter Länge senkrecht auf und verteilt dann waagerecht. So vermeidet man auch Fehlstellen („Feiertage“). Wenn Sie dann noch wieder senkrecht verschlichten, bekommen Sie ein gleichmäßiges Bild. **3**

Wenn Sie Platz genug zum Arbeiten haben, erleichtert ein Teleskopstab auch an den Wänden die Arbeit. Beim Deckenanstrich ist er so gut wie unverzichtbar.

Kontrollieren Sie, ob nach dem Trocknen der Farbauftrag überall gleichmäßig und befriedigend ausgefallen ist.

Heizkörperpinsel oder Mäuschen helfen bei unzugänglichen Stellen. Hinter Rippenheizkörpern streichen Sie, indem Sie das Mäuschen mit Farbe senkrecht hindurchschieben, waagerecht drehen und dann abrollen. Frische Farbe am Heizkörper waschen Sie am besten gleich mit Schwamm und Wasser ab. **4**

Wenn Sie die Arbeit unterbrechen, bewahren Sie Malerrollen und Pinsel in luftdicht schließenden Plastiktüten auf, damit sie nicht austrocknen. Nach Beendigung der Arbeit rollen bzw. streichen Sie sie gut aus. Reinigen Sie die Werkzeuge danach sorgfältig mit Wasser. Übrig gebliebene Dispersionsfarbe sollten Sie eintrocknen lassen und anschließend in die Restmülltonne des Hausmülls geben, flüssige Reste bei einer Sammelstelle für Altfarben abgeben. Leere Farbeimer geben Sie zum Recycling (gelbe Tonne). Größere Farbmengen können Sie im mit Klebeband luftdicht verschlossenen Originalgefäß kühl aufbewahren.

Tipp

Es empfiehlt sich, vor allem bei abgetönten Farben, einen Teil der Farbreste für spätere Reparaturanstriche in gut schließenden Schraubgläsern aufzubewahren (wegen des besseren Luftabschlusses auf den Kopf stellen!).

Fliesen

dauerhaft

Keramische Fliesen sind wegen ihrer Wasserunempfindlichkeit prädestiniert für alle Feuchträume. Auch für verschmutzungsgefährdete Bereiche, wie in Küchen, sind sie wegen ihrer guten Reinigungsfähigkeit besonders geeignet.

Es gibt Fliesen schon sehr günstig, etwa ab 20 Euro pro m². Nach oben ist die Preisskala fast offen. Die Verlegung durch einen Fachbetrieb ist im Vergleich zu anderen Wandbelägen besonders teuer. Wer diese Arbeit selbst erledigen kann, der spart besonders viel Geld.

Fliesen restaurieren

preisgünstig
leicht zu verwirklichen

Immer wieder kommt es vor, dass einzelne Fliesen zu Bruch gehen, oder es wurden Löcher hineingebohrt, die beseitigt werden sollen. Auch wenn Sie in Ihrer neuen Wohnung Fliesen vorfinden, die nicht Ihrem Geschmack entsprechen oder die Farbtöne Ihrer Dusche unmodern wirken, brauchen Sie die Fliesen nicht zu erneuern. Mit einem geeigneten Anstrich können Sie die „Steine des Anstoßes“ einfach überstreichen. Die folgenden Arbeitsanweisungen gelten übrigens sowohl für Wand- als auch für Bodenfliesen.

Dübellöcher verschließen

Wenn die Löcher nicht allzu sehr ins Auge springen, dann reicht es meist schon aus, sie mit geeignetem Material zuzuspachteln.

Werkzeuge

- Hammer
- Spachtel
- Schutzbrille
- feste Gummihandschuhe

Verbrauchsmaterialien

- Fliesenstück (vorhanden/ggf. nachkaufen)
- Zementmörtel („chromatarm“ nach TRGS 613) oder Wasserglas

So wird ’s gemacht

Zertrümmern Sie mit dem Hammer – am besten auf einer Metallplatte – ein Fliesenstück zu Pulver. Tragen Sie dabei unbedingt eine Schutzbrille! Vermischt mit Zementmörtel oder Wasserglas und mit Wasser angerührt, ergibt sich eine pastöse Masse, mit der Sie das unerwünschte Loch verschließen können.

Sicherheitstipp

Beachten Sie, dass es sich bei Zementmörtel und Wasserglas um stark ätzende Materialien handelt. Sie müssen unbedingt mit Gummihandschuhen und mit Schutzbrille verarbeitet werden!

Werkzeuge

- Hammer
- ggf. Winkelschleifer mit Trennscheibe (evtl. ausleihen)
- Flachmeißel (Fliesenmeißel)
- Fliesenhammer
- Schutzbrille
- feste Gummihandschuhe

Verbrauchsmaterialien

- Kunstharzverstärkter Fliesenkleber (Pulver zum Anrühren)
- Fugenmörtel (feuchtraumgeeignet)

Einzelne Fliesen austauschen

Wohl dem, der im Falle einer kaputten Fliese noch einige Originalplatten hat. Ein Nachkauf ist nämlich oft nicht möglich, besonders dann, wenn die Fliesen schon einige Jahre alt sind. Wer nicht nur eine einzelne Fliese auswechseln will, der kann sich überlegen, ob er mit andersfarbigen Fliesen der gleichen Größe ein Muster gestaltet. Selbst wenn er dabei einige noch intakte Platten zerstören muss, ist das immer noch preiswerter als die komplette Erneuerung.

So wird 's gemacht

Zuerst werden mit Hammer und Meißel die Fugen rund um die Fliese aufgeschlagen (Schutzbrille aufsetzen!). **1** Falls vorhanden, kann dazu auch ein Winkelschleifer mit einer Trennscheibe benutzt werden. Als Nächstes zertrümmern Sie die kaputte Fliese mit dem Fliesenhammer und befreien den Untergrund von Mörtel- oder Kleberrückständen. Dann setzen Sie die neue Fliese ein, wie unter „Fliesen anbringen“ (→ Seite 140) beschrieben. **2** Vergessen Sie auch dabei Gummihandschuhe und Schutzbrille nicht!

1

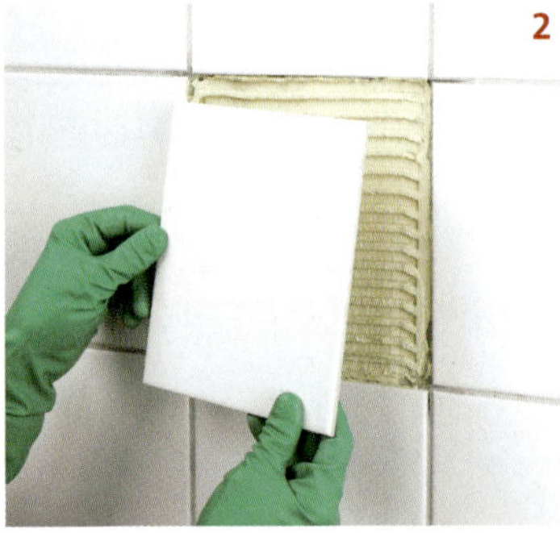
2

Werkzeuge

- Pinsel
- Spachtel
- Cuttermesser

Verbrauchsmaterialien

- Komplettpaket (Grundreiniger, Haftgrund, Farbe, Fugenstreifen oder Deckspachtelmasse und Versiegelung)
- Lackierrolle (aus Schaumstoff)
- saubere Tücher
- Staubfiltermaske (P2)

Fliesen beschichten

Zum Beschichten von Fliesen stehen zwei Varianten zur Verfügung. Die eine bewahrt die Struktur der Fliesenoberfläche; die andere gleicht Unebenheiten aus und schafft – je nach Wunsch – eine glatte oder eine strukturierte Oberfläche.

So wird 's gemacht

Vorbereitende Arbeiten

Zuerst müssen alle Schäden und Löcher in den Fliesen beseitigt werden (→ „Dübellöcher verschließen“, Seite 137). Es muss eine intakte Oberfläche hergestellt werden.

Dazu gehört auch, dass Sie grobem Schmutz mit einem Spachtel oder Ähnlichem zu Leibe rücken. Silikondichtungen müssen Sie mit einem Messer rückstandsfrei entfernen, da die Farbe sonst nicht haftet.

Als Nächstes reinigen Sie die Fliesen mit Haushalts- und danach intensiv mit dem Grundreiniger aus dem Beschichtungspaket und mit sauberen Tüchern. So werden fettige Rückstände entfernt, die die Haftung der Farbe erschweren würden.

Ab jetzt sollten Sie den Raum gut lüften. Das unterstützt die Trocknung und bewahrt Sie vor allzu hohen Konzentrationen von gesundheitsgefährdenden Lösemitteln (→ „Luftbelastung durch Lösemittel", Seite 23). Wie bei allen Maler- und Lackiererarbeiten sollten Sie außerdem die Sicherheitshinweise auf den Farbgebinden beherzigen.

Die Farbe besteht übrigens aus Polyurethan-Kunststoff. Dabei handelt es sich um eine einzelne Komponente, sie birgt also nicht die Gesundheitsrisiken der 2-Komponenten-Systeme in sich.

Streichen

Nachdem der Reiniger getrocknet ist, wird der Haftgrund als dünne und gleichmäßige Schicht aufgetragen – ebenfalls mit sauberen Lappen. Wenn er nach etwa einer halben Stunde getrocknet ist, kann der erste Farbanstrich folgen. Tragen Sie dazu auf jeden Fall Gummihandschuhe. Die Farbe ist außerordentlich haftfähig! Streichen Sie zuerst die Fugen eines kleineren Abschnitts mit dem Pinsel. **1**

Über die noch feuchte Farbe wird dann nass in nass weitere Farbe

1

2
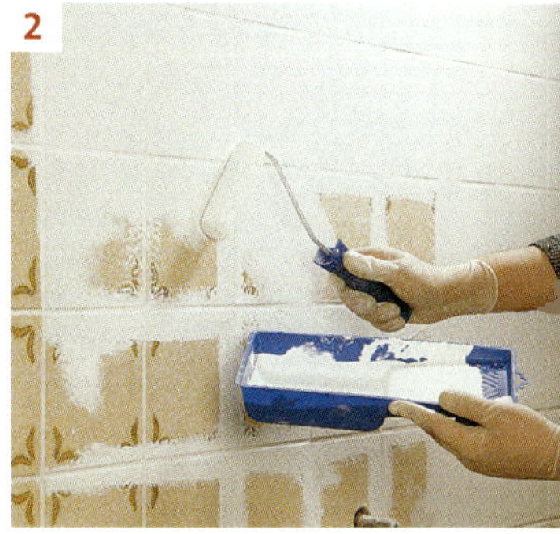

gerollt. Die verbleibenden Abschnitte werden auf die gleiche Weise behandelt. **2**

Nach etwa zwölf Stunden ist der erste Anstrich getrocknet. Dann wird ein zweiter Farbanstrich aufgebracht. Arbeiten Sie dabei stets von oben nach unten!

Nach dem Trocknen (wiederum ca. zwölf Stunden) werden die Fugenstreifen aufgeklebt oder – falls Sie die glatte Variante gewählt haben – die Deckspachtelmasse aufgebracht. **3**

Nach wiederum zwölf Stunden Trockenzeit tragen Sie die Versiegelung auf. **4**

Auf diese Weise können Sie sogar Waschbecken, Badewannen, die Außenseiten von Toiletten und Heizkörper streichen. Glatte Flächen müssen Sie zuvor mit einem feinen Schleifpapier mit der Hand oder einer Schleifmaschine anrauen, damit die Farbe hält. **5**

Vergessen Sie dabei die Staubfiltermaske (P2) nicht!

3
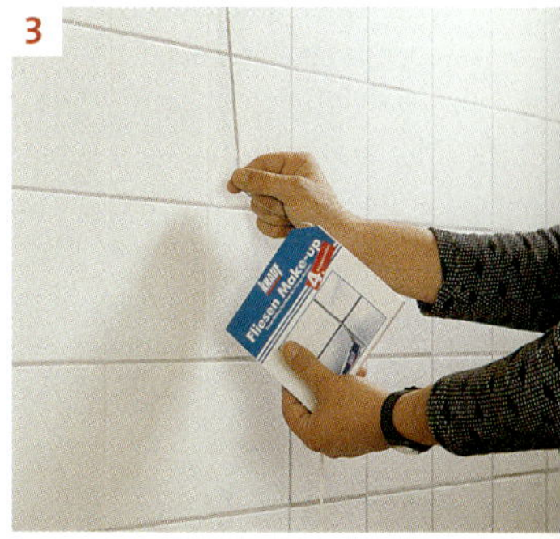

5

4

dauerhaft

Fliesen anbringen

Werkzeuge

- Maurerkelle
- Bohrmaschine mit Rührvorsatz oder Rührholz
- Zahnspachtel (Zahnung je nach Fliesengröße)
- Fugengummi und Schwammbrett
- Richtlatte oder lange Wasserwaage
- Maurerschnur mit Einschlagstiften
- Kartuschendrücker
- Schutzbrille und Gehörschutz
- Fliesenschneider oder Schneideapparat (ausleihen)
- Brechzange
- ggf. Winkelschleifer mit Hartmetallscheibe (ausleihen)
- ggf. Stichsäge mit Hartmetallsägeblatt (ausleihen)
- ggf. Fliesen-Sägebogen
- Fliesen- oder Korundfeile

Verbrauchsmaterialien

- lösemittelfreier Dispersionskleber (Pulver zum Anrühren)
- Fugenmörtel
- sauer vernetzende Silikon-Dichtungsmasse (schimmelbeständig)
- Fliesenkreuze (in Fugenbreite)
- Schleifpapier
- Kreide
- Spülmittel
- ggf. Zeitungspapier
- Schnur

So wird 's gemacht

Materialberechnung

Beim Einkauf der Fliesen sollten Sie auf die richtige Menge achten. Als Faustregel kann Ihnen die folgende Berechnung dienen:

Quadratmeter + 5 % Verschnitt (bei Diagonalverlegung 10 %) + 5 % Reserve

Die Reserve ist für spätere Ausbesserungs- und/oder Umbauarbeiten wichtig!

Vorbereitung

Prüfen Sie, ob der Untergrund ausreichend eben ist, und glätten Sie ihn ggf. vorher mit Gipsspachtelmasse. Damit der Fliesenkleber hält, müssen Sie den Untergrund mit lösemittelfreiem Tiefgrund (LF) streichen. **1**

Lösemittelfreie Dispersionskleber sind nicht nur für Wandfliesen besser geeignet als Zementmörtel, für Feuchtbereiche und auf arbeitenden Untergründen sind sie unerlässlich. Das Gleiche gilt für die Fugenmasse.

Wo der Untergrund Dehnungsfugen aufweist oder bei Übergängen zu anderen Oberflächen, zum Beispiel an Badewannen oder Duschtassen, müssen die Fliesenfugen allerdings in Silikon ausgeführt werden. Sonst entstehen dort später Risse.

Tipp

Wer alte Fliesen durch neue ersetzen will, der braucht sie eventuell gar nicht zu entfernen. Mit modernen Fliesenklebern ist es durchaus möglich, die neuen Fliesen auf die alten zu kleben.

Angeschnittene Fliesen sollten möglichst nicht schmaler als ihre halbe Breite sein und immer an den Rändern liegen. Bei Dehnungsfugen im Untergrund müssen Sie die Fliesenfugen so ausrichten, dass sie exakt darüber liegen! Berücksichtigen Sie auch die Fugenbreite (möglichst nicht mehr als fünf Millimeter).

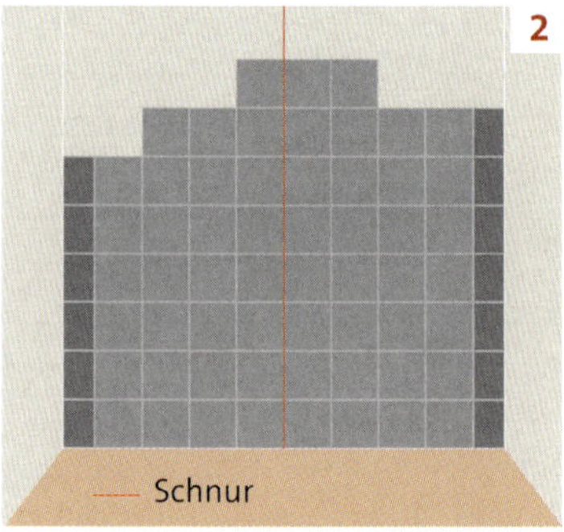

2

1

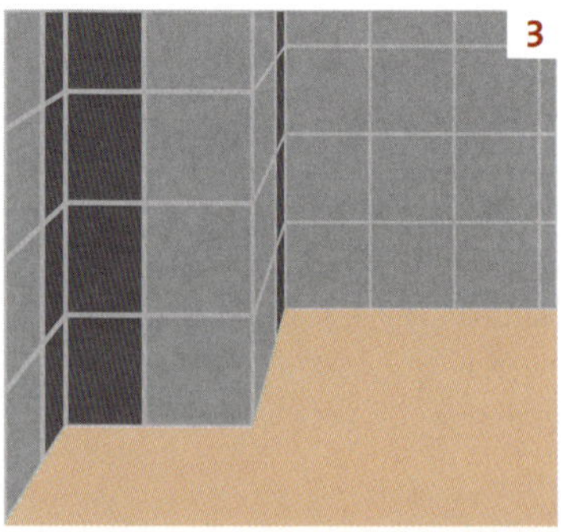
3

Fällen Sie in der Wandmitte das Lot und kleben Sie die Fliesen von dort ausgehend zu den Seiten. **2**

Beginnen Sie bei Mauerkanten an der Außenkante, so dass die angeschnittenen Fliesen in den Innenkanten liegen. **3**

Fliesen bearbeiten

Gerade Schnitte werden an Fliesen mit einfachen Fliesen- oder Glasschneidern ausgeführt. Sie ritzen damit die Oberfläche entlang einer Metallschiene an ohne abzusetzen (!). Wer einen Winkelschleifer besitzt oder sich einen leihen kann, der ritzt die Fliesen mit einer Hartmetallscheibe an. Die Fliese wird anschließend gebrochen – am besten über ein schmales Rundholz. **4**

Wenn Sie sehr viele Fliesen bearbeiten müssen, lohnt sich ein Fliesenschneider, der die zu bearbeitenden Stücke auch gleich in einem Arbeitsgang bricht. Kleinere, runde oder unregelmäßige Aussparungen werden mit der Brechzange ausgeknabbert. Dünne Fliesen können auch mit einem laubsägeähnlichen Fliesen-Sägebogen zugeschnitten werden. Noch einfacher geht es mit einer Stichsäge, die mit einem Hartmetall-Sägeblatt ausgestattet ist. Radien unter zehn Zentimeter können damit aber nicht gesägt werden. Die Kanten glätten Sie mit einer Fliesen- oder Korundfeile und arbeiten sie mit Schleifpapier nach.

Tragen Sie sicherheitshalber bei allen genannten Arbeiten eine Schutzbrille!

Fliesen anbringen

Beginnen Sie wie beschrieben und ziehen Sie den Kleber für die erste senkrechte Fliesenreihe auf die Wand auf. Mit der Kelle verteilen Sie einen kleinen Teil des Klebers in einer dünnen Schicht auf einer Fläche von der Größe, die Sie in ca. 15 Minuten bearbeiten können. Dann kämmen Sie ihn mit dem Zahnspachtel schräg zur Verlegerichtung durch und drücken die Fliesen gut an. **5**

Je größer die Fliesen sind, desto breiter müssen die Zähne des Zahnspachtels sein. Richten Sie die Reihe dabei an dem Lot aus. Die Fugenbreite sichern Sie durch das Einlegen oder senkrechte Einstecken von Fugenkreuzen. Damit die Fugen schön gleichmäßig bleiben, kontrollieren Sie regelmäßig die frisch verlegten Fliesenabschnitte mit der Richtlatte. Entfernen Sie in die Fugen quellenden Kleber umgehend mit einem Fugenspachtel, bevor er abbindet. **6**

Verfugen

Je nach Art und Dicke des Fliesenklebers können Sie zwischen 5 und 24 Stunden nach dem Anbringen der Fliesen mit dem Verfugen beginnen. Am besten stopfen Sie die Fliesenfugen über Dehnungsfugen, Wandanschlüssen und Anschlüssen zur Badewanne oder Duschtasse mit Zeitungspapier aus. Rühren Sie immer nur einen Teil der Fugenmasse auf einmal an, damit Sie genügend Zeit für die Verarbeitung haben.

Die Fugenmasse wird auf die Fliesen aufgebracht und mit dem Fugengummi kreuz und quer in die Fugen eingestrichen. Senkrecht eingestellte Fugenkreuze entfernen Sie vorher; eingelegte Kreuze werden einfach mit verfugt. **7**

4

5

6

7

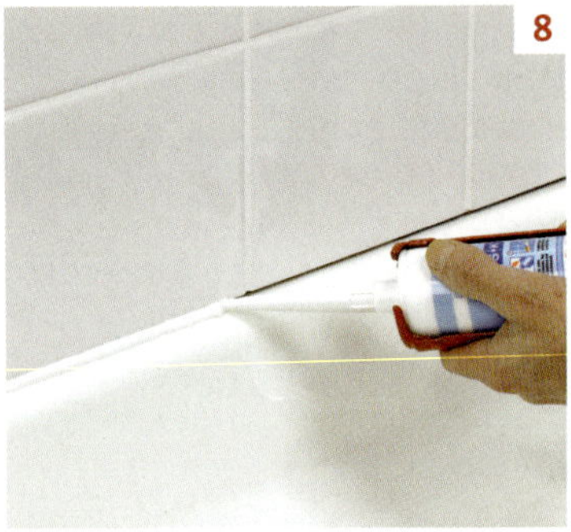

8

Wenn die Masse etwas angezogen hat, sollten Sie die Reste auf den Fliesen mit einem feuchten Schwamm gründlich abwaschen.

Zum Schluss entfernen Sie ggf. das Zeitungspapier aus den Fugen und verschließen sie gut mit Silikondichtmasse. 8

Heizkörper lackieren

Irgendwann muss jeder Heizkörper einmal renoviert werden, gleichgültig ob der alte Lack stellenweise abgestoßen oder ob er auch nur im Laufe der Jahre vergilbt ist. Wenn der neue Anstrich von Dauer sein soll, ist die richtige Durchführung sehr wichtig. Die beste Zeit für das Lackieren der Heizkörper ist der Herbst kurz vor der Heizperiode. Sie sind dann am flexibelsten, was das im Anschluss notwendige wiederholte Aufheizen und Stoßlüften betrifft.

Der wichtigste Gesichtspunkt ist die Auswahl des neuen Lacks. Auf jeden Fall muss es ein spezieller Heizkörperlack sein; diese Art Anstriche hält Temperaturen bis mindestens 90 °C aus. Die klassischen Heizkörperlacke sind lösemittelverdünnbar. Sie sind als Kunst-, aber auch als Naturharzlacke erhältlich. Letztere werden zwar aus nachwachsenden Rohstoffen hergestellt, damit gestrichene Heizkörper dünsten aber oft lange und intensiv aus, was zu einer erhöhten Geruchsbelästigung und eventuell zu gesundheitlichen Problemen durch Lösemittel führen kann.

Bei den Kunstharzprodukten (Alkydharzlacken) kommen zu den Lösemitteln (→ „Luftbelastung durch Lösemittel“, Seite 23) weitere gesundheitlich problematische Stoffe hinzu, wie Kunststoffmonomere und Weichmacher. Wer die – auch geruchlich sehr unangenehmen – Ausdünstungen reduzieren will, der sollte zu wasserverdünnbaren Acryllacken greifen. Sie stehen den lösemittelhaltigen Produkten in ihrer Gebrauchstauglichkeit nicht nach.

Besonders umwelt- und gesundheitsverträglich sind mit dem Blauen Engel ausgezeichnete Heizkörperlacke. Wer nur einen Auffrischungsanstrich plant, der fährt mit wasserverdünnbaren Lacken ohnehin immer dann besser, wenn er nicht weiß, womit der Heizkörper ursprünglich gestrichen wurde. Acryllacke können nämlich grundsätzlich auf allen anderen Untergründen verstrichen werden, während Alkydharzlacke nur auf ihresgleichen gut haften.

Der bequemeren Aufbringung wegen werden Sprühgeräte für die Heizkörperlackierung angeboten. Ihrer Gesundheit und Ihrem Geldbeutel zuliebe sollten Sie auf dieses Verfahren aber verzichten. Beim Sprühen geht zu viel daneben – und gelangt in die Atemluft!

Wenn Sie einen Heizkörper mit schwer zugänglichen Rippen haben, bei dem auch noch die alten Lackschichten durch mehrfaches Überstreichen sehr dick sind, sollten Sie den Heizkörper ausbauen und professionell entschichten lassen. Ein Malerei-Fachbetrieb oder eine Ablaugerei erledigt das schnell und effektiv durch Sandstrahlen oder ein Abbeizerbad. Da vor dem Ausbau das Wasser aus der Heizanlage abgelassen werden muss, sollte der Zeitpunkt dafür möglichst außerhalb der Heizperiode liegen.

Anstrich auffrischen

leicht zu verwirklichen

So wird 's gemacht

Rost entfernen

Bevor Sie mit dem Streichen anfangen, müssen Sie die Oberfläche sorgfältig vorbereiten. Lose Teile des alten Lacks, Blasen und Risse entfernen Sie mit Spachtel und Drahtbürste bis auf den Grund. Danach reinigen Sie die Oberfläche gründlich mit einem Schwamm und warmem Wasser mit Haushaltsreiniger. 1

Wo das Metall zutage tritt, muss es mit einer Drahtbürste und Schleifpapier sorgfältig von jeglichem Rost befreit werden.

1

Altanstrich anschleifen

Das Anschleifen der Oberfläche des Heizkörpers machen Sie am besten von Hand mit Schleifpapier. Wegen möglicher giftiger Inhaltsstoffe (Blei oder andere Schwermetalle) sollten Sie dabei eine Staubfiltermaske (P2) tragen.

Wischen Sie nach dem Anschleifen den Schleifstaub sorgfältig mit einem feuchten Lappen ab.

Abkleben

Kleben Sie zunächst benachbarte Flächen und Gegenstände sorgfältig mit Klebeband und Zeitungspapier ab. 2

Besonders wichtig ist das Abkleben der Heizkörperventile und der Rohrverschraubungen, damit sie nicht mit Lack zugeschmiert werden. 3

Werkzeuge

- Drahtbürste
- Spachtel
- Schwamm
- Flachpinsel (mit Kunststoffborsten), ggf. Heizkörperpinsel
- Lackierrolle bzw. feste Schaumstoffrolle
- Arbeitshandschuhe

Verbrauchsmaterialien

- wasserverdünnbarer Heizkörperlack
- Staubfiltermaske (mit Feinstaubfilter P2)
- wasserverdünnbare Rostschutzgrundierung
- Haushaltsreiniger
- Schleifpapier (P 180 bis P 220)

2

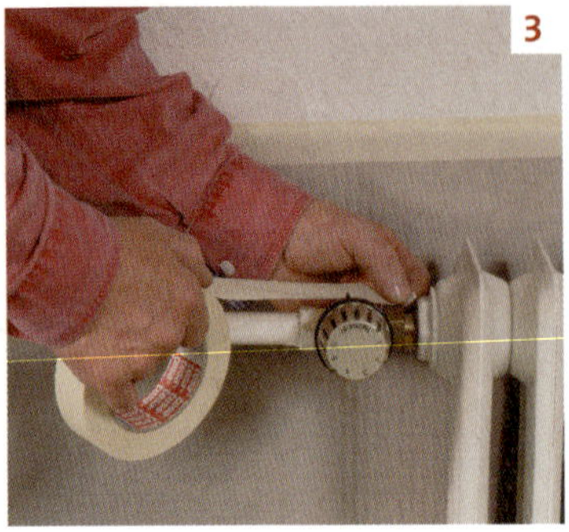
3

4

Grundieren

Wo Sie das blanke Metall freigelegt haben, da ist es notwendig, zunächst eine Rostschutz-Haftgrundierung als Vorstrich aufzutragen. Zu diesem Zweck stehen wasserverdünnbare Produkte mit dem Blauen Engel zur Verfügung. Bringen Sie sie mit einem Flachpinsel (mit Kunststoffborsten) auf. Schwer zugängliche Stellen werden mit geeigneten Heizkörperpinseln gestrichen.

Streichen

In gleicher Weise streichen Sie den Heizkörper. 4

Falls der erste Anstrich nicht ausreichend decken sollte, schleifen Sie, nachdem der Lack grifffest geworden ist, noch einmal wie beschrieben mit Schleifpapier an und wiederholen die Prozedur.

Die Pinsel streichen Sie nach Beenden der Arbeit gut aus und reinigen sie möglichst umgehend gründlich mit Wasser.

Nacharbeiten

Selbst wenn der Anstrich Wochen oder Monate zurückliegt – beim ersten Einschalten der Heizung kommt es für geraume Zeit zu unangenehmen (und gesundheitsschädlichen) Ausdünstungen. Um diese möglichst schnell loszuwerden, sollten Sie den Heizkörper noch vor Beginn der Heizperiode einige Tage lang möglichst stark aufheizen und den Raum in kurzen Abständen gut durchlüften.

Es ist eingerichtet – Holzmöbel

Entscheidungsraster Möbel

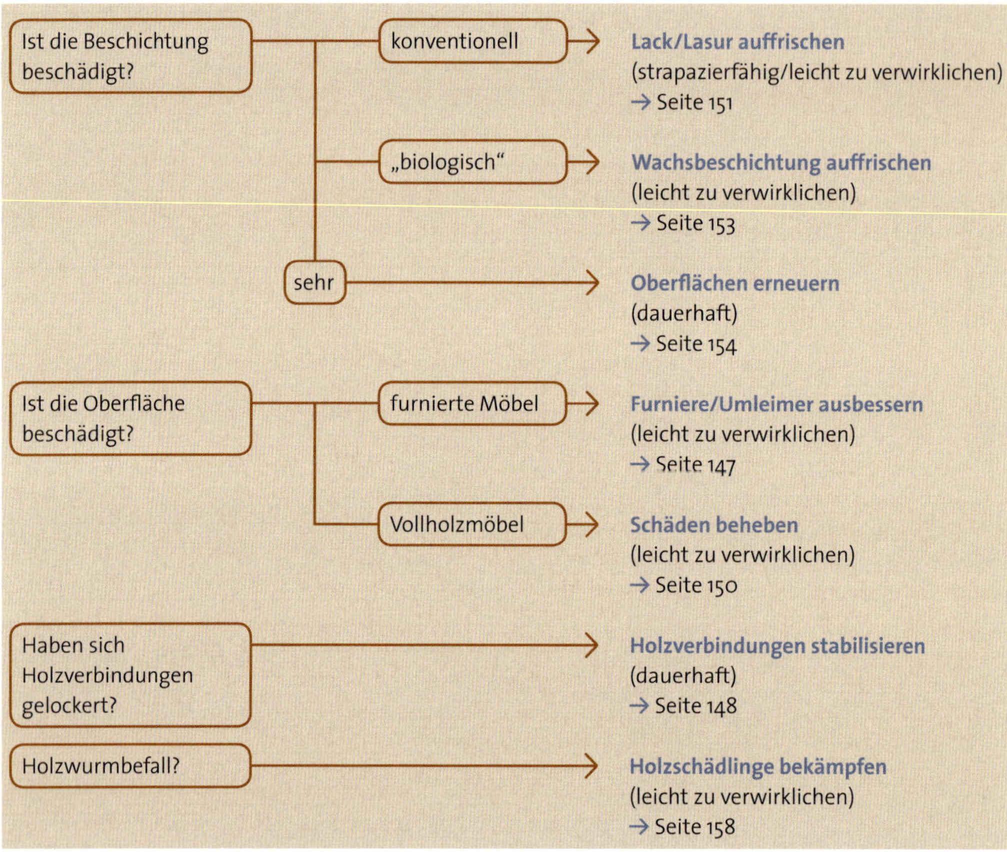

In einer Zeit der Ex-und-hopp-Möbel stellt das Reparieren und Aufarbeiten von Möbeln für viele begeisterte Heimwerker eine Herausforderung dar. Es macht offenbar besondere Freude, einem schönen alten, praktischen oder wertvollen Stück durch Eigenarbeit zu einem längeren oder vielleicht sogar zu einem ganz neuen Leben zu verhelfen. Darüber hinaus bietet insbesondere die Neubeschichtung von Holzmöbeln kreative Freiräume in der Materialauswahl, wie man sie sonst eher selten hat.

In diesem Kapitel werden verschiedene Möglichkeiten vorgestellt, wie Sie einem „alten Schätzchen“ wieder zu neuem Glanz verhelfen können.

Aufarbeiten

Furniere/Umleimer ausbessern

Eine häufige Art der Beschädigung bei Holzmöbeln ist das Ablösen des Furniers auf den Flächen oder an den Kanten. Sofern es sich nicht um größere Schäden handelt, können sie leicht in Eigenarbeit wieder hergestellt werden.

leicht zu verwirklichen

Werkzeuge

- Cuttermesser
- spitzer Bleistift
- Stahllineal
- Stechbeitel (schmal)
- fusselfreies Tuch
- feste Schaumstoffrolle
- Bügeleisen
- Schleifklotz
- ggf. Kantenschneider

Verbrauchsmaterialien

- Holzleim
- Furnier
- Schleifpapier (P 220)
- Umleimer

So wird 's gemacht

Flächig gelöstes Furnier

Sofern sich das Furnier auf der Fläche als geschlossene Blase ablöst, schneiden Sie diese Blase mit dem Cuttermesser über Kreuz ein, und zwar schräg zur Richtung der Maserung. Heben Sie die Ecken des Einschnitts an (achten Sie darauf, dass sie nicht abbrechen!) und bestreichen sie von unten mit wenig Holzleim. **1**

Pressen Sie dann die Ecken an und entfernen Sie austretenden Leim sofort mit einem fusselfreien Tuch.

Abgeplatztes Furnier

Ist das Furnier stellenweise abgeplatzt oder angestoßen, dann besorgen Sie sich am besten ein in Farbe und Maserung passendes Furnier im Fachhandel. Schneiden Sie mit einem Cuttermesser aus dem neuen Furnier ein genügend großes Stück aus und verwenden Sie es als Schablone zum Anzeichnen der zu reparierenden Fläche. Zeichnen Sie sie mit einem spitzen Bleistift an.

Legen Sie dann ein Stahllineal an die Markierung und schneiden Sie mit dem Cuttermesser das beschädigte Stück Furnier aus. Arbeiten Sie dabei möglichst akkurat, damit keine Spalten entstehen! Heben Sie das beschädigte Furnier mit dem schmalen Stechbeitel vorsichtig ab und leimen Sie das neue Stück Furnier mit wenig Holzleim an seiner Stelle ein. **2**

Pressen Sie es auf der gesamten Fläche fest an und wischen Sie austretenden Leim sofort mit einem fusselfreien Tuch ab.

1

2

Beschädigte Kanten

Bei beschädigten Kanten furnierter oder folienbeschichteter Möbel lösen Sie zunächst die Beschichtung von der gesamten Kante ab, nach Anlösen des alten Klebers mit einem Bügeleisen oder mit einem schmalen Stechbeitel oder einem Messer. 3

Der für die Reparatur notwendige Kantenumleimer in der passenden Farbe und ggf. Maserung sowie der notwendigen Breite (eher zu breit als zu schmal) wird dann mit einem Bügeleisen (Temperatur: Baumwolle) einfach auf die Kante aufgebügelt. Legen Sie dazu als Schutz ein Baumwolltuch zwischen das Bügeleisen und den Umleimer. 4

Überstehende Kanten des Umleimers sollten Sie danach mit einem speziellen Kantenschneider bündig abschneiden und die Schnittkante mit feinem Schleifpapier (P 220) glätten. 5

dauerhaft

Holzverbindungen stabilisieren

Werkzeuge

- Hammer
- Holzklotz
- Messer
- Schraubzwinge(n) oder ggf. Klemmzwinge

Verbrauchsmaterialien

- Holzklötze oder -zuschnitte
- Holzleim

Häufig lockern sich bei besonders beanspruchten Möbeln wie Stühlen, Tischen und Ähnlichem nach einigen Jahren des Gebrauchs Verbindungen zwischen einzelnen Holzteilen. Das ist jedoch längst kein Grund, die Möbel auf den Sperrmüll zu verbannen. Mit etwas Geschick, Leim und einer oder mehreren Schraubzwingen lassen sich die Mängel meist leicht beheben.

So wird 's gemacht

Zunächst müssen die entsprechenden Verbindungen vollständig gelöst werden. Falls sich dabei andere Verbindungen lockern sollten oder es die Konstruktion erfordert, kann es notwendig werden, mehrere oder sogar alle Verbindungen zu lösen. Am besten lösen Sie die Verbindungen mit einem nicht zu leichten Hammer. 1

Allerdings sollten Sie damit nicht direkt auf das Holz schlagen, sondern einen Holzklotz zum Schutz vor Beschädigungen dazwischen legen (ggf. mit einer Schraubzwinge befestigen). 2 3

Die Verbindungen müssen sorgfältig von altem Leim befreit werden. Am einfachsten schaben Sie ihn mit einem Messer ab. Achten Sie aber darauf, dass das Holz dabei nicht beschädigt wird. Schlecht sitzende Verbindungen können sich später leicht wieder lösen oder sie halten gar nicht erst.

Bestreichen Sie dann dünn die Kontaktflächen der Verbindungen und lassen Sie sie leicht antrocknen (Anweisungen des Herstellers beachten). Fügen Sie dann die Teile zusammen und pressen Sie sie mit den Schraubzwingen und – zur optimalen Verteilung des Pressdrucks – dazwischen gelegten Holzklötzen fest zusammen. **4**

Je nach Art der Verbindung kann es erforderlich sein, die Holzklötze vorher zu den benötigten Formen zuzusägen. Bei bestimmten Verbindungen, wie zum Beispiel Schubladen, können statt der Schraub- auch Klemmzwingen geboten sein. **5**

Oberflächen restaurieren

leicht zu verwirklichen

Werkzeuge

- Cuttermesser
- Messer
- kleiner Spachtel
- dünner Malpinsel

Verbrauchsmaterialien

- Rasierklinge
- Reparaturwachs (im Holzton)
- Ölfarbe (in Holztönen)
- Klarlack (zum Sprühen)

Schäden beheben

Sehr leicht kann es passieren, dass durch Unachtsamkeit oder Missgeschick die Oberfläche eines Möbels beschädigt wird. Häufig handelt es sich dabei um Einkerbungen, die durch scharfkantige oder eckige Gegenstände hervorgerufen werden. Mit der Reparatur sollten Sie möglichst nicht lange warten, da sonst Schmutz und Feuchtigkeit eindringen und das Holz noch weiter schädigen können.

So wird 's gemacht

Schneiden Sie zunächst mit einem Cuttermesser die beschädigte Stelle vorsichtig so aus, dass alle eventuellen Fremdkörper oder Verfärbungen entfernt werden. 1

Das Holzwachs wird erhitzt und in die Schadstelle eingeträufelt. Nachdem es ausgehärtet ist, wird es mit einer Rasierklinge glatt abgeschabt und Rauigkeiten werden mit dem Finger geglättet. 2

Damit die reparierte Stelle nicht auffällt, müssen Sie nun noch die Maserung ergänzen. Dazu nehmen Sie einen dünnen Malpinsel. Tauchen Sie ihn in die Ölfarbe (etwas dunkler als der Holz-Grundton) und streichen ihn auf Papier fast aus. Mit dem Rest malen Sie die Maserung nach. 3

Um die an der Schadstelle verloren gegangene Lackierung wieder zu ergänzen, sprayen Sie einen dünnen Film zur Oberfläche passenden Sprühlacks etwas großräumiger auf die entsprechende Stelle. Da bei dieser Arbeit Lösemittel und möglicherweise andere schädliche Stoffe in die Luft gelangen, ist es sinnvoll, diesen Teil im Freien vorzunehmen. Achten Sie auch darauf, dass keine Zündquellen in der Umgebung sind!

1

2

3

Oberflächen auffrischen

Oftmals ist die Beschichtung eines Möbels zwar unansehnlich geworden, sie muss aber nicht komplett erneuert, sondern kann aufgefrischt werden. Voraussetzung dazu ist, dass die Art der Beschichtung bekannt ist.

Lackierte Oberflächen können mit einem (Acryl-)Lack aufgefrischt werden. Es sind wasserverdünnbare und lösemittelarme Produkte erhältlich, etliche auch mit dem Blauen Engel. Sie sollten allerdings zunächst probeweise eine Stelle behandeln, um zu sehen, ob der neue Anstrich sich mit dem alten verträgt. Falls nicht, so bleibt Ihnen nichts anderes übrig, als den Lack komplett zu erneuern (→ „Oberflächen erneuern", Seite 154). Sie sollten auch bedenken, dass sich eine hochglänzende Oberfläche mit einem Acryllack nicht herstellen lässt.

Gewachste oder geölte Oberflächen müssen lediglich sorgsam gereinigt werden, bevor die Beschichtung erneuert werden kann. Ist die Wachsschicht stark verunreinigt, so empfiehlt sich allerdings ihre vollständige Entfernung.

Lasuren sind am unproblematischsten, was das Auffrischen betrifft. Sie lassen sich – nach vorherigem Anschleifen – auch mit Lacken überstreichen und sogar mit Ölen oder Wachsen behandeln.

Lack/Lasur auffrischen

strapazierfähig
leicht zu verwirklichen

Die folgenden Arbeitsanweisungen gelten in gleicher Weise für Lacke und Lasuren.

Werkzeuge

- Schleifklotz
- Schleifschwamm
- Malerbesen
- Staubsauger (mit flexiblem Vorsatzschlauch und kleiner Düse)
- Rundpinsel (mit Kunststoffborsten)
- Flachpinsel (mit Kunststoffborsten) oder Lackierrolle
- ggf. Schwing-, Delta- oder Exzenterschleifer (ausleihen)

Verbrauchsmaterialien

- Schleifpapier (P 180 bis P 220) bzw. entsprechende Schleifblätter oder -(Binde-)scheiben
- Staubmaske für Feinstaub (Filter P 2)
- Klebeband
- Acryllack oder Lasur mit dem Blauen Engel
- Zeitungspapier
- Spülmittel

So wird 's gemacht

Altanstrich anschleifen

Das Schleifen sorgt lediglich dafür, dass die neue Beschichtung auf der alten hält. Bevor Sie damit beginnen, sollten Sie das Möbelstück gründlich mit warmem Wasser und Spülmittel reinigen, da vorhandener Schmutz sonst in den Lack eingearbeitet wird. Schleifen Sie dann die Oberfläche mit einem feinkörnigen Schleifpapier (Körnung: P 180 bis P 220) an.

Um kleinere Stücke aus einem Bogen zu erhalten, reißen Sie ihn über eine scharfe Kante oder entlang eines flach aufgelegten Sägeblatts. Die Stücke werden dann straff und faltenfrei um einen Schleifklotz gespannt. Das Schleifen erfolgt in langen

1

2

3

Zügen mit gleich bleibendem Druck immer in Richtung der Holzmaserung. Um Kanten und Profile zu schleifen, verwenden Sie am besten einen Schleifschwamm, der sich den Formen anpasst. Während der Arbeit sollten das Papier bzw. der Schwamm immer wieder leicht angefeuchtet werden. 1

Bevor Sie mit dem Streichen beginnen, saugen Sie den Schleifstaub am besten mit einem Staubsauger und ggf. mit einem flexiblen Schlauch und kleiner Düse ab oder säubern ihn mit einem Malerbesen.

Für das Anschleifen ebener Flächen eignet sich ein Schwingschleifer besonders gut. Einige Geräte lassen sich auch zu Ecken- oder Zungenschleifern umrüsten, sodass Sie sich bei Ecken und Kanten die andernfalls notwendige Handarbeit in diesen Fällen sogar sparen können. 2

Exzenterschleifer müssen wegen des größeren Materialabtrags vorsichtiger gehandhabt werden. Sie sind jedoch insgesamt vielseitiger. Bei modernen Schleifgeräten ist eine integrierte Staubabsaugung üblich. Einen sehr effektiven Staubschutz können Sie erreichen, wenn Sie einen Staubsauger an den Schleifer anschließen. Verzichten Sie dennoch nicht auf das Tragen einer Staubmaske.

Um zu vermeiden, dass die Oberfläche zu stark geschliffen wird, eventuell sogar sichtbare Schleifspuren entstehen, benutzen Sie nur sehr feine Schleifblätter bzw. -scheiben der Körnung P 180 bis P 220. Achten Sie auf möglichst gleichmäßigen Schliff.

Stellen, die Sie mit dem Schleifgerät nicht erreichen, müssen Sie von Hand anschleifen.

Oberflächen streichen

Das Streichen kann beginnen, wenn das Holz gut trocken ist. Achten Sie darauf, dass Sie für Arbeiten mit wasserverdünnbaren Lacken oder Lasuren nur Pinsel mit rostfreier Zwinge und Kunststoffborsten benutzen. Die Farbteilchen der Dispersionsfarben setzen sich unter die Schuppen von Naturborsten und lassen sich auch durch Auswaschen nicht mehr entfernen. Deshalb eignen sich Pinsel mit Naturborsten ausschließlich für lösemittelhaltige Lacke! Im Handel sind die Pinsel entsprechend gekennzeichnet. Wenn Sie auch später noch wissen wollen, wofür der Pinsel taugt, kennzeichnen Sie ihn zum Beispiel mit farbigem Klebeband.

Zunächst kleben Sie mit dem Klebeband diejenigen Bereiche des Möbels ab, die nicht gestrichen werden, wie etwa Beschläge und Griffe, sofern Sie sie nicht abmontieren können. Glasflächen kleben Sie ebenfalls bündig ab.

Streichen Sie zunächst eventuell vorhandene Profile oder Leisten mit einem Rundpinsel. 3

Die größeren Flächen werden zum Schluss behandelt. Für den

Auftrag von Lacken ist die Lackrolle eine gute Alternative, mit der sehr glatte Oberflächen gelingen. Sie wird immer in Richtung der Holzmaserung geführt. **4** Für Lasuren ist ein breiter Flachpinsel besser geeignet. **5**

Wenn das Möbel andersfarbige Elemente haben soll, so werden diese am Schluss mit dünneren Pinseln aufgemalt.

4

5

Reinigung und Entsorgung

Schleifstaub und andere Lackabfälle sollten Sie bei einer Sammelstelle für Sondermüll abgeben. Pinsel oder Lackrollen streichen Sie am besten gut aus und reinigen sie gründlich mit Wasser. Wenn Sie das gleich im Anschluss an Ihre Arbeit tun, brauchen Sie dafür noch nicht einmal Pinselreiniger.

Farbreste für Ausbesserungen bewahren Sie am besten für Kinder unzugänglich in den gut verschlossenen Originaldosen auf. Um den Inhalt unter Luftabschluss zu halten, werden sie auf den Kopf gestellt. Kleine Restmengen wasserverdünnbarer Lacke können Sie eintrocknen lassen und in die Restmülltonne zum normalen Hausmüll geben. Stark lösemittelhaltige Produkte gehören im gut verschlossenen Originalgefäß zur Schadstoffsammlung. (→ „Luftbelastung durch Lösemittel“, Seite 23).

Wachsbeschichtung auffrischen

leicht zu verwirklichen

Werkzeuge

- harte Bürste
- Gummihandschuhe
- fusselfreies Tuch oder Flachpinsel

Verbrauchsmaterialien

- Möbelwachs
- heiße Seifenlauge oder Holzseife
- klares Wasser

Da auch (teil-)synthetische Wachsprodukte angeboten werden, sollten Sie beim Kauf auf die Zusammensetzung des Wachses achten (Angabe der Inhaltsstoffe). Das gilt insbesondere dann, wenn Sie auf ein reines Naturprodukt wert legen. Handelsübliche Möbelwachse enthalten zum Beispiel neben Acrylaten meist Testbenzin. Achtung: Auch nichtsynthetisches Wachs kann Zitrusterpene enthalten, auf die einige Menschen allergisch reagieren!

So wird 's gemacht

Oberfläche reinigen

Mit einer harten Bürste und heißer Seifenlauge oder Holzseife wird das Wachs von der Oberfläche geschrubbt. Am besten arbeiten Sie dabei im Freien, da sehr viel Waschflüssigkeit entsteht. Reinigen Sie auch gelegentlich die Bürste von Wachsrückständen. Lassen Sie das Holz gut trocknen! **1**

Wachs auftragen

Je nach Art des Wachses (pastös oder gelöst) wird es mit einem

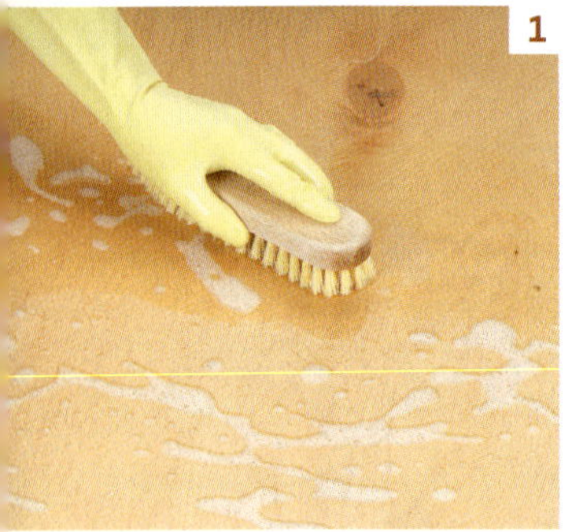

fusselfreien Tuch oder einem Flachpinsel als nur sehr dünne Schicht aufgetragen, da es sonst klebt. 2

Nach etwa einer halben Stunde ist das Wachs getrocknet und kann dann mit einem ebenfalls fusselfreien Tuch poliert oder – je nach Produkt – mit einer weichen Bürste in Faserrichtung des Holzes geglättet werden. 3

dauerhaft

Oberflächen erneuern

Beim Neubeschichten von Möbeloberflächen gibt es einen vergleichsweise großen kreativen Spielraum. Die Möglichkeiten reichen vom klassischen Lackieren über das Lasieren und Wachsen bis hin zur Behandlung mit Ölen. Alle diese unterschiedlichen Behandlungsmethoden haben verschiedene Auswirkungen auf Optik und Haptik sowie auf das Raumklima einerseits, aber auch auf die Verschmutzungsanfälligkeit und die Reinigungsfähigkeit der betreffenden Möbel andererseits.

Welche Art von Beschichtung für ein Möbel Sie wählen, sollten Sie an erster Stelle von der Art der Beanspruchung abhängig machen, der es im Gebrauch ausgesetzt ist. Starke mechanische Beanspruchungen

Eigenschaften verschiedener Holzbehandlungen

	Wasserverdünnbare Acryllacke *	Lösemittelverdünnbare Alkydharzlacke	Naturharzlacke	Wasserverdünnbare Lasuren *	Naturharzlasuren **	Holzöle/Leinölfirnis ***	Wachse
Strapazierfähigkeit (mechanisch)	mittel – hoch	hoch	mittel – hoch	gering	gering	gering	mittel
Nässeschutz	hoch	hoch	hoch	mittel	mittel	mittel	gering
Verschmutzungsanfälligkeit	gering	gering	gering	mittel	mittel	hoch	hoch
Feuchtigkeitsaufnahmevermögen	gering	gering	gering	mittel	mittel	hoch	mittel – hoch
Schadstoffe	gering	mittel – hoch	hoch	gering	mittel	gering	mittel – hoch

* mit dem Blauen Engel ** lösemittelfrei *** verdünner- und terpentinfrei

setzen eine harte Oberfläche voraus und stark verschmutzungsgefährdete Möbel sollten leicht zu reinigen sein. Eine Übersicht über die Eigenschaften der verschiedenen Beschichtungen ist auf der vorhergehenden Seite dargestellt.

Um die unterschiedliche Wirkungsweise der Behandlungsmittel zu erfahren, sollten Sie sich vor dem Kauf entsprechend behandelte Musterhölzer zeigen lassen und sie miteinander vergleichen.

Lacke/Lasuren entfernen

Die Stiftung Warentest hat verschiedene Methoden der Farbentfernung miteinander verglichen (→ „Farbentfernung", Seite 29).

Hier beschreiben wir im Wesentlichen die Farbentfernung mittels Abziehklinge oder Schleifen.

So wird 's gemacht

Auf ebenen Flächen ist das Entfernen eines **Altlacks** mit einer Abziehklinge nicht nur die gesundheitsverträglichste, sondern auch die preiswerteste Methode. Beginnen Sie an einer unauffälligen Stelle oder Seite des Möbelstückes. Das Werkzeug wird mit etwas Kraft so auf das Holz aufgesetzt, dass es die Lackschicht durchstößt. Dann wird die Klinge mit gerade so viel Druck in Faserrichtung gezogen, dass der Lack möglichst als Schicht abgehoben wird. **1**

Bereits nach kurzer Zeit bekommt man Übung darin. Dennoch ist die Methode sehr kraftaufwändig. Mithilfe eines Schwing- oder Exzenterschleifers können Sie sich die Arbeit erleichtern. Hinweise dazu finden Sie unter „Oberflächen auffrischen" (→ Seite 151).

Stellen, die Sie nicht mit der Abziehklinge bzw. der Schleifmaschine erreichen können, müssen von Hand mit dem groben Schleifpapier oder einem Schleifschwamm abgeschliffen werden. **2**

Bei alten **Lasuranstrichen** ist das Schleifen die einzig mögliche Entfernungsmethode.

Denken Sie daran, dass Sie bei Arbeiten, bei denen Schleifstäube aus alten Anstrichen freigesetzt werden, eine Staubmaske tragen.

Holzstäube stehen unter Krebsverdacht, manche sind nachgewiesen krebserzeugend! Am besten saugen Sie den entstehenden Staub direkt am Gerät mit einem Staubsauger ab.

Häufig sind Möbel mit Zierprofilen oder reliefartigen Ornamenten versehen. An solchen Stellen, die einer Ziehklinge nicht zugänglich

1

Werkzeuge

- Abziehklinge
- Schleifklotz
- ggf. Schwing- oder Exzenterschleifer
- Staubsauger (mit flexiblem Vorsatzschlauch und kleiner Düse)
- ggf. Stoßspachtel
- ggf. Drahtbürste

Verbrauchsmaterialien

- Schleifpapier (P 80–120 und P 180–220)
- Schleifschwamm
- Staubmaske für Feinstaub (Filter P 2)
- ggf. Schleifblätter oder Schleifscheiben (P 80–120 und P 180–220)
- ggf. chemischer Abbeizer
- lösemittelfreie Holzspachtelmasse
- ggf. Stahlwolle

2

3

4

sind und bei denen das Schleifen mit dem Schleifschwamm zu mühselig wird, können Sie auch auf möglichst unbedenkliche chemische Abbeizmittel zurückgreifen. 3

Die Stiftung Warentest hat eine Reihe von chemischen Abbeizmitteln getestet und vier für „gut“ befunden, die Gesundheits- und Umwelteigenschaften waren immerhin „befriedigend“ (test 7/2005). Halten Sie gezielt nach diesen Produkten Ausschau, wenn ein chemischer Abbeizer für Sie notwendig wird, etwa bei sehr verschnörkelten Oberflächen. Nach einer Einwirkzeit können Sie die Farbe leicht mit einem Stoßspachtel abschieben. 4

Die Profile behandeln Sie am besten mit einer Drahtbürste oder Stahlwolle. Abgebeizte Farben und Reste von Abbeizmitteln müssen als Problemabfall entsorgt werden!

Sicherheitstipp

Da Abbeizer reizende oder ätzende Stoffe enthalten, müssen Sie bei allen Arbeiten damit unbedingt Schutzhandschuhe und eine Schutzbrille tragen! Beachten Sie immer auch die Hinweise des Herstellers! Halten Sie Kinder auf jeden Fall fern!

Sollte es Ihnen nicht gelingen, den Lack zu entfernen, oder ist es Ihnen angesichts eines wertvollen Stücks zu risikoreich, dann sollten Sie professionelle Hilfe in Anspruch nehmen, zum Beispiel Ablaugereien. Auch Möbelschreinereien verfügen meist über eine Vorrichtung, mit der Möbelstücke chemisch von Lack befreit werden können. Die Möbel werden im Tauch- oder Sprühverfahren mit Abbeizmitteln behandelt, anschließend gespült und getrocknet. Diese Abbeizbäder haben den Vorteil, dass – im Vergleich zur offenen Anwendung – nur wenig Schadstoffe in die Umwelt gelangen und Sie als Kunde nicht mit den gesundheitsgefährdenden Substanzen in Berührung kommen. Für einen Stuhl kostet das etwa 20 Euro, für einen dreitürigen Kleiderschrank rund 200 Euro.

Die Stiftung Warentest hat für den Test Farbentfernung in test 7/2005 auch eine Ablaugerei in Berlin ausprobiert und war mit dem Ergebnis zufrieden. Für 70 Euro war eine Altbautür nach drei Tagen abholbereit.

Wenn Sie die alte Lackschicht entfernt haben, dann ist vor dem Neuanstrich mindestens noch ein Schliff erforderlich: Am besten wässern Sie das Holz gründlich, lassen es trocknen und schleifen die nun aufgerichteten Holzfasern nochmals mit feinem Schleifpapier ab. Alternativ dazu können Sie auch mit Acryllack, den Sie mit Wasser verdünnt haben, bzw. mit der Lasur einen Vorstrich aufbringen und nach dem Trocknen glatt schleifen. Wie Sie bei einem Feinschliff am besten vorgehen, lesen Sie im Abschnitt „Oberflächen auffrischen“ (→ Seite 151).

Auf keinen Fall dürfen vor dem Streichen noch scharfe Kanten vorhanden sein. Der Anstrich wird sonst an diesen Stellen durchbrochen. Mit Schleifklotz und -papier können sie leicht abgerundet werden.

Wie Sie eventuell vorhandene Risse oder Löcher in der Oberfläche schließen, können Sie nachlesen unter „Schäden beheben“ (→ Seite 150).

Oberflächen mit Lack oder Lasur streichen

So wird 's gemacht

Hier gehen Sie vor, wie bereits unter „Oberflächen auffrischen“ (→ Seite 151) beschrieben.

Eine besonders dichte und glatte Oberfläche erhalten Sie, wenn Sie einen ersten Anstrich trocknen lassen, mit sehr feinem Schleifpapier zwischenschleifen und danach den endgültigen Anstrich aufbringen. Achten Sie darauf, dass auch die Kanten gleichmäßig gestrichen sind.

Werkzeuge

- Rundpinsel (mit Kunststoffborsten)
- Flachpinsel (mit Kunststoffborsten) oder ggf. Lackierrolle

Verbrauchsmaterialien

- Klebeband
- Acryllack oder Lasur mit dem Blauen Engel
- Zeitungspapier

Oberflächen mit Wachs erneuern

So wird 's gemacht

Die Arbeitsschritte für eine Erneuerung einer Wachsschicht entsprechen den unter „Oberflächen auffrischen“ aufgeführten (→ Seite 151). Sie sollten jedoch darauf achten, dass die alte Wachsschicht vollständig entfernt wird.

Werkzeuge

- harte Bürste
- Gummihandschuhe
- fusselfreies Tuch oder Flachpinsel

Verbrauchsmaterialien

- Möbelwachs („biologisch“)
- heiße Seifenlauge
- klares Wasser

Werkzeuge

- breiter Flachpinsel (Naturborsten)
- fusselfreies Tuch

Verbrauchsmaterialien

- verdünner- und terpentinfreies Holzöl (Lein-, Tung- oder Teaköl)

Oberflächen ölen

So wird ’s gemacht

Nach einem Feinschliff wird das Öl mit einem breiten Flachpinsel „nass in nass“ satt in das Holz eingelassen. **1**

Nach dem ersten Auftrag erfolgt ein zweiter, bis das Holz nichts mehr aufnimmt. Die überschüssigen Reste werden nach ca. zehn Minuten mit einem fusselfreien Baumwolltuch in Richtung der Holzmaserung abgenommen. Danach muss das Öl noch einmassiert werden. Dazu verreiben Sie es mit einem weiteren fusselfreien Tuch wieder in Richtung der Holzmaserung. **2**

1

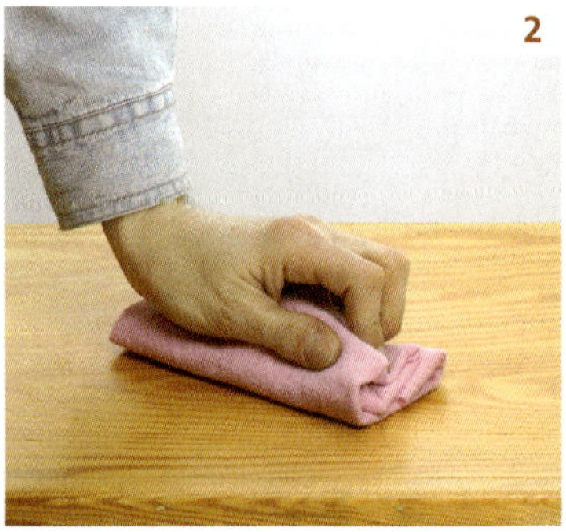
2

Sicherheitstipp

Holzöle reagieren mit Luftsauerstoff unter Wärmeentwicklung. Damit getränkte und verknäulte Tücher können sich deshalb selbst entzünden. Sie sollten sie im Freien ausgebreitet (!) liegen lassen, bis sie vollständig getrocknet sind.

leicht zu verwirklichen

Werkzeuge

- Injektionsspritze (mit Nadel)
- Messer
- Gummihandschuhe
- Schutzbrille

Verbrauchsmaterialien

- Holzschutzmittel
- Reparaturwachs

Holzschädlinge bekämpfen

Die Tatsache, dass sich in einem Möbel Bohrlöcher des Holzwurms befinden, ist allein kein Grund zur Panik. Oft handelt es sich dabei um alte, längst verlassene Gänge. In einem normal geheizten und gelüfteten Wohnraum ist es den Käferlarven eigentlich zu trocken, so dass sie nach kurzer Zeit absterben sollten. Dennoch kommen gelegentliche Befälle vor. Erkennen lassen sie sich an frischem Bohrmehl und eventuell an Nagegeräuschen der Larven.

Selbst wenn Sie einen Befall sicher identifiziert haben, sollten Sie nicht vorschnell zum Gift greifen. Obwohl für Insekten bestimmt, können die Chemikalien die Räume belasten und die menschliche Gesundheit nachhaltig beeinträchtigen. Deshalb sollten Sie immer zuerst nichtchemische Verfahren auf Tauglichkeit prüfen.

Da die Käferlarven temperaturempfindlich sind, ist eine einfache Methode das **Erwärmen des betroffenen Möbels**. Die Temperatur muss während dieser Prozedur im Kern über eine Stunde 55 °C erreichen. Das kann im einfachsten Fall im Sommer bei Sonnenschein unter einer schwarzen Kunststofffolie erreicht werden. Andere Möglichkeiten sind das Erwärmen des Möbels in der Sauna oder im Backofen. Falls es zu groß sein sollte, so lassen sich die befallenen Teile möglicherweise abmontieren und einzeln behandeln. Achten Sie dabei darauf, dass die Temperatur nicht zu hoch eingestellt ist, damit das Möbel nicht geschädigt wird. Auch können sich bei höheren Temperaturen Furniere ablösen. Falls diese Gefahr besteht oder es sich um ein besonders wertvolles Stück handelt, sollten Sie auf die Temperaturbehandlung auf eigene Faust verzichten und sich stattdessen an einen Schreiner wenden. Die Betriebe verfügen in der Regel über eine Trockenkammer und können Temperaturbehandlungen unter fachmännischer Aufsicht vornehmen.

Wenn deren Urteil lautet, dass die Möbel dafür zu empfindlich sind, dann scheidet die Temperaturmethode aus. In diesen Fällen, etwa bei Antiquitäten, ist das **Injektionsverfahren mit Schädlingsbekämpfungsmittel** eine mögliche Alternative. Sie ist in Innenräumen aber problematisch, da sich die Wirkstoffe in Gegenständen oder Lebensmitteln anreichern können, die in derart behandelten Möbeln aufbewahrt werden. Sie sollte deshalb nicht bei Möbeln fürs Kinderzimmer oder Küchenmöbeln angewandt werden.

Sicherheitstipp

Achten Sie beim Kauf des Bekämpfungsmittels unbedingt auf die Eignung zur Bekämpfung des Klopf- oder gemeinen Nagekäfers. Das Mittel sollte auf jeden Fall das RAL-Gütezeichen der Gütegemeinschaft Holzschutzmittel tragen.

Kaufen Sie nur eine möglichst kleine Menge. Denken Sie daran, dass es sich bei Schädlingsbekämpfungsmitteln um auch für Menschen gefährliche Substanzen handelt. Treffen Sie dementsprechend die notwendigen Vorsichts- und Schutzmaßnahmen (Herstellerhinweise) und bewahren Sie die Reste kindersicher auf bzw. geben Sie sie im Originalgebinde bei der Schadstoffsammlung ab!

So wird 's gemacht

Führen Sie die nachfolgend beschriebenen Arbeiten nicht in geschlossenen Räumen durch!

Tragen Sie auf jeden Fall Gummihandschuhe und eine Schutzbrille gegen eventuelle Spritzer!

Nehmen Sie mit der Injektionsspritze wenige Milliliter des flüssigen Mittels auf und spritzen Sie es behutsam in jedes Bohrloch. Achten Sie dabei darauf, dass möglichst kein überschüssiges Mittel austritt. **1**

Verschließen Sie jeden getränkten Fraßgang sorgfältig mit Reparaturwachs oder Holzkitt, damit keine schädlichen Substanzen nach außen gelangen können. **2**

Streichen oder spritzen Sie das Möbel auf keinen Fall mit einem Schädlingsbekämpfungsmittel!

Analyse: Schädlinge im Haus

Die Stiftung Warentest hat einen Service zur Bestimmung von Schadinsekten – zum Beispiel auch des Holzwurms – eingerichtet. Dazu müssen die Teilnehmer das in der Wohnung aufgefundene (tote) Insekt zur Bestimmung einsenden. Mit dem Ergebnis erhalten sie Tipps zur Vorbeugung und Bekämpfung der Schädlinge. Infos zum Mitmachen auf Seite 188.

1

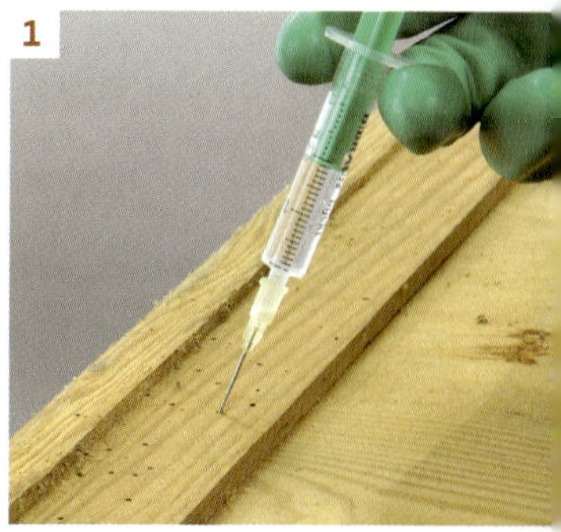

2

Analyse: Holzschutzmittel

Alte Möbel könnten früher einmal mit gefährlichen Holzschutzmitteln behandelt worden sein. Ein Anhaltspunkt für eine frühere Behandlung mit Holzschutzmitteln ist, wenn Insektenschäden – etwa Fraßgänge – zu sehen sind, aber offensichtlich schon lange keine Schädlinge mehr in dem Holz leben. Hinweise liefern auch ölige Anstrichspuren oder kristalline Rückstände auf dem Holz. Als Service bietet die STIFTUNG WARENTEST an, die unter Verdacht stehenden Hölzer auf gefährliche Holzschutzmittel zu untersuchen. Infos zum Mitmachen auf Seite 189.

Rechte und Pflichten beim Renovieren für Eigentümer und Mieter

Abkürzungen

AG	Amtsgericht
Az.	Aktenzeichen
BayOLG	Bayerisches Oberlandesgericht
BGB	Bürgerliches Gesetzbuch
BGH	Bundesgerichtshof
GG	Grundgesetz
KG	Kammergericht (nur Berlin, ist dort das OLG)
LG	Landgericht
OLG	Oberlandesgericht
WEG	Wohnungseigentumsgesetz

Renovierungsarbeiten zeichnen sich nicht allein durch handwerkliches Geschick aus. Oftmals sind auch rechtliche Aspekte zu beachten, denn nicht jeder kann seine vier Wände nach Gutdünken und Geschmack so gestalten, wie es ihm beliebt. Auf den folgenden Seiten gehen wir auf diese juristischen Seiten ein.

Besitzer eines Eigenheims dürfen nahezu alles – und wenn sie im Zuge von Renovierungsarbeiten an ihrem Eigentum einen Schaden verursachen, haben sie die Folgen selbst zu verantworten und zu finanzieren.

Wohnungseigentümer fühlen sich ebenfalls mit den Rechten eines Hausbesitzers ausgestattet. Und in ihren eigenen vier Wänden, als dem von ihnen gekauften und genutzten Sondereigentum an einem Mehrfamilienhaus, können sie in der Tat fast nach Belieben schalten und walten. Einschränkung: Das allgemeine Erscheinungsbild des Hauses hängt nicht vom Geschmack eines Einzelnen ab, sondern vom Konsens aller Eigentümer.

Darauf müssen Wohnungseigentümer achten

Vor dem Umzug in die Eigentumswohnung ist die Vorfreude meist groß, suggeriert diese Wohnform doch, man könne endlich tun und lassen, was man wolle. Doch umschließen die eigenen vier Wände eben kein Eigenheim, sondern nur einen Anteil an einer Wohnanlage, in der alle Eigentümer ihre individuellen Interessen durchsetzen möchten. So gibt es zwar keinen reglementierenden Mietvertrag, aber an eine Hausordnung, Teilungserklärung oder Gemeinschaftsordnung müssen sich auch Wohnungseigentümer halten. Darin ist festgelegt, wie der Einzelne sein Eigentum nutzen darf. Das **Wohneigentum** ist das alleinige „Sondereigentum" des Eigentümers, während das **Gemeinschaftseigentum** (z.B. das Grundstück) allen gehört und von allen genutzt wird.

Zum **Sondereigentum** zählt alles, was innerhalb der Wohnung verändert, beseitigt oder eingefügt werden kann (§ 5 WEG), ohne dass das gemeinschaftliche Eigentum oder das Sondereigentum eines anderen davon beeinträchtigt wird: z.B. nichttragende Wände, Fußbodenbelag, Putz, Heizkörper, Armaturen, Waschbecken, Dusche und Wanne, Innentüren sowie die Installationsleitungen für Strom, Wasser und Heizung ab der Abzweigung von den Hauptsträngen. Der Wohnungseigentümer hat sein Sondereigentum instandzuhalten (§ 14 WEG), darf es verändern, streichen und nach Gutdünken damit verfahren, sofern dem nicht gesetzliche Vorschriften oder die Rechte Dritter entgegenstehen.

Die unterschiedliche Auslegung dieser Rechte führt immer wieder zum Rechtsstreit. So ist vielen Eigentümern nicht klar, dass „ihre" Fenster beispielsweise nicht zum Sondereigentum gehören: Man kann sie nicht verändern, ohne den Gesamteindruck des Hauses zu berühren (Ausnahme: Der innere Fensteranstrich ist Sondereigentum). Müssen sie außen gestrichen oder instandgesetzt werden, ist dafür die Gemeinschaft zuständig – sofern nichts anderes schriftlich vereinbart ist. Gleiches gilt für alle gemeinschaftlichen Einrichtungen, bei denen sich Veränderungen – auch Anstriche – auf das Gesamtbild oder die Beschaffenheit des Hauses auswirken: Fassade, Dach, Balkon, Außentüren, Fahrstuhl, aber auch tragende Wände in den Wohnungen.

Legt der Wohnungseigentümer daran eigenmächtig Hand, Pinsel oder Maschinen an, kann dies Anlass für erheblichen Ärger sein. Haben sich beispielsweise die Eigentümer geeinigt, dass jeder sein Balkongeländer selbst streicht, so bedeutet das noch lange nicht, dass jeder die Farbe dafür selbst wählen darf (BayOLG, Az. 27 BR 79/96). Hat der Besitzer seine Wohnung vermietet, ist er für alle von seinen Mietern unzulässigerweise vorgenommenen Veränderungen verantwortlich und muss sie notfalls selbst beseitigen (OLG Köln, Az. 16 Wx 58/00).

Fazit: Die Nutzungsrechte des Eigentümers an den Wohnräumen gehen zwar weiter als die eines Mieters, doch darf auch er sie nicht nach Gutdünken umgestalten, schon gar nicht am gemeinschaftlichen Eigentum. Hier hilft nur ein Blick in die Gemeinschaftsordnung.

Gerichtsurteile gelten oft nur im Einzelfall

Nach Schätzungen des Deutschen Mieterbundes betreffen etwa 26 Prozent (78 000) der rund 300 000 jährlich vor Gericht ausgetragenen Mietstreitigkeiten Reparaturen und Wohnungsmängel. Weitere 10 000 Prozesse drehen sich um Renovierungen, etwa 3 600 um Modernisierungen. Streit lässt sich vermeiden, wenn Mieter und Vermieter ihre Rechte und Pflichten besser kennen – beides jedoch ist mitunter nicht leicht zu ermitteln.

Das Mietrecht findet man im Bürgerlichen Gesetzbuch (BGB) in den Paragrafen 535 bis 580a. Doch bei der Vielfalt der Konflikte stehen im Gesetz oft keine Antworten auf individuelle Fragen: Es gibt hier keinen Katalog erlaubter und verbotener Dinge wie etwa im Verkehrsrecht. Die zahlreichen mietrechtlichen Urteile können deshalb zwar helfen, sich einem speziellen Problem zu nähern, aber nur selten dazu dienen, jedes zu lösen. Gerichte können in vergleichbaren Fällen durchaus unterschiedlich urteilen. Auch unterliegt die Rechtsprechung einem „Zeitstrudel", die Beurteilung eines Sachverhalts kann sich also ändern. Deshalb gilt: Lassen Sie sich mietrechtlich beraten, bevor ein Streit eskaliert. Und vor allem: Reden Sie mit Ihrem Mieter, Ihrem Vermieter, und verweigern Sie sich nicht einem vernünftigen Kompromiss.

In der Mietwohnung: Das ist erlaubt – das ist verboten

Am strengsten reglementiert sind die Renovierungsvorhaben von Mietern. Sie dürfen nicht mal den mitgemieteten Teppichboden ohne Zustimmung des Hausbesitzers erneuern – er gehört ihnen schließlich nicht. Der Mietvertrag kann sogar vorschreiben, in welchen Abständen welche Räume zu renovieren sind – der juristische Fachbegriff dafür lautet „Schönheitsreparatur". Doch bringen diese Pflichten auch Rechte mit sich. Ein Gutteil der Arbeiten nämlich, die mancher Vermieter gern seinem Mieter aufbürden möchte, sind unzulässig, hätten mithin vor Gericht keinen Bestand. Deshalb ist es gut zu wissen, was man tun und was man tunlichst lassen sollte.

Was in der Mietwohnung erlaubt ist und was verboten, steht im Mietvertrag oder in der Hausordnung. Auch im Mietrecht gilt „Vertragsautonomie": Im Rahmen der gesetzlichen Vorschriften ist ein Vertrag frei verhandelbar.

Die meisten Mietverträge sind jedoch – einem Formular ähnlich – bereits vorgedruckt und fertig zum Ausfüllen mit Lücken versehen; von „frei verhandelbar" kann also in der Praxis meist nicht die Rede sein, zumal der Mieter in der Regel bei der „Verhandlung" am kürzeren Hebel sitzt: Wohnungssuchende gibt es viele, attraktive Wohnungen hingegen sind ein begrenztes Gut.

Unabdingbare Rechte

Sollte ein Vertrag Klauseln enthalten, die gesetzeswidrig sind, bleiben sie dies selbst dann, wenn Mieter und Vermieter den Vertrag per Unterschrift besiegeln. So gibt es eine Reihe von „unabdingbaren Rechten" – Schutzbestimmungen also, die auch durch den Mietvertrag nicht zu Lasten des Mieters geändert werden können.

Unwirksam ist beispielsweise, dem Mieter Kosten für etwaige Reparaturen aufzubürden, die er von Gesetzes wegen nicht tragen muss. Beschädigt der Mieter Eigentum des Vermieters, muss er es natürlich ersetzen oder reparieren (lassen). Wenn die Schäden aber als Abnutzung durch den normalen Wohngebrauch anzusehen sind, kann der Vermieter die Renovierungskosten nicht auf den Mieter abwälzen. So sollte in einem Fall der Mieter auf seine Kosten die Wohnung renovieren, außerdem allerdings „Licht- und Klingelanlage, Schlösser, Wasserhähne, Klosettspüler, Abflüsse, Öfen, Herde, Heizungs- und Kochgeräte, Boiler" und anderes in „gebrauchsfähigem Zustand erhalten und zerbrochene Glasscheiben ersetzen" – mithin Dinge übernehmen, von denen die meisten der Instandhaltungspflicht des Vermieters unterliegen. Das Gericht entschied, dass diese Pflichten nicht auf den Mieter abgewälzt werden können, und nur jener Teil der Klausel wirksam ist, der die Renovierung betrifft (BayOLG Az. RE-Miet 1/96).

Schönheitsreparaturen: Was man tun und was man tunlichst lassen sollte

Wer die Durchführung von Renovierungsarbeiten auf den Sankt-Nimmerleins-Tag verschiebt, könnte Ärger bekommen. Denn dabei hat der Vermieter – wenngleich in Maßen – ein Wörtchen mitzureden. Grundsätzlich aber gilt: „Veränderungen oder Verschlechterungen der Mietsache, die durch den vertragsgemäßen Gebrauch herbeigeführt werden, hat der Mieter nicht zu vertreten" (BGB § 538). Demnach muss also der Vermieter die Wohnung renovieren. Doch die Praxis sieht anders aus. So hat der Bundesgerichtshof schon vor zwei Jahrzehnten beschieden, dass es zulässig ist, wenn Vermieter die Schönheitsreparaturen – mithin die Renovierung – vertraglich auf den Mieter abwälzen, soweit diese auf Grund von Abnutzung fällig werden (BGH, Az. VIII ARZ 1/84).

Bevor man jedoch zu Pinsel und Farbe greift, sollte man sich immer diese drei Fragen stellen: Was steht dazu im Mietvertrag? Ist das, was der Vermieter dort verlangt, tatsächlich eine Schönheitsreparatur? Und: Sind die geforderten Renovierungen jetzt schon fällig?

Ist die Renovierung vertragsgemäß Sache des Mieters, gilt als Faustregel: Alles, was beim normalen Wohnen abgenutzt und mit Farbe, Tapeten und Gips erneuert werden kann, zählt zu den Schönheitsreparaturen. Der Bundesgerichtshof hat präzisiert: „Das Anstreichen, Kalken und Tapezieren der Wände und Decken, das Streichen der Fußböden, der Heizkörper einschließlich Heizungsrohre, der Innentüren sowie der Fenster und Außentüren von innen" (BGH, Az. VIII ARZ 9/86).

Gemäß dieses Urteils sind folgende Fristen angemessen, nach deren Ablauf renoviert werden sollte:

- Küche, Bäder und Duschen alle 3 Jahre
- Wohn- und Schlafräume, Flure, Dielen und Toiletten alle 5 Jahre
- Andere Nebenräume sowie Lackanstriche alle 7 Jahre

Tipp

Heben Sie alle Kaufbelege auf, mit denen Sie nachweisen können, dass Sie die regelmäßig fällig gewordenen Schönheitsreparaturen in der Wohnung durchgeführt haben. Schreiben Sie auf, wann diese stattfanden und wer Ihnen dabei geholfen hat.

Das Landgericht Köln betonte allerdings in einem Fall, dass diese Fristen nicht für das Streichen von Türen und Heizkörpern gelten. Es sei abwegig anzunehmen, dass sie etwa in Küche und Bad regelmäßig alle drei Jahre einer neuen Farbschicht bedürften (Az. 1 S 106/94). Dass jedoch die zulässigen Fristen eingehalten werden – die im Übrigen erst ab Vertragsbeginn laufen –, muss der Mieter nachweisen.

Die **farbliche Gestaltung der Mieträume** während der Mietdauer ist – jedenfalls, wenn der Mieter die Schönheitsreparaturen übernommen hat – Sache des Mieters. Auch eine Harry-Potter-Bordüre im Kinderzimmer ist erlaubt, und der Vermieter muss eine solcherart dekorierte Wohnung nach Mietende zurücknehmen (LG Berlin, Az. 62 S 87/05). Nur weil dem Vermieter die Farbgestaltung nicht zusagt, muss der Mieter bei Rückgabe von frisch renovierten Räumen diese also nicht umstreichen. Selbst eine hellblau marmorierte Flurtapete ist keine exzentrische Farbgestaltung (LG Lübeck, Az. 14 S 221/00).

Allerdings darf ein Mieter die Grenzen des normalen Geschmacks nicht soweit überschreiten, dass „eine Neuvermietung in dem geschaffenen Zustand praktisch unmöglich ist". Das Gericht gab dem Vermieter in einem Fall Recht, der die Rücknahme der Wohnung verweigerte. Hier waren die Wände gelb gestrichen und mit einem zweifarbigen braunen Muster versehen (KG, Az. 8 U 211/04). Wer die Türen und Rahmen einer Mietwohnung mit farbigem Lack kompromisslos an seine individuellen Vorstellungen von Wohndesign anpassen möchte, muss spätestens beim Auszug mit Ärger rechnen. „Das Gebrauchsrecht des Mieters schließt eine farbliche Umgestaltung, die das äußerliche Erscheinungsbild der Wohnung wesentlich verändert, nicht ein", so das LG Aachen. In vorliegendem Fall hatte der Mieter die Rahmen von Naturholztüren grau lackiert. „Ein derartiger Eingriff in das Eigentum des Vermieters wird nicht vom Gebrauchsrecht des Mieters umfasst" (Az. 6 S 90/96).

Gern legt mancher Vermieter beim Begriff Schönheits-„Reparatur" die Betonung auf die zweite Worthälfte. Aber für Außenanstriche, größere Putz-, Maurer- oder Tischlerarbeiten muss der Mieter nicht zu Hammer und Kelle greifen, sondern nur die Schäden beseitigen, die er selbst verursacht hat. Aber in welcher Qualität? „In mittlerer Art und Güte", antworten die Juristen, was wiederum Spielraum lässt, denn es muss nicht der teuerste Weg gewählt werden. Handwerklich geschickte Mieter können selbst sach- und fachgerecht tapezieren und streichen, solange sie mit ihrer Arbeit kein laienhaftes Pfuschwerk hinterlassen. Einfach „nur mal eben den Pinsel durch die Räume zu schmeißen", genügt also keineswegs.

Auf gute Qualität zu achten, lohnt sich. „Die Pflicht zur Durchführung von Schönheitsreparaturen umfasst auch die Verpflichtung, Malerarbeiten so vorzunehmen, dass sie bei vertragsgemäßem Gebrauch der Mietsache bis zum nächsten Turnus halten" (LG Münster, Az. 8 S 304/03). Hier war mangels Untergrundbehandlung der Farbanstrich rissig geworden, die alte Tapete hätte vor der Neutapezierung entfernt werden müssen, meinte das Gericht zu Lasten des Mieters. Bei mangelhafter Ausführung kann der Vermieter sogar einen Handwerker mit der Nachbesserung oder Durchführung beauftragen und die Kosten dafür dem Mieter in Rechnung stellen.

Ein Irrglaube ist, dass Mieter auf Schönheitsreparaturen verzichten dürften, wenn sie die Wohnung unrenoviert übernommen haben. Richtig ist allerdings, dass eine **Endrenovierungsklausel** im Mietvertrag unzulässig ist, die besagt, dass etwa ungeachtet jeglicher Wohndauer und Abnutzung beim Auszug auf jeden Fall zu renovieren sei

(BGH, Az. VIII ZR 308/02). Mehr noch: „Führt der Mieter auf Grund einer unzulässigen Endrenovierungsklausel beim Auszug Schönheitsreparaturen aus, so muss ihm der Vermieter die für diese Arbeiten aufgewendeten Kosten erstatten" (LG Freiburg, Az. 3 S 402/02 und Az. 3 S 12/01).

Beim Auszug müssen nur die Räume nicht renoviert werden, deren Renovierungsfristen noch nicht abgelaufen sind. Alle überfälligen Renovierungsarbeiten sind also spätestens vor dem Auszug nachzuholen. Allerdings dürfen die **Renovierungsfristen** nicht allzu starr vereinbart werden. Steht etwa im Vertrag, Küche, Bad und Toilette seien „auf jeden Fall" oder „mindestens" nach drei Jahren zu renovieren, Wohn-, Schlaf- und Kinderzimmer „immer" nach fünf Jahren, so ist dies unwirksam. Solche absoluten Festlegungen lassen den tatsächlichen Zustand der Wohnung außer Acht (BGH, Az. VIII ZR 361/03). Soll der Bewohner gar Schönheitsreparaturen durchführen und beim Auszug auf jeden Fall auch noch die Tapeten entfernen, ist auch dies ungültig (LG Saarbrücken, Az. 13 B S 65/00).

Verlässt ein zur Durchführung von Schönheitsreparaturen verpflichteter Mieter nach zwei Jahren seine Wohnung, bräuchte er bei „normaler" Nutzung überhaupt nicht zu renovieren. Zieht er nach vier Jahren aus, müsste er Küche, Bad und Duschraum tapezieren und streichen. Erst nach fünf Jahren müsste er die Wohnung einmal komplett durchrenovieren.

Doch Vorsicht: Wer meint, nach zwei Jahren in jedem Fall einfach aus der Wohnung verschwinden zu können, weil der Beginn des Mietverhältnisses oder der Zeitpunkt der letzten Schönheitsreparaturen noch nicht drei oder fünf Jahre zurückliegt, kann über die so genannte **Quotenklausel** stolpern. Sie ist mitunter im Mietvertrag verankert und besagt: Der Mieter muss zwar nicht renovieren, aber anteilig für die Abnutzung der Wohnung zahlen, wenn die Renovierungsfristen nicht greifen, mithin nicht renoviert wurde.

So hat der Bundesgerichtshof folgende Regelung für zulässig erklärt: „Weist der Mieter nach, dass die letzten Schönheitsreparaturen" innerhalb der genannten Fristen durchgeführt wurden, und „befindet sich die Wohnung in einem einer normalen Abnutzung entsprechenden Zustand, so muss er anteilig den Betrag an den Vermieter zahlen, der aufzuwenden wäre, wenn die Wohnung im Zeitpunkt der Vertragsbeendigung renoviert würde" (Az. VIII ZR 317/97). Die Quotenklausel im Mietvertrag kann also etwa bestimmen: Liegen die letzten Schönheitsreparaturen länger als ein Jahr zurück, so zahlt der Mieter 20 Prozent der Kosten eines zuvor eingeholten Kostenvoranschlages zur Renovierung an den Vermieter. Liegen sie länger als zwei Jahre zurück 40 Prozent, länger als drei Jahre 60 Prozent und länger als vier Jahre 80 Prozent. Der BGH hat diese Auffassung später nochmals bekräftigt (Az. VIII ZR 77/03). Diese vertragliche Zahlungspflicht kann der Mieter nur abwenden, indem er vor seinem Auszug doch noch selbst renoviert – was ihm niemals verwehrt werden darf (LG Berlin, Az. 67 S 85/00).

Tipp

Um überflüssigen Streit zu vermeiden, sollten Sie

- vor dem Einzug Fotos vom Zustand der Wohnung machen,
- beim Einzug ebenso wie beim Auszug gemeinsam mit dem Vermieter ein Wohnungsübergabeprotokoll anfertigen, um den Zustand der Räume zu dokumentieren,
- fristgemäß, spätestens aber beim Auszug, alle Renovierungsarbeiten erledigen, bei denen die Fristen abgelaufen sind. Heben Sie als Beweis die Quittungen für das Material auf.

Dübellöcher ohne Ende?

Streit gibt es oft um Dübellöcher. Aber das Anbringen von Dübeln – auch in Fliesen – zur Befestigung von Regalen und Schränken entspricht dem normalen Gebrauch. Der Mieter muss die Löcher beim Auszug lediglich verspachteln, aber deshalb nicht die gesamte Wand neu verputzen. Nur eine aus dem Rahmen fallende Häufung von Dübellöchern ist als „übernormale Abnutzung" anzusehen, dann beispielsweise, wenn ein eifriger Sammler seine Wände mit kleinen Bildern tapeziert, von denen jedes seinen eigenen, stabilen Haken benötigt.

In die Wände zu bohren ist also grundsätzlich erlaubt – und wenn es sein muss, in einem Badezimmer sogar bis zu 32 Löcher, meint ein Gericht. Dies sei zwar sehr viel, entscheidend sei aber, dass der Mieter, um das Bad überhaupt nutzen zu können, mit Haltern für Spiegel, Spiegelkonsole und Lampen, Handtücher, Zahnputzgläser, Seifenschale, Klopapierrolle, Klobürste, Duschstange sowie einem Haltegriff für die Badewanne Dinge angebracht hatte, die üblicherweise zur Ausstattung eines Bades gehören (LG Hamburg, Az. 307 S 50/01). In Berlin entschied man ähnlich: Das „Setzen von Dübellöchern innerhalb des verkehrsüblichen Umfangs" gehört zum vertragsgemäßen Gebrauch (LG Berlin, Az. 64 S 269/93).

Trotzdem sollte man sich bemühen, Dübellöcher beispielsweise in Küche und Bad möglichst in die Fugen zwischen den Kacheln zu setzen, um diese nicht unnötig zu beschädigen. Hat der Mieter allerdings die Wandfliesen mit Farbe überstrichen, so kann der Vermieter nach Vertragsbeendigung die Verfliesung erneuern und die Kosten als Schadenersatz verlangen, sofern der Mieter nicht nachweist, dass die Farbe von den Fliesen hätte entfernt werden können (LG Köln, Az. 12 S 312/95).

Streitpunkt Teppich

Wird die Wohnung ohne Bodenbeläge vermietet, hat der Mieter immer das Recht, selbst einen Teppich zu verlegen. Der Vermieter hat darauf keinen Einfluss.

Gleichwohl kann es selbst bei bestem Willen passieren, dass auch der mitgemietete Fußboden Schaden nimmt. So hatte das Amtsgericht Gera einen Fall zu beurteilen, in dem der Vermieter die Wohnung mit PVC-Boden ausstattete, was dem Mieter aber nicht gefiel. Der legte auf das PVC einen Teppichboden, was dem vorhandenen Belag nicht gut bekam: Beim Auszug zeigte sich, dass das PVC großflächig verfärbt war. Der Vermieter wollte den Schaden ersetzt haben – und scheiterte. Der Mieter habe, meinte der Richter, seine Pflichten nicht verletzt, denn es sei durchaus üblich, dass Wohnungen mit textilen Bodenbelägen ausgestattet würden: „Der Mieter handelt nicht fahrlässig, wenn er einen Teppichboden auf vorhandenem PVC-Boden verlegt und dabei nicht bedenkt, dass die Materialien chemisch miteinander reagieren können" (AG Gera, Az. 4 C 1515/98).

Die Erneuerung des infolge normalen und damit vertragsgemäßen Gebrauchs verschlissenen Teppichbodens gehört jedoch nicht zu den Schönheitsreparaturen und kann vom Vermieter nicht gefordert werden (OLG Hamm, Az. 30 REMiet 3/90). Und: Das Streichen von Fußbodendielen gehört ebenfalls nicht zu den Schönheitsreparaturen, wenn die Wohnung von vornherein mit einem Fußbodenbelag vermietet worden war (LG Berlin, Az. 62 S 87/96).

Kleinreparaturen: nur bei vertraglicher Vereinbarung

Von dem Wort „Schönheitsreparaturen" sollte man sich nicht täuschen lassen: Es meint tatsächlich nur die Renovierungsarbeiten. Die Beseitigung von Schäden in den gemieteten Räumen (sofern nicht selbst verursacht), gar die Erneuerung der Bausubstanz, mithin die „Instandhaltung" einer Wohnung, obliegt grundsätzlich dem Vermieter (§ 535 BGB). Gleichwohl kann der Mieter verpflichtet werden, sich um Bagatellen selbst zu kümmern. Der Streit beider Vertragsparteien um solche vermeintlichen Kleinigkeiten hat sogar schon den Bundesgerichtshof beschäftigt (BGH, Az. VIII ZR 38/90 und Az. VIII ZR 91/88). Seinem Urteil zufolge dürfen **Bagatellreparaturen** im Einzelfall rund 50 Euro kosten, die Oberlandesgerichte Hamburg und München halten auch noch Kosten von rund 75 Euro pro Reparatur für zulässig (OLG Hamburg, Az. 5 U 135/90 und OLG München, Az. 29 U 6529/90). Das AG Braunschweig fand jüngst, auch 100 Euro seien für den Mieter pro Einzelreparatur tragbar (AG Braunschweig, Az. 116 C 196/05).

Allerdings muss im Mietvertrag eine Höchstgrenze für die vom Mieter zu tragenden Kosten zur Beseitigung von Bagatellschäden genannt werden, beispielsweise in Relation gesetzt zur Jahresmiete (etwa „acht Prozent") oder als Gesamtsumme, zum Beispiel „maximal 300 Euro innerhalb eines Kalenderjahres".

Als dritte Bedingung, unter der Vermieter Bagatellschäden auf den Mieter abwälzen können, zählt, dass sich eine solche Vereinbarung nur auf jene Teile der Mietwohnung beziehen darf, die dem Mieter selbst zugänglich, genauer: „dem direkten und häufigen Zugriff des Mieters ausgesetzt" sind, beispielsweise Therme, Teppich, Herd, Fenster, Jalousien oder Einbauküche. Unangemessen benachteiligt wird ein Mieter immer dann, wenn er Reparaturen für Sachen zahlen soll, die er gar nicht abnutzen kann, wie beispielsweise die Leitungen für Gas, Wasser oder Strom.

Voraussetzung ist in jedem Fall, dass im Mietvertrag der Umgang mit Bagatellschäden ausdrücklich festgelegt ist, und zwar sowohl die

Kostenobergrenze für eine Einzelmaßnahme als auch die maximal zulässige Gesamtsumme, die innerhalb eines festgelegten Zeitraums zur Beseitigung von Bagatellschäden aufzubringen ist. Übersteigt im Einzelfall der Reparaturbetrag die zuvor festgesetzte Summe – kostet die Instandsetzung der Tür selbst bei gültiger Kleinreparaturklausel zum Beispiel 500 Euro statt der festgelegten 100 Euro – muss der Vermieter die Summe im Zuge seiner Instandhaltungspflicht komplett selber tragen. Ein Anspruch auf Kostenerstattung gegen den Mieter besteht dann nicht – auch nicht anteilig (AG Fürth, Az. 360 C 3315/05).

Die Zweite Berechnungsverordnung (II. BV, § 28,3) prägt zudem den Begriff der **„kleinen Instandhaltung“**. Sie gilt zwar streng genommen nur für den öffentlich geförderten Wohnungsbau, wird aber von Gerichten auch beim frei finanzierten Wohnungsmarkt als Orientierung verwendet. Demnach umfassen die kleinen Instandhaltungen „nur das Beheben kleiner Schäden an den Installationsgegenständen für Elektrizität, Wasser und Gas, den Heiz- und Kocheinrichtungen, den Fenster- und Türverschlüssen sowie den Verschlussvorrichtungen von Fensterläden“.

Unwirksam wäre deshalb, dass komplette Schließanlagen oder auch Außenscheiben zu ersetzen wären, da beides nicht dem alleinigen Zugriff des Mieters unterliegt (vorausgesetzt natürlich, der Mieter hat die Schäden nicht selbst verursacht). Und: Auf den Mieter abgewälzt werden dürfen nur die Kosten einer Reparatur, nicht deren Durchführung. Klauseln im Mietvertrag, wonach der Mieter selbst tätig werden muss – Handwerker beauftragen oder Schäden in Eigenarbeit beseitigen –, sind unwirksam.

Instandhaltungspflicht des Vermieters: Davon sollten Mieter die Finger lassen

Fällt im Bad der Putz von der Decke oder ist das Küchenfenster verzogen, muss der Mieter sich nicht selbst kümmern: Sie gelten nicht mehr als Kleinreparaturen. Es handelt sich vielmehr um eine Instandsetzung – und damit ist der Vermieter in der Pflicht. Seine Aufgabe ist es, die Wohnung während der Mietzeit in einem zum vertragsgemäßen Gebrauch geeigneten Zustand zu halten (§ 535 BGB). Die notwendigen Erhaltungsmaßnahmen hat der Mieter zu dulden (§ 554 BGB).

Seiner Instandhaltungspflicht kann der Eigentümer auf zweierlei Weise nachkommen: durch Instandhaltung oder durch Instandsetzung. Der Übergang zwischen beidem ist meist fließend, doch dürfen dem Mieter daraus keine Kosten entstehen. Beides ist mit seiner Miete entgolten.

Unter **Instandhaltung** versteht man vorbeugende Maßnahmen, um den ordnungsgemäßen Zustand einer Wohnung aufrecht zu erhalten.

Instandsetzung bedeutet, einen widrigen Zustand zu beenden. So ist der Vermieter beispielsweise verpflichtet, eine defekte Heizung zu reparieren. Auch macht es wenig Sinn, etwa eine alte Badewanne zu streichen, deren Oberfläche im Lauf der Jahre rau und unansehnlich wurde. Ihr Austausch ist eine Instandsetzung und damit Vermietersache – für normale Abnutzung muss der Mieter nicht haften (LG Köln, Az. 11 S 47/83).

Einbauten: Einrichten erlaubt

Der Mieter darf Einrichtung und Ausstattungsgegenstände ohne die Zustimmung des Vermieters anbringen oder einbauen, wenn sie dem normalen Wohnen dienen: neben den Möbeln zum Beispiel Wandtäfelung, Bodenbelag, Hochbett, Podest oder auch den Wandschrank. Dazu gehören sogar die höchst unökologischen, gleichwohl vor allem in den 70er und 80er Jahren gern verwendeten und heute unmodischen Styroporplatten an den Decken sowie Dekofolien auf Türen und Türrahmen (AG Tempelhof-Kreuzberg, Az. 19 C 39/01). Auch darf der Mieter Zimmertüren aushängen und Einbauschränke vorübergehend entfernen (LG Berlin, Az. 67 S 351/94). Das Amtsgericht Hamburg meinte gar, dass „die Verlegung eines Laminat-Fußbodens, die mit der Kürzung der Zimmertüren einhergeht, vom vertragsgemäßen Gebrauch der Mietwohnung gedeckt" sei (AG Hamburg, Az. 39 AC 114/98). Anders sieht es aus, wenn der Mieter eine vom Vermieter gestellte Küche auswechseln möchte: „Der Mieter hat nur ausnahmsweise einen Anspruch darauf, anstelle der vermieteten Einbauküche eigene Möbel einzubringen" (LG Berlin, Az. 62 S 115/96).

Einbauten beim Auszug entfernen

Beim Auszug muss der Mieter den ursprünglichen Zustand der Wohnung wieder herstellen. Er hat nicht nur ein Wegnahmerecht, sondern sogar eine **Wegnahmepflicht** und muss alle Gegenstände und Einbauten, die er in die Wohnung gebracht hat, auf seine Kosten entfernen, sofern mit dem Vermieter nichts anderes vereinbart wurde. Der Vermieter ist zur Übernahme einer Einrichtung selbst dann nicht verpflichtet, wenn er dem Einbau zuvor zugestimmt hat. Die Pflicht zur Beseitigung geht sogar so weit, dass der Mieter solche Einbauten aus der Wohnung räumen muss, die er von seinem Vormieter übernommen hat.

Allerdings entschied ein Berliner Gericht: „Hat der Nachmieter unfachmännisch vorgenommene Einbauten des Vormieters übernommen, haftet er nur bei eigenem Verschulden gegenüber dem Vermieter auf Schadenersatz" (AG Charlottenburg, Az. 13 C 44/98). In diesem Fall hatte schon der Vormieter ein Bad eingebaut und es an den Nachmieter verkauft. Erst später stellte sich heraus: Der Hobbyhandwerker hatte die Fliesen nicht fachgerecht verfugt. Wasser drang in die Wand ein und verursachte erhebliche Schäden. Der Vermieter wollte nun den Käufer des Bades dafür in die Pflicht nehmen, was das Gericht abwehrte.

Ausnahmen von der Wegnahmepflicht

Wer glaubt, beim Auszug für zurückgelassene Einbauten vom Vermieter auf jeden Fall eine Ablösesumme verlangen zu können, der irrt. Nur dann, wenn der Vermieter darauf besteht, dass die Einrichtung in der Wohnung bleibt oder dies vertraglich vereinbart worden ist, besteht ein Anspruch auf finanziellen Ausgleich. Das könnte beispielsweise dann der Fall sein, wenn der Mieter auf eigene Kosten – und mit Zustimmung des Hausbesitzers – Parkett verlegt hat und es herauszureißen bedeuten würde, den Zustand der Wohnung erheblich zu verschlechtern. Aber auch hier gilt: Entscheidend ist der Einzelfall. Der Mieter ist nicht verpflichtet, die Wohnung bei Ende des Vertrages in einen schlechteren Zustand zurückzuversetzen, entschied in einem Fall das Landgericht Hamburg (Az. 16 S 230/86).

Tipp

Wenn Sie beim Einzug in eine neue Wohnung Einrichtungsgegenstände oder Einbauten übernehmen, die ein Vormieter eingebaut hat, halten Sie im Mietvertrag schriftlich fest, was damit bei Ihrem Auszug passiert.

Einbauten, die in die Bausubstanz eingreifen

Umbauten können manchmal tief in die Bausubstanz eines Gebäudes eingreifen. Doch sollte man als Mieter weder Wände aufstemmen noch Türen, Fenster oder Hausinstallationen umbauen, ohne sich sein Vorhaben vom Vermieter schriftlich absegnen zu lassen.

Seine Zustimmung zu baulichen Veränderungen kann der Vermieter allerdings selbst dann verweigern, wenn diese dem Mieter die Haushaltsführung wesentlich erleichtern würden: „Der Vermieter ist zur fristlosen Kündigung berechtigt, wenn der Mieter den ohne Genehmigung vorgenommenen Einbau von Dusche, Handwaschbecken und Toilettenschüssel trotz Abmahnung nicht rückgängig macht“ (AG Tiergarten, Az. 2 C 394/98).

Haftung

Viele Hobbyhandwerker greifen auch in die Hausinstallationen für Elektrik, Wasser und selbst Gas ein. Ihnen muss klar sein: Etwaige Schäden sind durch keine Versicherung gedeckt – nicht einmal durch die Privathaftpflicht. Begeht hingegen ein Installateur einen Fehler, ein Maler oder Parkettleger, haftet dafür sein Betrieb.

Häufig müssen Mieter übrigens bei Abschluss eines Mietvertrags unterschreiben, dass eine Hausrat- oder Haftpflichtversicherung abzuschließen sei. Beides ist zwar sinnvoll; der Vermieter kann den Mieter dazu aber nicht zwingen.

Blauer Engel & Co. – Ökolabel

Durchschnittlich etwa 20 Stunden am Tag halten wir uns in mehr oder weniger geschlossenen Räumen auf. Kein Wunder, dass Schadstoffe in Innenräumen ein bedeutsames Umweltthema geworden sind. Wir bringen mittlerweile eine Unmenge an Produkten, die Schadstoffe ausdünsten können, in die Wohnräume ein. Dazu kommt, dass die – unbestreitbar sinnvollen – Maßnahmen zur Energieeinsparung in den letzten Jahren die Nebenwirkung haben, dass die frühere „Zwangslüftung“ durch undichte Fenster heute nicht mehr stattfindet. Schon unserer Gesundheit zuliebe sollten wir deshalb wenigstens dort, wo wir selbst Einfluss nehmen können, auf schadstoffarme, gesundheitlich unbedenkliche und umweltverträgliche Baustoffe achten.

Die Vielzahl von Labeln und Werbeaussagen erschwert allerdings das Erkennen tatsächlich gesundheits- und umweltverträglicher Produkte. Auch lässt sich die Verlässlichkeit der Informationen häufig nicht überprüfen, geschweige denn die verschiedenen Umweltbelastungen von Produkten miteinander vergleichen.

Damit Sie besser einschätzen können, welche Bedeutung die verschiedenen Umwelt- und Gesundheitslabel haben, im Folgenden ein Überblick über wichtige, für Renovierungsprodukte relevante Label.

Blauer Engel

Produktgruppen

U. a. Lacke und Lasuren, Wandfarben, Tapeten, Bodenbeläge (aus Holz und Holzwerkstoffen), Bodenverlegewerkstoffe (Kleber etc.), Spanplatten, Dämmstoffe.

Beschreibung

Mit dem Blauen Engel werden Produkte und Dienstleistungen ausgezeichnet, die im Vergleich zu anderen Produkten mit demselbem Gebrauchszweck bzw. Dienstleistungen mit demselbem Angebot als besonders umweltfreundlich gelten. Die besondere Umweltverträglichkeit kann unterschiedlich begründet werden. Beispielsweise kann sie sich auf einen besonders geringen Schadstoffgehalt im Produkt beziehen oder auf einen hohen Anteil an Recyclingmaterial. Blaue-Engel-Produkte müssen ebenso sicher, gebrauchstauglich und von gleicher Qualität sein wie vergleichbare Produkte. Alle Gesichtspunkte werden bei der Vergabe des Umweltzeichens in einer abgewogenen ganzheitlichen Betrachtung berücksichtigt.

Vergabe

Der Blaue Engel wird nach detaillierten, festgeschriebenen Kriterien vom Deutschen Institut für Gütesicherung und Kennzeichnung e. V. (RAL) unter Beteiligung des Umweltbundesamtes und des Bundeslandes, in dem der Hersteller seine Produktionsstätte hat, vergeben.

Dies geschieht auf der Basis von Vergabegrundlagen, die in einem transparenten Verfahren unter Beteiligung von Fachleuten von der „Jury Umweltzeichen“ festgelegt werden. Die Vergabekriterien sind beim Umweltbundesamt bzw. im Internet erhältlich. Die Jury Umweltzeichen wird von Vertretern verschiedener gesellschaftlicher Gruppen gebildet. Das sind die Umwelt- und Verbraucherverbände, Gewerkschaften, Industrie, Medien, Handel, Handwerk, die Bundesländer und andere. Die Gültigkeitsdauer des Zeichens ist von Produktgruppe zu Produktgruppe unterschiedlich, meist beträgt sie drei bis vier Jahre. (→ auch: Euro-Blume)

Adresse

Umweltbundesamt – ZAD
Bismarckplatz 1
14193 Berlin
www.blauer-engel.de

Euro-Blume (Europäisches Umweltzeichen)

Produktgruppen

U. a. Lacke und Lasuren, Wandfarben, Bodenbeläge (Fliesen)

Beschreibung

Die Kriterien für die Vergabe der Euro-Blume erfordern wissenschaftliche Analysen der Umweltauswirkungen des Produkts in allen Bereichen des Lebenszyklus. Die Umweltkriterien berücksichtigen zum Beispiel Energieverbrauch, Wasser- und Luftverschmutzung, Abfall, nachhaltige Forstwirtschaft und in einigen Fällen Lärm oder Bodenbelastung. Zusätzlich werden Anforderungen an die Gebrauchstauglichkeit festgelegt. Das Umweltzeichen wird nur an Produkte mit geringeren Umweltbelastungen als andere mit vergleichbarem Anwendungsprofil verliehen.

Die Umweltkriterien werden für jede Produktgruppe einzeln festgelegt. Sie müssen von einer Mehrheit der Mitgliedstaaten der Europäischen Union angenommen werden. Nach ihrer Verabschiedung durch die Europäischen Kommission gelten sie für die Dauer von drei Jahren. Nach Ablauf dieser Zeit werden die Kriterien überarbeitet und ggf. verschärft, um einen höheren Umweltstandard der Umweltzeichen-Produkte zu erreichen.

Vergabe

Transparenz und eine breite Beteiligung der Öffentlichkeit werden durch die Einbeziehung der Repräsentanten von Industrie, Handel,

Umwelt- und Verbraucherorganisationen und Gewerkschaften bei der Erarbeitung der Umweltkriterien sichergestellt. Darüber hinaus werden die Interessen von Drittländern berücksichtigt. Die Umweltkriterien für eine Produktgruppe müssen von einer Mehrheit der Mitgliedstaaten angenommen und von der Europäischen Kommission verabschiedet sein, bevor sie im Amtsblatt der Gemeinschaft veröffentlicht werden.

Ein Antrag auf Vergabe des Umweltzeichens wird von der zuständigen nationalen Stelle für das Europäische Umweltzeichen geprüft. Für Deutschland ist dies das Umweltbundesamt in Zusammenarbeit mit dem RAL.

Adresse

http://europa.eu.int/ecolabel

eco-Zertifikat „Produkt emissionsarm“

Produktgruppen

U. a. Lacke, Bodenbeläge (aus Holz und Holzwerkstoffen), Holzfaserplatten

Beschreibung

Bei dem Label „eco-Zertifikat Produkt emissionsarm“ handelt es sich nach eigenem Anspruch um eine Ergänzung zum natureplus-Zeichen (→ Seite 183). Zertifiziert werden jedoch keine Naturstoffe, sondern ausschließlich synthetische Produkte. Dabei werden an die Gesundheitsverträglichkeit nach eigenem Anspruch die gleichen Anforderungen gestellt, wie sie natureplus stellt. Die Produktprüfungen beschränken sich auf gefährliche Inhaltstoffe und Emissionen aus dem Material. Produkte mit erkennbar besonders nachteiligen Auswirkungen auf die Umwelt werden grundsätzlich nicht zertifiziert.

Vergabe

Das Zertifikat wird von der eco-Umweltinstitut GmbH in Köln vergeben. Die Produktprüfungen werden von der Vergabestelle anhand von Prüfmustern selbst vorgenommen. Bei Erfüllung der Kriterien darf der Antragsteller solche Produkte mit dem Zeichen ausstatten, für die er eine Konformitätsbestätigung abgibt. Das Zertifikat behält 14 Monate lang seine Gültigkeit.

Adresse

eco-Umweltinstitut GmbH
Sachsenring 69
50677 Köln
www.eco-umweltinstitut.com

EMICODE der GEV

Produktgruppen

Verlegewerkstoffe für Fußböden (Kleber)

Beschreibung

EMICODE wird ausschließlich für Bodenverlegewerkstoffe vergeben. Es handelt sich um ein System, mit dem Verlegewerkstoffe nach ihrem Emissionsverhalten in die drei folgenden Klassen eingestuft werden:

- EMICODE EC 1 – „sehr emissionsarm“
- EMICODE EC 2 – „emissionsarm“
- EMICODE EC 3 – „nicht emissionsarm“

Die Einstufung beruht auf Messergebnissen, die nach einer definierten Prüfmethode ermittelt werden, und anhand konkreter Einstufungskriterien. Die Einstufung hängt von der dabei ermittelten Gesamtemission ab. Darüber hinaus müssen mit dem EMICODE gekennzeichnete Produkte weitere Voraussetzungen bezüglich der Gesundheitsverträglichkeit erfüllen. So dürfen grundsätzlich keine krebserzeugenden, erbgutverändernden oder fortpflanzungsgefährdenden Stoffe (so genannte CMR-Stoffe) eingesetzt werden.

Vergabe

Der EMICODE wird von der „Gemeinschaft Emissionskontrollierte Verlegewerkstoffe e. V.“ (GEV) an ihre Mitglieder vergeben. Mitglied kann jeder Hersteller von Verlegewerkstoffen werden. GEV-Prüfmethoden und GEV-Einstufungskriterien werden vom Technischen Beirat der GEV festgelegt, der aus maximal elf gewählten Mitgliedern besteht. Die GEV-Mitglieder stufen Produkte eigenverantwortlich in die zutreffende EMICODE-Klasse ein. Grundlage dafür sind Prüfergebnisse. Eine zeitliche Befristung für die Kennzeichnung gibt es nicht.

Adresse

Gemeinschaft Emissionskontrollierte Verlegewerkstoffe e. V.
Völklinger Straße 4 (RWI-Haus)
D-40219 Düsseldorf
Postfach 26 01 25
D-40094 Düsseldorf
http://www.emicode.com

FSC-Zertifikat

Produktgruppen
Holzprodukte und Holzwerkstoffe

Beschreibung
Der Forest Stewardship Council (FSC) ist eine internationale gemeinnützige Organisation mit Sitz in Bonn und nationalen Arbeitsgruppen in 35 Ländern. Er wird von Umweltorganisationen (WWF, Greenpeace, NABU, Robin Wood u. a.), Sozialverbänden (IG BAU, IG Metall u. a.) sowie zahlreichen Unternehmen unterstützt. Der FSC akkreditiert Zertifizierungsorganisationen (d. h., er bevollmächtigt und kontrolliert sie). Den Rahmen der Zertifizierung bilden die zehn FSC-Prinzipien und -Kriterien, die für alle Wälder der Erde gelten. Sie können auf nationaler oder regionaler Ebene durch eine breite Beteiligung betroffener Gruppen an die spezifischen ökologischen, wirtschaftlichen und sozialen Gegebenheiten angepasst und konkretisiert werden. Die Prinzipien regeln:

- die Einhaltung der Gesetze
- Besitzansprüche, Landnutzungsrechte und Verantwortlichkeiten
- die Rechte indigener Völker
- die Beziehungen zur lokalen Bevölkerung und die Arbeitnehmerrechte
- den Nutzen aus dem Walde
- die Auswirkungen auf die Umwelt
- einen Bewirtschaftungsplan
- die Kontrolle und die Bewertung
- die Erhaltung von Wäldern mit hohem Schutzwert und
- Plantagen

Vergabe
Die FSC-Zertifizierung steht allen interessierten Betrieben offen, unabhängig von deren Ausgangssituation. Es werden vorrangig die Bewirtschaftung des Waldes und nicht der Waldzustand beurteilt. Die Zertifizierungsorganisationen prüfen Forstbetriebe und bescheinigen die Konformität ihrer Bewirtschaftung mit dem vom FSC aufgestellten, weltweit gültigen Standard von anerkannten Prinzipien verantwortungsvoller Waldwirtschaft. Der FSC garantiert mit seinem Gütesiegel die Wahrhaftigkeit dieser Feststellung. Obwohl es das FSC-Siegel trägt, wird nicht das Endprodukt, sondern die Erzeugung des Rohstoffs „Holz" zertifiziert, aus dem das Produkt gefertigt wurde. Dabei müssen Massivholzprodukte zu mindestens 70 % und Holzwerkstoffe und Papier zu mindestens 30 % aus FSC-zertifizierten Betrieben stammen.

Adresse
FSC International Center
Charles-de-Gaulle-Straße 5
53113 Bonn
http://www.fsc-deutschland.de

PEFC

Produktgruppen

aus Holz, Holzprodukte und Holzwerkstoffe

Beschreibung

Das Zertifizierungssystem für nachhaltige Waldbewirtschaftung PEFC (= Programm für die Anerkennung von Waldzertifizierungssystemen) basiert auf internationalen Beschlüssen der Nachfolgekonferenzen der Umweltkonferenz von Rio. Bei uns sind dies die Kriterien und Indikatoren, die auf den Ministerkonferenzen zum Schutz der Wälder in Europa im paneuropäischen Prozess verabschiedet wurden. PEFC wurde als eine Initiative der Forst- und Holzwirtschaft gegründet. Hölzer europäischen Ursprungs können mit dem Siegel gekennzeichnet werden, wenn ein glaubwürdiger Produktkettennachweis sichergestellt ist. Die Anforderungen betreffen:

- die Erhaltung und Verbesserung forstlicher Ressourcen
- die Gesundheit und Vitalität von Forstökosystemen
- die Produktionsfunktion der Wälder (Holz und Nichtholz)
- die biologische Vielfalt
- die Schutzfunktionen bei der Waldbewirtschaftung (vor allem Boden und Wasser)
- sonstige sozioökonomische Funktionen und Bedingungen.

Verfahren

In Deutschland bietet PEFC die Möglichkeit einer regionalen Zertifizierung, in anderen PEFC-Ländern erfolgt auch eine einzelbetriebliche bzw. Gruppen-Zertifizierung. Autorisierte Vertretungen des Waldbesitzes einer Region können das Zertifizierungsverfahren in Gang setzen und sind für die Einbeziehung aller relevanten Gruppen verantwortlich. Zertifiziert wird eine Region und nicht das Waldstück eines einzelnen Besitzers, da nach Auffassung von PEFC der Beurteilungsraum bei einem einzelnen Forstbetrieb zu klein ist. Der einzelne Waldbesitzer bindet sich mit einer Selbstverpflichtungserklärung an die PEFC-Standards. Die Zertifizierung erfolgt unbefristet. Die Einhaltung der Kriterien wird durch eine unabhängige Stelle kontrolliert.

Adresse

PEFC Deutschland e.V.
Danneckerstraße 37
70182 Stuttgart
http://www.pefc.de

GISCODE

Produktgruppen

U. a. Verlegewerkstoffe, Epoxidharz-Beschichtungsstoffe, Oberflächenbehandlungmittel für Parkett und andere Holzfußböden, zementhaltige Produkte, Farben und Lacke, Holzschutzmittel

Beschreibung

Bei den GISCODES handelt es sich nicht im eigentlichen Sinn um Umweltzeichen, sondern vielmehr um eine Kennzeichnung von Bauprodukten in Form von Buchstaben-Zahlen-Codes.

Die GISCODES/Produkt-Codes basieren auf dem Gedanken, Produkte mit vergleichbarer Gesundheitsgefährdung und demzufolge identischen Schutzmaßnahmen und Verhaltensregeln zu Gruppen zusammenzufassen. Dadurch wird die Vielzahl chemischer Produkte auf wenige Produktgruppen reduziert. Die Codierungen selbst, die auf den Herstellerinformationen (Sicherheitsdatenblätter, Technische Merkblätter) und auf den Gebindeetiketten aufgebracht sind, ordnen das eingesetzte Produkt eindeutig einer Produktgruppe zu. So lässt sich anhand des GISCODES die Einordnung des Produkts hinsichtlich gesundheitsgefährdender Eigenschaften erkennen. Der GISCODE D1 steht zum Beispiel für lösemittelfreie Dispersions-Verlegewerkstoffe, der Code ZP1 für chromatarme, zementhaltige Produkte.

Vergabe

Das System wurde von der u. a. für den beruflichen Umgang mit Bauprodukten zuständigen Berufsgenossenschaft der Bauwirtschaft (BG Bau) gegründet und wird von ihr betreut. Die Einstufung erfolgt aufgrund von Selbstauskünften der Firmen. Obwohl die Kennzeichnung mit dem GISCODE nicht Vorschrift ist, sind viele Produkte der betreffenden Produktgruppen (auch für Privatanwender) damit ausgestattet.

Adresse

GISBAU – Gefahrstoff-Informationssystem
der Berufsgenossenschaft der Bauwirtschaft
Hungener Straße 6
60389 Frankfurt am Main
http://www.gisbau.de

GuT – Teppichboden schadstoffgeprüft

Produktgruppen
Textile Bodenbeläge

Beschreibung
Bei der „Gemeinschaft umweltfreundliche Teppichböden e. V. (GuT)" handelt es sich um einen Zusammenschluss von Herstellern textiler Bodenbeläge. Die Mitgliedschaft wird an die Einhaltung der gesetzlichen Vorschriften und des Standes der Technik bezüglich des Umweltschutzes geknüpft. Mit dem Siegel ausgezeichnete Produkte müssen eine Reihe von Kriterien in Bezug auf die Begrenzung des Schadstoffgehalts und der Emissionen erfüllen, darunter auch Gerüche.

Vergabe
Der Verein vergibt das Zeichen ausschließlich an seine Mitglieder. Die betreffenden Bodenbeläge werden von einem unabhängigen Prüfinstitut auf die Einhaltung der Kriterien getestet. Jedes Signet ist mit einer Prüfnummer versehen, anhand derer der gekennzeichnete Bodenbelag eindeutig identifiziert werden kann. Das Zeichen wird unbefristet vergeben, es werden aber jährlich Stichproben genommen und untersucht.

Adresse
Gemeinschaft umweltfreundlicher Teppichboden e. V.
Schönebergstraße 2
52068 Aachen
http://www.gut-ev.de

IBR – Geprüft und Empfohlen vom Institut für Baubiologie Rosenheim GmbH

Produktgruppen
U. a. Lacke und Lasuren, Wandfarben, Kalk, Gips, Zement, Tapeten, Bodenbeläge, Holz und Holzwerkstoffe, Dämmstoffe

Beschreibung
Mit dem IBR-Prüfsiegel werden Produkte des Bau- und Wohnbereichs ausgezeichnet. Zeichenvergabestelle ist das Institut für Baubiologie Rosenheim GmbH. Aufgrund von Vergaberichtlinien legt der Güteausschuss des Instituts den Prüfrahmen für das jeweilige Produkt fest. Dabei steht die gesundheitliche Beurteilung im Vordergrund. Anforderungen an die Umweltverträglichkeit sind sehr allgemein formuliert.

Innerhalb des Prüfrahmens werden die gültigen Beurteilungskriterien für jedes Produkt einzeln festgelegt. Für die Erfüllung der Kriterien werden Punkte vergeben. Die vom Produkt erreichte Gesamtpunktzahl muss zur Vergabe des Siegels ein festgelegtes Minimum erreichen.

Vergabe

Das IBR-Prüfsiegel wird an Hersteller von Produkten des Bau- und Wohnbereichs vergeben. Der Antragsteller hat die Erfüllung des für sein Produkt festgelegten Prüfrahmens nachzuweisen. Ggf. werden Prüfaufträge an dritte Institute oder Labore vergeben. Das Zeichen hat eine Gültigkeitsdauer von zwei Jahren. Verlängerungen sind allerdings möglich. Im Gegensatz zu den Vergaberichtlinien ist der genaue Prüfrahmen für ein bestimmtes Produkt nicht öffentlich. Auch sind die Entscheidungen des Güteausschusses nicht transparent. Aufgrund des Bewertungsverfahrens lassen sich aus dem Vorhandensein des Siegels kaum zugesicherte Produkteigenschaften ableiten.

Adresse

Institut für Baubiologie Rosenheim (IBR) GmbH
Heilig-Geist-Straße 54
83022 Rosenheim
http://www.baubiologie.org

Das Kork-Logo® DEUTSCHER KORK-VERBAND E.V.

Kork-Logo

Produktgruppen

Bodenbeläge aus Kork

Beschreibung

Das Kork-Logo wird ausschließlich für Bodenbeläge aus Kork vergeben. Nicht ausgezeichnet werden Beläge mit einer mehr als 0,15 mm starken Deckschicht aus Kunststoff oder Produkte ausschließlich zur Trittschalldämmung. Erfüllt werden müssen Kriterien zur Gesundheitsverträglichkeit, d. h. zur Minderung schädlicher Emissionen, aber auch zu schädlichen Inhaltsstoffen sowie verschiedene technische Normen zur Sicherung der Gebrauchstauglichkeit.

Vergabe

Das Zeichen wird vom Deutschen Kork-Verband e. V. ausschließlich an seine Mitglieder vergeben. Die Gültigkeitsdauer ist auf ein Jahr befristet. Die ausgezeichneten Produkte werden regelmäßig von einem unabhängigen Institut überprüft.

Adresse

Deutscher Kork-Verband e.V.
Rheinhessenstraße 9a
55129 Mainz
http://www.kork.de

natureplus

Produktgruppen

U. a. Bodenbeläge (Holz, Linoleum), Lacke und Lasuren, Wandfarben, Holzprodukte, Lehmputze, Wärmedämmstoffe

Beschreibung

Das natureplus-Zeichen wird ausschließlich für so genannte Naturbaustoffe vergeben. Alle ausgezeichneten Produkte müssen zu mindestens 85% aus nachwachsenden und/oder mineralischen Rohstoffen (einschließlich Wasser) bestehen. Die Anforderungen des natureplus-Zeichens werden über ein System von Basiskriterien für alle Produktgruppen geregelt. Darauf aufbauend wurden spezifische Vergaberichtlinien festgelegt. Berücksichtigt werden die Bereiche „Gebrauchstauglichkeit", „Gesundheitsverträglichkeit" und „Umweltverträglichkeit". Es besteht der Anspruch, alle drei Bereiche über den gesamten Lebensweg des Produktes zu bewerten. Die vollständige Deklaration der Produktinhaltsstoffe ist obligatorisch.

Vergabe

Das Zeichen wird vom Internationalen Verein für zukunftsfähiges Bauen und Wohnen e.V. (natureplus) vergeben. Mitglieder sind Hersteller, Händler und Umweltorganisationen, Planer, Berater und Anwender sowie zugelassene Prüfinstitute. Alle Gruppen sind nach einem festgelegten Schlüssel im Vorstand vertreten. Die Prüfung der Produkte wird durch vom Verein zugelassene Prüfinstitute vorgenommen und von einer Überprüfungskommission kontrolliert, die von anderen zugelassenen Prüfinstituten gebildet wird. Das Zeichen wird für einen Zeitraum von drei Jahren vergeben.

Adresse

natureplus e.V.
Kleppergasse 3
69151 Neckargemünd
www.natureplus.org

Naturland ®
anerkannt ökologischer Landbau

Naturland

Produktgruppen
U.a. Holz und Holzprodukte

Beschreibung
Naturland-Verband für naturgemäßen Landbau e.V. ist eine Erzeugergemeinschaft für Produkte aus ökologischer Land- und Forstwirtschaft. Sie vergibt das Naturland-Zeichen. Es signalisiert, dass die betreffenden Produkte aus entsprechend zertifizierten Betrieben stammen. Die Richtlinien verlangen einen umweltschonenden und nachhaltigen Umgang mit den genutzten Ökosystemen. Zusätzlich werden die Schadstoffbelastungen der Rohstoffe limitiert. Auch an die Verarbeitung des Baustoffs Holz werden Anforderungen gestellt. Sie umfassen außerdem auch die Gebrauchstauglichkeit der Produkte. Alle Vergabekriterien sind öffentlich und bei der Geschäftsstelle von Naturland oder auf der Internetseite erhältlich.

Vergabe
Voraussetzung für die Lizenz zur Verwendung des Verbandszeichens ist der Abschluss eines Erzeugervertrages. Dabei wird von einer Anerkennungskommission die Betriebsplanung zur Bewirtschaftung beurteilt. Für den Abschluss ist die Einhaltung der Naturland-Richtlinien erforderlich. Frühestens 12 Monate nach dem letzten Einsatz von gemäß Richtlinien nicht erlaubten Düngemitteln und Pestiziden kann dann der Zeichennutzungsvertrag abgeschlossen werden. Eine gegenseitige Anerkennung erlaubt den Naturland-zertifizierten forstwirtschaftlichen Betrieben zugleich die Nutzung des FSC-Siegels. Mindestens einmal jährlich erfolgt eine Überprüfung der Einhaltung der Naturland-Richtlinien.

Adresse
Naturland – Verband für naturgemäßen Landbau e.V.
Kleinhaderner Weg 1
82166 Gräfelfing
http://www.naturland.de

RUGMARK

Produktgruppe
Handgeknüpfte Teppiche

Beschreibung
RUGMARK kennzeichnet handgeknüpfte Teppiche, die ohne illegale Kinderarbeit hergestellt wurden. Das Siegel wird weltweit von Produzenten, dem Teppichhandel und Hilfsorganisationen getragen.
Im RUGMARK-System erfüllen Knüpfstuhlbesitzer und Teppichexporteure folgende Bedingungen:

- keine Beschäftigung von Kindern unter 14 Jahren
- Zahlung gesetzlicher Mindestlöhne
- Offenlegung ihrer Aufträge
- Kostenübernahme für Kontrolle und Lizenzvergabe
- Zulassung unangekündigter Kontrollen

Außerdem werden von RUGMARK Sozialprogramme für ehemalige „Teppichkinder" und Kinder aus Knüpferfamilien betrieben. Sie werden u. a. durch Beiträge der Importeure und Fachgeschäfte finanziert.

Vergabe
Für den Erhalt einer RUGMARK-Lizenz muss sich der Hersteller rechtsverbindlich zur Einhaltung der Kriterien verpflichten. Die Vergabe des Siegels ist auf einen konkreten Auftrag beschränkt. Die Richtigkeit der Angaben wird stichprobenartig überprüft. Werden die Kriterien eingehalten, so dürfen die Teppiche des betreffenden Auftrags mit durchnummerierten und erfassten RUGMARK-Siegeln ausgestattet werden.

Adresse
RUGMARK Deutschlandbüro
Remigiusstraße 21
50937 Köln
http://www.rugmark.de

ToxProof

Produktgruppen
U. a. Bodenbeläge (Kork, Linoleum)

Beschreibung
Das ToxProof-Zeichen wird für verschiedene Produkte aus dem Bereich Bauen und Wohnen vergeben. Die Prüfkriterien werden für jede Produktgruppe gesondert festgelegt und beziehen sich primär auf die Gesundheitsverträglichkeit. Besonderer Wert wird auf die Kriterien zur Emissionsminderung gelegt. Die Prüfkriterien sind öffentlich und beim Zeichengeber selbst oder auf dessen Internetseite zugänglich.

Vergabe
Das ToxProof-Zeichen wird von der TÜV Produkt und Umwelt GmbH in Köln vergeben. Die Produktprüfungen auf Einhaltung der Kriterien werden von der Vergabestelle anhand von Prüfmustern selbst vorgenommen. Bei Erfüllung der Kriterien darf der Antragsteller diejenigen Produkte mit dem Zeichen ausstatten, für die er eine Konformitätsbestätigung abgibt. Die Einhaltung der Kriterien wird halbjährlich stichprobenartig überprüft. Die Zeichenvergabe erfolgt – je nach Vereinbarung – befristet oder unbefristet, mindestens aber für ein Jahr.

Adresse
Produkt und Umwelt GmbH
Am Grauen Stein
51105 Köln
http://www.de.tuv.com/de

Anhang

Umweltanalysen der Stiftung Warentest

Informationen zu allen Analysen (inklusive Mitmachkupon) können Sie per Internet, per Faxabruf und telefonisch bei der Stiftung Warentest anfordern (bitte die jeweilige Bestellnummer angeben, zum Beispiel „M 9901"), Telefon: 0 1805/00 24 67.
www.test.de/analysen

Haben Sie Fragen zu den Umweltanalysen, erreichen Sie uns donnerstags zwischen 10 und 12 Uhr. Telefon: 0 30/26 31 29 00.

Gift unter dem Parkett — M 9905

Viele alte Parkett-Fußbodenkleber enthalten giftige Chemikalien, die die Luft in Innenräumen belasten können, vor allem wenn der Parkettfußboden in einem schlechten Zustand oder gar beschädigt ist. Wir untersuchen Ihren Parkettkleber auf die Krebs erzeugenden Stoffe Benzo(a)pyren (PAK) sowie auf polychlorierte Biphenyle (PCB).
Kosten: 70 Euro
Faxabruf: 0 180 5/88 76 83 08

Problemstoffe im Kunststoff — M 0005

In den von uns untersuchten Hausstaubproben fanden wir häufig Chemikalien, die in vielen Kunststoffen enthalten sind, um sie biegsam, schwer entflammbar oder beständig zu machen. Einige Substanzen gefährden möglicherweise die Gesundheit. Wir analysieren Kunststoffe (z. B. PVC-Böden, Vinyltapeten) auf bedenkliche Weichmacher und Organozinnverbindungen.
Kosten: 70 bis 133 Euro
Faxabruf: 0 180 5/88 76 83 12

PCB in Materialien — M 0004

In den 1960er Jahren wurde in Gebäuden häufig PCB verarbeitet, da es Materialien dauerelastisch, alterungs- und temperaturbeständig macht. Obwohl PCB wegen seiner Giftigkeit bereits seit 1989 in Deutschland verboten ist, lassen sich Spuren der Chemikalie auch heute noch oft nachweisen. Die Schadstoffe können das Immunsystem stören und stehen unter dem Verdacht, Krebs zu erzeugen. Wir analysieren Ihre Materialprobe von Dichtungsstoffen, Deckenplatten, Lacken und Klebstoffen auf PCB, PCT und andere Chlorverbindungen.
Kosten: 70 Euro
Faxabruf: 0 180 5/88 76 83 11

Asbest — M 9607

Trotz des Verbots von astbesthaltigen Materialien und aufwendigen Sanierungsmaßnahmen ist das Thema Asbest immer noch aktuell. Wenn Sie unsicher sind, ob in Ihrem Haushalt Asbestprodukte vorhanden sind (z. B. alte Fußbodenbeläge oder PVC-Flexplatten), können Sie uns eine Probe schicken. Wir analysieren Ihre Probe auf Asbest und geben individuelle Handlungsempfehlungen bei asbesthaltigen Proben.
Kosten: 52 Euro
Faxabruf: 0 180 5/88 76 83 00

Schimmel im Haus — M 0001

Schimmel in der Wohnung macht krank. Doch viele Menschen sind sich der Problematik von Schimmelpilzen oft nicht bewusst. Denn die Sporen der Schimmelpilze zählen zu den bedeutendsten Innenraumallergenen. Wir analysieren Ihre Probe auf eine mögliche Schimmelpilzbelastung Ihrer Wohnräume und geben Tipps und Handlungsempfehlungen.
Kosten: 47 Euro
Faxabruf: 0 180 5/88 76 83 09

Staub- und Luftanalyse M 9802

Wohngifte können krank machen. Die Art der Belastung herauszufinden, ist oft nicht einfach – viele Schadstoffe können die Luft im Innenraum belasten oder sich in Staubteilchen ablagern. Gerade Kleinkinder, die häufig auf dem Boden spielen, sind hiervon betroffen. Wir analysieren Ihre eingesandten Proben auf zahlreiche Umweltschadstoffe im Hausstaub und in der Luft. Zudem erhalten Sie Tipps und Handlungsempfehlungen.
Kosten: Staubanalyse auf schwerflüchtige Stoffe (z. B. Pestizide): ab 90 Euro,
Luftanalyse auf Lösemittel: 108 Euro
Luftanalyse auf Aldehyde: 98 Euro
Faxabruf: 0 180 5/88 76 83 03

Holzschutzmittel-Altlasten M 9702

In vielen Altbauten stellt sich die Frage, ob Balken oder Bretter früher einmal mit giftigen Holzschutzmitteln gestrichen wurden, die auch heute noch die Luft belasten. Wir analysieren Ihre eingesandten Holzproben auf Lindan, Pentachlorphenol und DDT und geben Ihnen nützliche Tipps und Handlungsempfehlungen.
Kosten: ab 72 Euro
Faxabruf: 0 180 5/88 76 83 01

Schädlinge im Haushalt M 9903

Schädlinge zerstören Vorräte und Textilien, manche machen sogar krank. Wenn Sie im Vorrats- oder Kleiderschrank Schädlinge finden, gehen Sie nicht gleich mit der Giftspritze auf die Insekten los. Wir bestimmen Ihren Schädling und sagen Ihnen, wie Sie ihn auch ohne Gift erfolgreich bekämpfen können.
Kosten: 18 Euro
Faxabruf: 0 180 5/88 76 83 07

Schwermetalle im Trinkwasser M 9606

Kühl, klar und erfrischend sprudelt das Trinkwasser aus der Leitung – doch viele Menschen zweifeln an der Qualität und greifen lieber zum teuren Mineralwasser. Ein Grund für das Misstrauen sind Schwermetalle im Trinkwasser, hervorgerufen durch zum Beispiel alte Bleileitungen, verzinkte Stahlrohre oder einen alten Kupferkessel. Wir analysieren Ihre Wasserproben auf die Schwermetalle Blei, Kadmium, Kupfer und Zink und geben Empfehlungen.
Kosten: 26 Euro
Faxabruf: 0 180 5/88 76 83 02

Radon M 9902

Nach dem Rauchen gilt Radon als Lungenkrebsverursacher Nummer zwei. Vor allem in den Mittelgebirgsregionen Deutschlands strömt das radioaktive Edelgas aus dem Untergrund. Es dringt durch undichte Stellen im Fundament in Kellerräume und Wohnungen. Wir bestimmen für Sie eine eventuelle Radonkonzentration in Ihren Innenräumen und geben Ihnen Handlungsempfehlungen.
Kosten: 34 Euro
Faxabruf: 0 180 5/88 76 83 06

Straßenlärm M 9805

Der Kampf um mehr Ruhe ist eine mühsame Angelegenheit, aber es gibt Möglichkeiten sich vor Straßenlärm zu schützen. In Zusammenarbeit mit dem Umweltbundesamt erstellen wir für Sie ein Lärmgutachten und geben Tipps und Handlungsempfehlungen zum Schutz vor Straßenlärm.
Kosten: 47 Euro
Faxabruf: 0 180 5/88 76 83 04

Zum Weiterlesen

Die hier aufgeführten Bücher erhalten Sie bei den Verbraucherzentralen und im Internet bei www.ratgeber-verbraucherzentrale.de und www.test.de/buecher

Feuchtigkeit und Schimmelbildung
Ursachen, Schadensbilder, Maßnahmen, Ansprüche; Berlin 2004

Gebäude modernisieren – Energie sparen
Heizkosten senken, Wohnwert steigern, Umwelt schonen; Düsseldorf 2004

Haus und Wohnung richtig versichern
Ratgeber für Bauherren und Eigentümer; Düsseldorf 2004

Heizung und Warmwasser
Moderne Heiztechnik mit Sonnenenergie, Holz & Co.; Hannover 2005

Reparaturen zu Hause
Reparieren, ausbessern, verschönern; Berlin 2005

Richtig bauen: Ausführung
Neubau und Umbau; Düsseldorf und Berlin, 2004

Sicherheit für Haus und Wohnung
Einbruchschutz, Brandschutz, Versicherungsfragen; Düsseldorf 2004

Wohnen ohne Gift
Sanieren, renovieren und einrichten; Berlin 2002

Adressen

Verbraucher allgemein

Stiftung Warentest
Lützowplatz 11–13
10785 Berlin
Telefon: 0 30/26 31-0
Telefax: 0 30/26 31-27 27
www.stiftung-warentest.de

Verbraucherzentrale Bundesverband e. V. (vzbv)
Markgrafenstraße 66
10969 Berlin
Telefon: 0 30/2 58 00-0
Telefax: 0 30/2 58 00-2 18
www.vzbv.de

Verbraucherzentralen

Verbraucherzentrale Baden-Württemberg e. V.
Paulinenstraße 47
70178 Stuttgart
Tel. 07 11/66 91-10
Fax 07 11/66 91-50
www.verbraucherzentrale-bawue.de

Verbraucherzentrale Bayern e. V.
Mozartstraße 9
80336 München
Tel. 0 89/53 98 70
Fax 0 89/53 75 53
www.verbraucherzentrale-bayern.de

Verbraucherzentrale Berlin e. V.
Bayreuther Straße 40
10787 Berlin
Tel. 0 30/21 48 50
Fax 0 30/2 11 72 01
www.verbraucherzentrale-berlin.de

Verbraucherzentrale Brandenburg e. V.
Templiner Straße 21
14473 Potsdam
Tel. 03 31/29 87-10
Fax 03 31/29 87-177
www.vzb.de

Verbraucherzentrale des Landes Bremen e. V.
Altenweg 4
28195 Bremen
Tel. 04 21/16 07-77
Fax 04 21/16 07-780
www.verbraucherzentrale-bremen.de

Verbraucherzentrale Hamburg e. V.
Kirchenallee 22
20099 Hamburg
Tel. 0 40/2 48 32-0
Fax 0 40/2 48 32-2 90
www.vzhh.de

Verbraucher-Zentrale Hessen e. V.
Große Friedberger Straße 13–17
60313 Frankfurt am Main
Tel. 0 69/97 20 10-0
Fax 0 69/97 20 10-50
www.verbraucher.de

Neue Verbraucherzentrale in Mecklenburg-Vorpommern e. V.
Strandstraße 98
18055 Rostock
Tel. 03 81/2 08 70-50
Fax 03 81/2 08 70-30
www.nvzmv.de

Verbraucher-Zentrale Niedersachsen e. V.
Herrenstraße 14
30159 Hannover
Tel. 05 11/9 11 96-01
Fax 05 11/9 11 96-10
www.vzniedersachsen.de

Verbraucherzentrale Nordrhein-Westfalen e. V.
Mintropstraße 27
40215 Düsseldorf
Tel. 02 11/38 09-0
Fax 02 11/38 09-172
www.verbraucherzentrale-nrw.de

Verbraucherzentrale Rheinland-Pfalz e. V.
Ludwigstraße 6
55116 Mainz
Tel. 0 61 31/28 48-0
Fax 0 61 31/28 48-66
www.verbraucherzentrale-rlp.de

Verbraucherzentrale des Saarlandes e. V.
Trierer Straße 22
66111 Saarbrücken
Tel. 06 81/5 00 89-0
Fax 06 81/5 00 89-22
www.vz-saar.de

Verbraucherzentrale Sachsen e. V.
Brühl 34–38
04109 Leipzig
Tel. 03 41/6 88 80 80
Fax 03 41/6 89 28 26
www.vzs.de

Verbraucherzentrale Sachsen-Anhalt e. V.
Steinbockgasse 1
06108 Halle
Tel. 03 45/2 98 03-29
Fax 03 45/2 98 03-26
www.vzsa.de

Verbraucherzentrale Schleswig-Holstein e. V.
Bergstraße 24
24103 Kiel
Tel. 04 31/5 90 99-0
Fax 04 31/5 90 99-77
www.verbraucherzentrale-sh.de

Verbraucher-Zentrale Thüringen e. V.
Eugen-Richter-Straße 44
99085 Erfurt
Tel. 03 61/5 55 14-0
Fax 03 61/5 55 14-40
www.vzth.de

Stichwortverzeichnis

Impressum

Herausgeber und Verlag

Verbraucherzentrale Nordrhein-Westfalen e.V.
Mintropstraße 27
40215 Düsseldorf
Telefon: 0 180 5/00 14 33 (12 Cent pro Minute)
Telefax: 02 11/38 09-2 35
www.verbraucherzentrale-nrw.de

Vorstand:
Dr. Karl-Heinz Schaffartzik

STIFTUNG WARENTEST
Lützowplatz 11–13
10785 Berlin
Telefon: 0 30/26 31-0
Telefax: 0 30/26 31-25 25
www.stiftung-warentest.de

Vorstand:
Dr. jur. Werner Brinkmann
Weitere Mitglieder der Geschäftsleitung:
Hubertus Primus (Publikationen)
Dr.-Ing. Peter Sieber (Untersuchungen)

Mitherausgeber

Verbraucherzentrale Bayern e.V.
Verbraucherzentrale Bundesverband e.V. (vzbv)
Verbraucherzentrale Hamburg e.V.
Verbraucherzentrale Hessen e.V.
Verbraucherzentrale Niedersachsen e.V.
Verbraucherzentrale Rheinland-Pfalz e.V.
Verbraucherzentrale Thüringen e.V.

(→ Adressen, Seite 190)

Autoren

Armin Radünz
Andreas Lohse

Lektorat

Verbraucherzentrale Nordrhein-Westfalen
Ilse Mara Berzins (Leitung)

STIFTUNG WARENTEST
Uwe Meilahn (Leitung)

Fachliche Beratung

Britta Barlage
Hans-Peter Brix
Annegret Jende
Helene Neumann

Layout und Produktion

punkt 8, Berlin

Titel

Sylvia Heisler
Titelfoto: gettyimages/Digital Vision

Fotos

Tobias Kleitsch, Köln
Pressebüro Bastian, Brühl, 113, 116
Redaktion „Selbst ist der Mann", Köln, 92–94

Zeichnungen

Kati Hammling, Berlin, 40
punkt 8, Berlin, 46, 62, 79, 83, 100, 126, 140

Druck

Stürtz GmbH, Würzburg

Einzelbestellung und Vertrieb

Bei allen Verbraucherzentralen
(→ Adressen, Seite 190)
und bei STIFTUNG WARENTEST
Zenit-Pressevertrieb
Postfach 81 06 60
70523 Stuttgart
Telefon: 0 180 5/00 24 67
(12 Cent pro Minute aus dem Festnetz)
Telefax: 0 180 5/00 24 68
(12 Cent pro Minute aus dem Festnetz)
www.stiftung-warentest.de

Redaktionsschluss: Februar 2006